D1642082

DAS AKTUELLE COMPUTERBUCH
ZU WINDOWS VISTA

**Eine leicht verständliche Einführung ins aktuelle
Windows-System. Für Neulinge, Computerumsteiger
und Windows-Aufsteiger**

Von Marcus Schwarze, Sascha Aust und Michael Pohl

IMPRESSUM

So klappt's mit Windows Vista
Das aktuelle Computerbuch für Einsteiger, Umsteiger und Aufsteiger

Von Marcus Schwarze, Sascha Aust und Michael Pohl

1. Auflage, April 2007

Art Director:	Carina Peitsch
Produktion:	Stephan Gill
Lektorat:	Katrin Wernke
Schlussredaktion:	Sandhya Wilde-Gupta
Druck:	Druckhaus Göttingen
	im Göttinger Tageblatt GmbH & Co. KG

ISBN 978-3-7860-0530-8

Die Deutsche Bibliothek verzeichnet diese Publikation in der Deutschen Nationalbibliografie; detaillierte bibliografische Daten sind im Internet über http://dnb.ddb.de abrufbar.

Hinweise auf Fehler, Antworten der Autoren und anderer Leser: www.haz.de/forum.
Zur Teilnahme ist eine kostenlose Anmeldung erforderlich.

© Madsack Supplement GmbH & Co. KG
Stiftstraße 2
30159 Hannover
team@madsu.de

VORWORT

Windows Vista, das neue Computer-Betriebssystem von Microsoft, wird die Welt nicht verändern. Es verändert jedoch unseren Umgang mit dem PC. Das fängt mit einer ganz harmlosen Neuheit an: Wenn alles richtig eingestellt ist, muss man den Computer nicht mehr langwierig hochfahren, sondern er ist künftig per Tastendruck fast sofort, binnen Sekunden an – und sogar auch gleich online, sofern Sie für Ihren Internetzugang eine Monatspauschale (Flatrate) bezahlen. Die Folge: Mal eben die E-Mails abfragen, noch mal kurz vor der Fahrt zur Arbeit die Online-Nachrichten lesen oder aufs Handy übertragen, die Sammlung der Fotos vom letzten Urlaub am PC-vernetzten Fernseher zu zeigen oder auch nur die TV-Aufnahme vom Vorabend – das und noch mehr lässt sich mit der neuen Technik künftig vermehrt auch von Einsteigern bewerkstelligen.

Trotz solcher einfacher werdenden Nutzungsmöglichkeiten geraten Computersysteme wie Windows immer komplexer. Schon bei Textverarbeitungen wie Word gingen Fachleute davon aus, dass Durchschnittsanwender am Ende höchstens ein Zehntel der angebotenen Funktionen tatsächlich nutzen. Das mit rund 90 Prozent Marktanteil weltweit wichtigste System Windows macht da keinen Unterschied. Da gibt es zum Beispiel mittlerweile Sprachausgabe und Spracheingabe. Aber versuchen Sie mal, den PC per Mikrofonansage dazu zu bewegen, ein Foto per E-Mail zu versenden. Bei vielen erkennbaren Fortschritten sind wir auch bei vielem immer noch am Anfang. Trotz allen Marketinggetöses.

Die meisten Privatanwender werden weiterhin mit Vista nur einen Bruchteil der PC-Möglichkeiten nutzen. Sie brauchen dennoch Hilfe, um im Dickicht der Systembegriffe und des immer noch grassierenden Computerenglischfachdeutsches ihr Ziel zu erreichen. Mit Viren und Trojanern, Schadprogrammen an sich, möchte sich dabei niemand beschäftigen. Das wird aber immer wichtiger: Es bleibt nicht aus, zumindest ein Grundverständnis für die Sicherheit der eigenen Daten zu entwickeln. Denn die Vernetzung des PCs mit anderen ist Fluch und Segen zugleich. Und gerade auf die Vernetzung mit dem Internet setzt Windows Vista einen besonderen, mitunter gefährlichen Fokus.

Wir möchten Sie bei der Erkundung, Einrichtung und Nutzung von Windows Vista an die Hand nehmen. Ganz ähnlich wie schon bei unseren früher erschienenen Büchern „Windows ganz leicht", „Schritt für Schritt ins Internet" und „Tipps und Tricks für Windows XP" steht dabei der unbedarfte Anwender im Mittelpunkt: Was ist neu? Was lässt sich mit dem neuen Windows Vista tatsächlich im Alltag sinnvoll nutzen? Was brauche ich nicht?

Wir drei Autoren haben bei unseren Tests und Recherchen so manche Neuheit kennen und bestaunen gelernt – und uns bei einigen anderen einmal mehr über die dann doch nicht zu Ende entwickelten Eigenheiten geärgert. Wir haben unsere Beobachtungen in einer Serie auf der Seite „Internet & Computer" dokumentiert. In diesem Buch finden Sie sie weitaus ausführlicher gebündelt.

**MARCUS SCHWARZE, SASCHA AUST, MICHAEL POHL
IM FRÜHJAHR 2007**

P.S.:

Und was sind Ihre Beobachtungen? Wir möchten Sie herzlich einladen, mit uns und mit anderen Lesern über Windows Vista ins Gespräch zu kommen. Im Internet gibt es einen eigenen Diskussionsbereich dafür: www.haz.de/forum.

Zumindest das hatte man früher nicht so häufig: mit Autoren und vor allem anderen Lesern eines Buches ins Gespräch zu kommen. Ein wenig ändert sich die Welt wohl doch ...

V. SYSTEMPFLEGE IM DETAIL:
UNTER DER MOTORHAUBE VON WINDOWS VISTA

VI. ANHANG

I. START IN EIN NEUES WINDOWS-ERLEBNIS: SO SETZEN SIE VISTA IN GANG

1. Unterschiedliche Vista-Versionen: Wer braucht was?

Am Anfang steht die Wahl: Welches Vista soll es denn sein? Wie schon beim Vorgänger Windows XP bietet Microsoft auch sein neues Betriebssystem in unterschiedlichen Varianten an – diesmal noch in deutlich mehr. Für den deutschen Markt sind es allein fünf. Privatanwender stehen vor der Entscheidung zwischen drei Versionen, die sich vor allem optisch und in zusätzlichen Funktionen unterscheiden: Windows Vista Home Basic, Windows Vista Home Premium und Windows Vista Ultimate. Für Firmen gibt es zwei weitere Varianten: Windows Vista Business und Windows Vista Enterprise. In den Läden wird das Betriebssystem in vier verschiedenen Verpackungen zu haben sein – Enterprise gibt es nur für Großkunden.

Jede einzelne Version mit Ausnahme von Vista Starter ist zusätzlich als 32- und 64-Bit-System erhältlich. Die Packungen enthalten dafür zwei DVDs – eine für 32-Bit, eine für 64-Bit. Theoretisch kann man beide Versionen nebeneinander auf dem Computer installieren und dann beim Hochfahren des Rechners entscheiden, welche gestartet werden soll. Microsoft trägt mit der 64-Bit-Version der veränderten Prozessorlandschaft Rechnung. Während frühere Windows-Systeme noch als 16- beziehungsweise 32-Bit-Varianten auf den Markt kamen (Windows 3.1 und Windows 2000/NT), setzt Microsoft nun den bereits bei XP eingeschlagenen Weg fort. Entsprechende Prozessoren wie der CoreDuo von Intel oder AMD Athlon 64 können mit einem auf 64 Bit ausgelegten System wie Vista – zumindest in der Theorie – schneller rechnen. In der Praxis dürfte sich dies jedoch nur bei umfangreichen Grafikanwendungen bemerkbar machen. Wenn Sie in Ihrem Computer beispielsweise vier oder mehr Gigabyte an Speicher eingebaut haben, die für Ihre Anwendungen auch benötigt werden, haben Sie einen guten Grund, auf die 64-Bit-Variante zu setzen.

Die 32-Bit-Version von Windows Vista dürfte noch eine Weile lang das am häufigsten eingesetzte System bleiben. Das höherwertige 64-Bit-System kann sich zwar auch der Durchschnittsanwender von seiner Windows-Vista-DVD installieren, den passenden Prozessor vorausgesetzt – allerdings kann es gut passieren, dass nicht für jedes eingebaute Stück Hardware der passende Treiber vom Hersteller parat ist. Der Hintergrund ist hochpolitisch: Ursprünglich wollte Microsoft in der 64-Bit-Variante von Vista nur überprüfte Soft- und Hardware starten lassen und besondere Schutzmechanismen für das Herz von Windows einbauen, den sogenannten Kernel. Das wäre im Extremfall so weit gegangen, dass selbst mancher Monitor oder alter Drucker nur dann zum Laufen gebracht werden kann, wenn ein passender, vom Hersteller signierter 64-Bit-Treiber vorhanden ist. Um solche Treiber zu signieren, müssen die Hersteller penibel mit Microsoft zusammenarbeiten. Die EU-Kommission witterte darin einen unzulässigen Wettbewerbsvorteil für Microsoft. Die Entwicklung von 64-Bit-Treibern verzögert sich dadurch. So mag Windows Vista auf einem 64-Bit-fähigen Computer zwar schneller laufen, Anfang 2007 sah es mit der Treiber-Unterstützung von Seiten der Hersteller eingebauter Hardware jedoch schlecht aus.

Viele Durchschnittsanwender dürften die zu erwartenden Treiberprobleme mit der 64-Bit-Variante zunächst scheuen und eine 32-Bit-Version aufspielen. Die 64-Bit-Version bleibt ein System der Zukunft. Entscheiden Sie sich im Zweifel für die 32-Bit-Fassung.

Nicht alle Versionen von Vista gibt es im Handel oder vorinstalliert auf neuen PCs zu kaufen. Die Version Enterprise bleibt Unternehmen mit speziellen Microsoft-Verträgen vorbehalten. Besonders für Entwicklungsländer hat der Softwarehersteller zudem eine sechste Version entwickelt: Windows Vista Starter. Bei ihr sind die Funktionen stark abgespeckt. Starter erlaubt lediglich das parallele Öffnen von maximal drei Programmen und ist ausschließlich als 32-Bit-Variante erhältlich. Gedacht ist es vor allem, um illegalen Kopien in ärmeren Ländern vorzubeugen. Die Varianten für den deutschen Markt werden auf gleichen DVDs ausgeliefert (wenn auch in unterschiedlichen Verpackungen). Allein der Registrierungscode entscheidet, welches Vista auf dem PC installiert wird. Das ist für Sie durchaus von Nutzen: Wenn Sie sich jetzt für Vista Home Basic entscheiden und später auf eine umfangreichere Vista-Version wechseln wollen, benötigen Sie lediglich einen anderen Registrierungscode. Mit der bereits vorhandenen DVD können Sie später auf diese höherwertige Version „upgraden". Wobei über den Internetanschluss dann zusätzliche kleinere Updates zu erwarten sind.

Zusätzlich gibt es die beiden Versionen Home Basic sowie Business noch in einer „N-Version". Das steht für „not with Media Player". Auf Druck der EU-Kommission musste Microsoft diese abgespeckte Varianten zusätzlich anbieten, günstiger sind die N-Versionen allerdings nicht.

Welche Version für den jeweiligen Computer die Beste ist, richtet sich nach dem Einsatzzweck und auch nach der technischen Ausstattung des Rechners. Die Unterschiede im Einzelnen:

Windows Vista Home Basic

Die kleinste Vista-Version für den Privatgebrauch. Sie richtet sich an jene Anwender, die an ihren PC nur geringe Ansprüche stellen – etwa E-Mails schreiben, im Internet surfen oder Texte verfassen. In der Bedienungsoberfläche fehlen Zusatzfunktionen wie etwa die viel gerühmten, teilweise transparenten Fenster. Dafür ist diese Version etwas einfacher zu bedienen als die anderen – und bietet sich vor allem für Anwender mit geringen PC-Kenntnissen an, die auch zunächst nicht vorhaben, diese zu vertiefen.
Voraussetzungen: Prozessor mit mindestens 800 Mhz, wenigstens 512 MB RAM, DirectX-9-fähiger Grafikprozessor (WDDM-Treiber-Unterstützung empfohlen), DVD-Laufwerk. Neue PCs tragen für diese Version das Logo „Windows Vista Capable PC".

Windows Vista Home Premium

Die etwas umfangreichere Vista-Version. Neben den Funktionen von Windows Vista Home Basic enthält sie zusätzliche Funktionen, vor allem die neue Benutzeroberfläche „Aero" mit verbesserter Suchfunktion und 3D-Effekten. Auch das Media Center ist enthalten, mit dem sich bequem eine TV-Karte und die Xbox 360 anbinden lassen – um digitale Inhalte auf dem Fernseher abzuspielen. Die Premium-Edition ist zudem ausgelegt für sogenannte Tablet-PCs, die man statt mit Maus und Tastatur nur mit einem Stift oder Finger bedienen kann.
Voraussetzungen: Prozessor mit mindestens 1 GHz, wenigstens 1 GB RAM, DirectX 9-fähiger Grafikprozessor (mit 128 MB Speicher), 15 GB freier Festplattenspeicher, DVD-Laufwerk. Neue PCs tragen für diese Version das Logo „Windows Vista Premium Ready PC".

Windows Vista Ultimate

Das ganze Vergnügen: Windows Vista Ultimate umfasst sämtliche Funktionen der Premium- und Business-Versionen.
Voraussetzungen: Prozessor mit mindestens 1 GHz, wenigstens 1 GB RAM, DirectX 9-fähiger Grafikprozessor (mit 128 MB Speicher), 15 GB freier Festplattenspeicher, DVD-Laufwerk. Neue PCs tragen für diese Version das Logo „Windows Vista Premium Ready PC".

Windows Vista Business

Eine Version für Unternehmen jeglicher Größenordnung. Auch hier bietet das System die „Aero"-Funktionen der Premium-Edition, außerdem lassen sich auch hier Tablet-PCs einfach einbinden. Ein Schutz vor unerwünschten schadhaften Programme wie Trojanern ist in dieser Version enthalten. Das System ist besonders darauf ausgelegt, dass es sich von Administratoren schnell und einfach pflegen lässt.
Voraussetzungen: Prozessor mit mindestens 1 Gigahertz Taktfrequenz und mindestens 1 GB RAM; DirectX 9-fähiger Grafikprozessor mit mindestens 128 MB Grafikspeicher, 32 Bit pro Pixel, Unterstützung eines WDDM-Treibers, Unterstützung für Pixel Shader 2.0; 15 GB freier Festplattenspeicher; DVD-Laufwerk; Audio-Ausgang; Internetzugang.

Windows Vista Enterprise

Eine erweiterte Variante von Windows Vista Business, speziell für Firmengroßkunden entwickelt. Enterprise bietet als zusätzliche Funktionen unter anderem die Festplattenverschlüsselung „Bit Locker Drive Encryption", den PC-Emulator „Virtual PC Express" zum Starten von älteren DOS- und Windows-Programmen sowie eine Emulation, mit der auch Unix-Programme unter Vista funktionieren sollen.
Voraussetzungen: Wie bei Business.

Upgrademöglichkeiten, Preise und Ausstattung

Um Windows Vista nutzen zu können, benötigen Sie eine Lizenz. Wer schon eine frühere Windows-XP- oder Windows-2000-Version besitzt, kann möglicherweise mit seinem bestehenden System ein Upgrade durchführen. Besitzer früherer Windows-Versionen müssen eine Voll- oder Systembuilder(SB)-Version kaufen. Ein „+" in der folgenden Tabelle bedeutet „möglich" beziehungsweise „vorhanden", ein „-" bedeutet „nicht möglich"/"nicht vorhanden":

Upgrademöglichkeiten auf ...	... Vista Home Basic	... Vista Home Premium	... Vista Business	... Vista Ultimate
von XP Home	+	+	+	+
von XP Professional	+ / Neuformatieren nötig	+ / Neuformatieren nötig	+	+
von XP Media Center Edition	+ / Neuformatieren nötig	+	+ / Neuformatieren nötig	+
von XP Tablet PC	+ / Neuformatieren nötig	+ / Neuformatieren nötig	+ / Neuformatieren nötig	+
von Windows 2000	+ / Neuformatieren nötig	+ / Neuformatieren nötig	+ / Neuformatieren nötig	+ / Neuformatieren nötig
von Windows 98/ME/95	- / Neuformatieren nötig, Voll- oder SB-Version nötig	- / Neuformatieren nötig, Voll- oder SB-Version nötig	- / Neuformatieren nötig, Voll- oder SB-Version nötig	- / Neuformatieren nötig, Voll- oder SB-Version nötig
Preise				
Upgrade	119 Euro	199 Euro	249 Euro	329 Euro
Vollversion	229 Euro	299 Euro	369 Euro	499 Euro
Systembuilder (SB)-Version[1]	89 Euro	114 Euro	139 Euro	189 Euro
Ausstattung				
Maximale RAM-Unterstützung (32/64 Bit)	4/8 GB	4/16 GB	4/mehr als 128 GB	4/mehr als 128 GB
Unterstützung für zwei oder mehr Prozessoren	-	-	+	+
Unterstützung für mehrere Prozessorkerne	+	+	+	+
Design Aero (transparente Fenster, Flip3D)	-	+	+	+
Benutzer und Gruppen in der Computerverwaltung unterscheidbar	-	-	+	+
Jugendschutzfunktionen	+	+	-	+
Festplattenverschlüsselung (BitLocker)	-	-	-	+
Dateiverschlüsselung (EFS)	-	-	+	+
automatisch einstellbare Sicherheitskopien (Backups)	-	+	+	+
Schattenkopien, mit denen eine vorherige Version einer Datei wiederherstellbar ist, Komplettsicherung des Systems	-	-	+	+
Remote Desktop: System ist fernsteuerbar/kann andere fernsteuern	+/-	+/-	+/+	+/+
Synchronisation von Ordnern	nur auf demselben PC	nur auf demselben PC	auch über ein Netz	auch über ein Netz
DVD Maker, Movie Maker im HD-Format, DVD-Wiedergabe mit MPEG2-Decoder	-	+	-	+
Movie Maker im normalen TV-Format, nicht HD	+	+	-	+
Media Center	-	+	-	+
Fax und Scan	-	-	+	+
SideShow	-	+	+	+
Teamarbeit	nur Ansicht	+	+	+
Dynamische Datenträger	-	-	+	+
Windows Mobility Center	eingeschränkt	eingeschränkt	+	+

[1]Systembuilder-Version: für Fachleute, die sich ihr System sebst zusammenbauen; beim Kauf muss man sich für die 32- oder 64-Bit-Version entscheiden, man bekommt nur eine DVD, außerdem gibt es von Microsoft keinen Support. Die SB-Version hat jedoch neben dem günstigeren Preis einen besonderen Vorteil: Die Lizenz ist nicht an das Mainboard gekoppelt. Die anderen Versionen, Upgrade und Vollversion, werden sich dagegen nur auf dem Original-PC installieren lassen.
Quellen: Internetversender www.alternate.de im Januar 2007, „Chip", „c't", „FAZ", eigene Recherchen

Hardwareanforderungen

Für viele Computerbesitzer ist bei der Entscheidung für oder gegen Vista die Frage entscheidend: Kommt mein Computer mit der Software klar? Oder muss ich womöglich erst mehr Speicher, eine größere Festplatte oder gar einen neuen Computer kaufen? Ganz ehrlich: Wenn Ihr Computer gut läuft und Sie nichts vermissen, warten Sie besser noch. Zum Zeitpunkt der Drucklegung dieses Buches, im April 2007, hatten bei Weitem noch nicht alle Hardware- und Softwarehersteller ihre Produkte Windows-Vista-tauglich gemacht. Da ließ sich dann die heimische Siemens-Telefonanlage nicht mehr vom PC aus ansprechen, der Soundkarte ließ sich nur nachträglich mit einem Nullachtfünfzehn-Treiber ein Mucks entlocken, und für einen der von uns eingesetzten Monitore wurde erst Tage nach der ersten Installation per automatischem Windows-Update der „richtige" Treiber nachinstalliert. Wie bei jedem neuen System mangelt es zunächst an Unterstützung seitens der zuliefernden Hard- und Softwarehersteller – wobei man denen nicht unbedingt einen Vorwurf machen kann, denn schließlich können sie erst dann ihr auch unter Vista funktionierendes Produkt herstellen, wenn sie eine lauffähige Version des Betriebssystems haben, um es auf Herz und Nieren zu testen. Häufig gelang es uns, mit den Treibern von Windows XP einzelne Geräte zum Laufen zu bringen, zum Beispiel einen Canon-Drucker. Eine Garantie hat man dafür nicht.

Möglicherweise ist Ihr PC aber schon so gut ausgestattet, dass er auch mit Vista klarkommt. Ein nützliches Hilfsmittel, um erst einmal überhaupt herauszubekommen, was man so an Gerätschaften eingebaut hat, ist das Programm „Belarc advisor", das man sich unter http://www.belarc.com/free_download.html herunterladen kann. Starten Sie es unter Ihrer bisherigen Windows-Version. Die Internetseite und das Programm sind allerdings auf Englisch. Man erhält dann ein Datenblatt, mit dem Sie in einen Elektronikfachmarkt gehen und sich im Detail beraten lassen können.

Eine weitere nützliche Hilfe ist der Upgrade Advisor von Microsoft. Diese kostenlose Software aus dem Internet lässt sich unter früheren Windows-Versionen wie XP installieren. Sie untersucht anschließend Ihren Computer und berichtet, wo es in Ihrer Computerhardware haken könnte und was notwendig sein dürfte, um Ihren PC Vista-tauglich zu machen. Die Internetadresse:

http://www.microsoft.com/germany/windows/windowsvista/getreddy/default.mspx.

Wie auch bei allen anderen in diesem Buch genannten Internetadressen bitten wir um Ihren Hinweis im HAZ-Leserforum (www.haz.de/forum), falls eine Adresse nicht mehr gültig sein sollte. Microsoft ist bei Buchautoren dafür berüchtigt, solche Adressen häufiger zu ändern. Im HAZ-Leserforum halten wir Sie über solche Änderungen auf dem Laufenden und nennen dort, gerne auch auf Ihren Hinweis hin, die neue Adresse.

Generell hat Microsoft die offiziellen Hardwareanforderungen recht niedrig angesetzt. Die vier wichtigsten Hardwareanforderungen sind Speicher, Grafikkarte, Prozessorgeschwindigkeit und Festplattenplatz. Folgende Ausstattung sollte Ihr Rechner mindestens haben:

- Arbeitsspeicher: mindestens 512 MB (Basic), 1 GB bei allen anderen Versionen (mehr wäre in jedem Fall besser!)
- Grafikkarte: Standard-Grafikkarte oder Onboard-Grafik mit SVGA (Basic), Nvidia Geforce 6800 Ultra 256 MByte oder ATI Radeon X1600 Pro 256 MByte (für alle anderen Versionen)
- Prozessor: mindestens Pentium 3 mit 800 MHz oder AMD Duron 8000 (Basic), Pentium 4 mit 1,4 GHz oder AMD Athlon XP 1500+ mit 1,333 GHz (für alle anderen Versionen)
- Festplatte: 40 GB (Basic), 60 GB (Premium), 80 GB (Ultimate, Business, Enterprise), jeweils mit mindestens 15 GB freiem Speicherplatz (außer Basic) – wie zuvor auch: Mehr schadet nichts.

Experten wie „Tom's Hardware Guide" und „Chip" kamen nach ihren Tests von Vista kurz vor der Veröffentlichung des Systems zu anderen Ergebnissen und rieten dazu, für eine ordentliche Verarbeitungsgeschwindigkeit ruhig noch etwas draufzulegen. Wenn Sie im Detail noch einmal nachschauen wollen, empfehlen wir die Internetadressen:

http://praxis.thgweb.de/2007/01/02/windows-vista-check/ und
http://www.chip.de/artikel/c1_artikelunterseite_22228706.html.

In der Praxis bietet sich durchaus an, den Wechsel zum neuen Vista-Betriebssystem mit dem Einbau neuerer Hardware zu verknüpfen. Eine zweite größere Festplatte lässt sich fast in jeden Computer einbauen. Ein größerer Arbeitsspeicher sollte eigentlich immer möglich sein, insbesondere wenn Sie über einen freien Speicherschacht verfügen. Auskunft darüber bietet Ihnen das genannte Programm von Belarc. Eine Grafikkarte lässt sich meist ebenso problemlos austauschen. Die Krux bleibt der Prozessor: Wenn der langsamer als mit 800 Megahertz arbeitet, sollten Sie den Kauf eines neuen PCs ins Auge fassen. Der Prozessor kann nur so schnell arbeiten, wie es die Hauptplatine (das Mainboard) erlaubt. Und wenn Ihre Hauptplatine bereits nicht mehr als einen 800-Megahertz-Prozessor erlaubt, haben Sie schlechte Karten – die Hauptplatine auszutauschen, kommt einem neuen Rechner gleich. Beim Neukauf eines PCs empfehlen wir die Wahl eines Mehrprozessorsystems. Dabei handelt es sich um neue Chips, die die Verarbeitungslast auf einen Chip mit zwei oder vier oder demnächst noch mehr Hauptrecheneinheiten verteilen. Die eine kümmert sich zum Beispiel ums Scannen des Systems auf Viren und das Aktualisieren des Suchindexes, die andere um die gerade angezeigten Programme.

Mit einem solchen Mehrprozessorsystem dürften Sie auch in zwei, drei Jahren noch Spaß an Windows Vista haben, wenn für viele Programme sicherlich noch mehr Rechenleistung erforderlich wird.

2. So installieren Sie Vista auf Ihrem Computer

Der Start in die neue bunte Vista-Welt beginnt ganz leicht. Einfach die Vista-DVD ins Laufwerk legen, die Installation starten – los geht's. Es gibt drei unterschiedliche Varianten, Vista auf den eigenen PC zu bekommen.

- Entweder unternimmt der Computer eine vollständige Neuinstallation, bei der alle Daten, die sich auf der Vista-Festplatte befinden, gelöscht werden,

- oder einer bestehenden XP-Version wird ein Vista-Upgrade übergestülpt. Diese Variante hat den Charme, dass Sie alle bestehenden Einstellungen, Programme und Dateien behalten können. Sie werden dann, soweit es geht, in Vista eingebunden. So bleibt es Ihnen erspart, Ihr System erst wieder mühselig einrichten zu müssen. Wenn Sie ein Upgrade vornehmen wollen, müssen Sie die Installation übrigens von XP aus starten, andernfalls wird Ihnen diese Option im Setup nicht angezeigt. Bevor Sie aber damit beginnen, sollten Sie unbedingt eine Sicherheitskopie Ihrer Daten anfertigen. Kopieren Sie Musikdateien, Fotos, Texte, E-Mails – kurz, alle Dateien, die Ihnen lieb und teuer sind – auf einen externen Datenträger. Geht bei der Installation anschließend alles glatt, war diese Mühe zwar überflüssig. Das ist aber allemal besser, als wenn alle Daten verloren sind, falls beim Upgrade irgendetwas richtig schiefläuft.

- Die dritte Setup-Variante ermöglicht dann noch eine Installation neben einem anderen, bereits bestehenden Betriebssystem wie etwa XP oder Linux. So können Sie Ihr gewohntes Betriebssystem auch in Zukunft neben Vista behalten. Das ist für den Fall praktisch, dass eines Ihrer Lieblingsprogramme unter dem jüngsten Spross der Windows-Familie den Dienst verweigert. Für die Parallelinstallation benötigen Sie zwei Festplatten – oder Sie erstellen auf einer Festplatte zwei Partitionen. Dafür müssen Sie aber ausreichend freien Speicherplatz haben. Microsoft empfiehlt eine 40 Gigabyte große Festplatte oder Partition, auf der mindestens 15 Gigabyte frei sind. In der Praxis dürfte das aber schnell sehr eng werden, schließlich sollen neben dem Betriebssystem in der Regel ja noch ein paar weitere Programme installiert werden, die auch ein bisschen Speicherplatz brauchen. 40 Gigabyte freier Platz oder mehr scheinen deshalb durchaus angeraten. Linux-Nutzer müssen übrigens vorsichtig sein, wenn Sie Vista neben ihrem System installieren: Der Linux-Bootmanager wird bei der Installation durch einen Vista-Bootmanager ersetzt. Der startet allerdings keine Linux-Installationen. Sie sollten daher vor der Parallelinstallation eine Kopie des Linux-Bootmanagers erstellen.

Egal für welche Installationsvariante Sie sich entscheiden: Die Vorgehensweise ist bei allen drei nahezu identisch. Wir beschreiben die Installation neben einer bestehenden XP-Version. Sie können dieser Anleitung allerdings auch folgen, wenn Sie sich für eine andere Installationsvariante entschieden haben, brauchen dann vor dem Setup-Beginn allerdings keine gesonderte Vista-Partition anzulegen. Das ist nur notwendig, wenn Sie Vista neben einem anderen Betriebssystem einrichten wollen und über keine zweite Festplatte verfügen. Dann ist es aber unumgänglich: Versuchen Sie bitte auf keinen Fall, zwei Betriebssysteme auf ein und derselben Partition zu installieren. Das kann nicht gut gehen, Datenverlust und Systemabstürze sind dann programmiert.

Vista neben XP installieren: Bereiten Sie Ihr System für das Betriebssystemdoppelpack vor

Wenn Sie Vista neben XP installieren wollen, müssen Sie den Rechner erst einmal wie gewohnt unter XP starten. Jetzt legen Sie eine neue Partition für Vista an. Das ist eigentlich ganz einfach – allerdings benötigen Sie dazu eine spezielle Software. In dieser Anleitung beziehen wir uns

auf den kostenpflichtigen Partition Manager 6.0 von Paragon (www.partitionsmanager.de, Preis: ab ca. 40 Euro). Wenn Sie einen anderen Partitionsmanager benutzen, richten Sie sich bitte nach dessen Anleitung.

Starten Sie unter XP das Programm Partition Manager. Sie sollten für die neu zu schaffende Vista-Partition mindestens 40 Gigabyte einplanen. Achten Sie darauf, dass auf der XP-Partition ausreichend freier Speicher übrig bleibt, damit Sie auch mit dem Vista-Vorgänger in Zukunft problemlos weiterarbeiten können. Wenn Sie den Partition Manager gestartet haben, werden Ihnen die vorhandenen Festplatten angezeigt. Sie können anhand der farblichen Markierung erkennen, welche Bereiche der Festplatten bereits belegt sind und wie viel freier Platz Ihnen noch zur Verfügung steht.

Ihre Aufgabe ist es nun, eine neue primäre Partition zu erstellen. Markieren Sie in der Anzeige die Festplatte, auf der die neue Partition erstellt werden soll. Wählen Sie nun in der Menüleiste „Partition", und klicken Sie darin auf „Größe ändern". In einem neuen Fenster wird Ihnen nun angezeigt, wie groß die Festplatte ist und wie viel Speicherplatz Sie für die neue Partition benutzen können. Sie können dort auch festle-

gen, ob der freie Speicherplatz für die neue Partition vor oder hinter der bestehenden angelegt werden soll – die Wahl steht Ihnen frei. Geben Sie nun an der entsprechenden Stelle die gewünschte Größe in Megabyte an. 40 Gigabyte entsprechen in etwa 40 000 Megabyte. Achten Sie darauf, dass die Festplatte auch tatsächlich über ausreichend freien Platz verfügt – der wird Ihnen neben dem Eingabefeld für die gewünschte Größe der neuen Partition angezeigt. Klicken Sie dann auf „OK".

Der für die neue Partition reservierte Speicherplatz wird nun als eigenes Volume angezeigt. Sie müssen daraus jetzt noch eine richtige Partition

machen. Führen Sie auf das soeben geschaffene Volume einen Rechtsklick aus, und wählen Sie „Erstellen". Es öffnet sich wieder ein neues Fenster, in dem Sie den Partitionstyp als „Primär" festlegen. Achten Sie darauf, dass die Option „Neue Partition formatieren" ausgewählt ist – das ist in der Regel bereits voreingestellt. Klicken Sie nun auf „OK". Im nächsten Fenster geben Sie der neuen Partition einen Namen, zum Beispiel Vista. Außerdem müssen Sie den Dateisystemtypen auf „NTFS" ändern. Der Partition Manager warnt Sie nun, dass auf derlei Dateisysteme nur mit Windows ab der Version 2000 zugegriffen werden kann. Bestätigen Sie, dass Sie die Operation wirklich ausführen wollen durch einen Klick auf „Ja".

Als Nächstes ordnen Sie der Partition noch einen Laufwerksbuchstaben zu. Klicken Sie wieder mit der rechten Maustaste auf die Partition und wählen Sie „Zuordnen (Mounten)". Suchen Sie sich einen der Laufwerksbuchstaben aus – es werden nur verfügbare angezeigt.

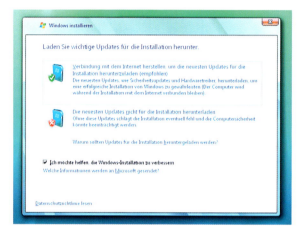

Jetzt ist die neue Partition schon so gut wie fertig – zumindest in der Theorie. Denn bislang hat der Partition Manager noch keine der geplanten Änderungen umgesetzt. Um die Partition zu erstellen, klicken Sie deshalb nun auf „Ausführen". Der Partition Manager fragt noch einmal nach, ob er loslegen soll, das bestätigen Sie einfach wieder mit „Ja". Es wird nun ein Weilchen dauern, bis die Änderungen an der Festplatte durchgeführt worden sind. Ist der Partition Manager erst einmal mit seiner Arbeit fertig, können Sie das Programm schließen und mit der Vista-Installation beginnen.

Jetzt geht´s los: Vista installieren

Sie können die Installation wahlweise bei laufendem XP-Betrieb starten oder indem Sie die Vista-DVD einlegen, den Rechner neu hochfahren und von der DVD booten lassen. Beim Setup unter XP stehen Ihnen alle drei Installationsvarianten zur Verfügung: Neuinstallation, XP-Upgrade und Parallelinstallation. Starten Sie das Setup, indem Sie von der DVD booten, können Sie Vista nicht als Update Ihres bestehenden XP-Systems installieren.

Wenn Sie Vista aus dem XP-Betrieb heraus installieren, sollte das Setup starten, kurz nachdem Sie die DVD ins Laufwerk gelegt haben. Ist das nicht der Fall, so öffnen Sie vom Arbeitsplatz aus die Anzeige des Laufwerks, in dem die Vista-DVD liegt. Suchen Sie die Datei namens „Setup.exe" (die kann unter Umständen auch einfach nur „Setup" heißen, wenn bei Ihrem Computer die Anzeige der Dateiendungen deaktiviert ist) und führen Sie einen Doppelklick darauf aus. Sie bekommen umgehend einen ersten optischen Eindruck vom neuen Windows, denn das erste Fenster der Installation zeigt sich bereits im schicken Vista-Stil. An dieser Stelle können Sie noch einmal überprüfen, ob Ihr Rechner mit Vista kompatibel ist.

Sofern alles in Ordnung ist, klicken Sie nun auf „Jetzt installieren". Als Nächstes bietet Windows an, die aktuellen Updates aus dem Internet herunterzuladen. Dafür muss natürlich eine Internetverbindung vorhanden sein. Je nach Geschwindigkeit des Internetzugangs kann das Herunterladen der Updates ein Weilchen dauern. Wer besonders ungeduldig ist, kann auf die Updates auch erst einmal verzichten, sie können auch später noch heruntergeladen werden. Im Zweifelsfall ist es aber nicht verkehrt, die Updates gleich bei der Installation einzubinden – Ihr System ist dann von Anfang an auf dem neuesten Stand.

Als Nächstes möchte Windows dann den sogenannten Product Key (Produktschlüssel) zur Aktivierung erfahren. Dieser Zahlen- und Buch-

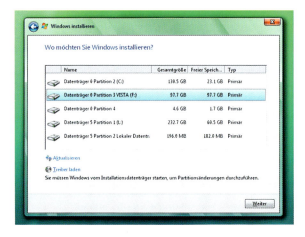

stabencode liegt Ihrer DVD bei. Microsoft will sich auf diese Weise vor Raubkopierern schützen und überprüft, ob ihre Vista-Kopie auch ein Original ist. Sofern bereits eine Internetverbindung besteht, wird das sofort online überprüft. Wenn alles in Ordnung ist, wird Ihre Vista-Kopie direkt freigeschaltet. Wer über keinen Onlinezugang verfügt, muss seine Vista-Kopie telefo-

nisch freischalten, dazu bleiben 30 Tage Zeit.

Jetzt nähert sich der tatsächliche Beginn der Installation. Sie müssen

sich nun entscheiden, auf welche Weise Vista eingerichtet werden soll: als Neuinstallation, bei der alle auf der Festplatte bestehenden Daten gelöscht werden, als Parallelinstallation neben einem bestehenden Betriebssystem oder als Update von Windows XP. Sofern XP oder ein anderes Betriebssystem bereits auf Ihrem PC existiert, ist die Parallelinstallation ratsam. Sollte

Vista Ihnen irgendwelche Probleme bereiten, haben Sie immer noch ein funktionierendes Betriebssystem zur Hand.

Als Nächstes müssen Sie sich für einen der Installationswege entscheiden, für die Paralleleinrichtung klicken Sie bitte auf „Benutzerdefiniert".

Als Nächstes wählen Sie dann die entsprechende Partition aus, auf die Vista installiert werden soll. Alle notwendigen Dateien werden nun auf die Festplatte kopiert – das kann selbst bei einem flinken Rechner länger als eine Stunde dauern. Der Computer wird währenddessen unter Um-

ständen mehrere Male neu gestartet, Sie brauchen sich auch nichts dabei zu denken, wenn der Monitor zwischendurch ein paarmal schwarz wird.

Ist Vista aber erst einmal mit dem Kopieren fertig, brauchen Sie nur noch ein paar Eingaben zu machen: Legen Sie die Ländereinstellung und das Tastaturlayout fest und entscheiden Sie sich im nächsten Fenster für einen Benutzernamen. Dort werden Sie auch aufgefordert, ein Kennwort einzugeben. Schließlich können Sie auch noch dem Computer einen Namen verpassen, die Sicherheitseinstellungen festlegen und abschließend die Zeit- und Datumseinstellungen anpassen. Geschafft: Der Rechner startet ein letztes Mal neu – dann wird Vista das erste Mal geöffnet.

So wechseln Sie zwischen parallelinstallierten Betriebssystemen

Haben Sie Vista neben XP oder einer anderen Vorgängerversion installiert, bekommen Sie bei jedem Neustart des Rechners einen Auswahlbildschirm angezeigt. Dort können Sie entscheiden, welches der Betriebssysteme gestartet werden soll. Markieren Sie dazu einfach das gewünschte System, und drücken Sie die Enter-Taste. Sie haben für die Auswahl 30 Sekunden Zeit. Ist bis zum Ablauf dieses Limits keine Eingabe erfolgt, wird automatisch Vista gestartet.

So werden Sie Vista wieder los

Normalerweise ist es ja nicht weiter schwer, ein Betriebssystem wieder loszuwerden: Sie formatieren einfach die Festplatte oder Partition und spielen ein anderes Betriebssystem auf. Bei einer Parallelinstallation ist das aber nicht so einfach. Zwar können Sie auch hier die Vista-Partition kurzerhand löschen – allerdings werden Sie danach weiterhin bei jedem

Hochfahren des Rechners gefragt, welches der beiden Systeme denn geladen werden soll, ganz unabhängig davon, dass Vista schon längst nicht mehr installiert ist. Dieses Bootmenü ist nicht ganz einfach loszuwerden. Aber es geht:

Booten Sie Ihr System von der Vista-DVD, im Installationsmenü entscheiden Sie sich für die „System Recovery Options".

Im nächsten Fenster klicken Sie auf „Command prompt". Sie landen nun in einer Art MS-DOS-Eingabefenster. Sie müssen nun in das Verzeichnis des Laufwerks wechseln, in dem die Vista-DVD liegt. Das geht so: Geben Sie den Laufwerksbuchstaben gefolgt von einem Doppelpunkt ein. Liegt die DVD im Laufwerk D, tippen Sie also „d:" ein und drücken Enter. Jetzt müssen Sie noch in das Verzeichnis „Boot" wechseln. Geben Sie dazu einfach „cd boot" ein. Nun brauchen Sie nur noch das Kommando „bootsect.exe /nt52 SYS" einzutippen und mit der Entertaste zu bestätigen. Das veranlasst den Vista-Bootmanager, sich selbst zu deinstallieren und den ursprünglichen Bootmanager wiederherzustellen. Nach einem Neustart des System sollte Ihr Rechner wie gewohnt hochfahren.

3. Willkommen auf Ihrem neuen PC!
Das Begrüßungscenter

Das Begrüßungscenter von Windows Vista ist so etwas wie die Rezeption des neuen Systems: Herzlich willkommen! Schön, dass Sie da sind; wir machen Sie jetzt einmal mit unserem Haus vertraut. Dieses Fenster ist nett und nützlich. Es erscheint nach dem ersten Start automatisch und bietet einen groben Überblick über die Eigenheiten von Windows Vista. Es kann auch später immer wieder über die Startleiste (Start > Systemsteuerung > „System und Wartung" > „Erste Schritte mit Windows") neu aufgerufen werden. Nach der Installation bietet sich das Begrüßungscenter an, um erste wichtige Konfigurationen an Windows Vista bequem vorzunehmen, etwa zusätzliche Benutzer für den PC anzumelden oder noch nicht erkannte Hardware einzurichten. Oben im Fenster werden in einem breiten Feld die wichtigsten technischen Daten des Rechners aufgelistet, etwa die Speichergröße von RAM und Festplatte. Die weiteren Funktionen im Einzelnen:

Erste Schritte mit Windows:

- **Computerdetails anzeigen**
  Damit erlangen Sie Basisinformationen über die Innereien Ihres

PCs: Was für ein Prozessor ist eingebaut? Wie viel Arbeitsspeicher? Eine Neuheit ist der Windows-Leistungsindex: Damit bewertet Windows Vista, wie gut Ihr Computer ausgestattet ist. Auf einem unserer Testrechner erreichten wir zum Beispiel den Wert 4,9. Besonders Computerspiele sollen künftig auf der Verpackung mit diesem technischen Leistungsindex bewertet werden. Hat das Spiel einen kleineren Leistungswert als unser Beispiel 4,9, würde es sehr wahrscheinlich auf diesem Testrechner laufen.

- **Dateien und Einstellungen übertragen**
  Dieser Menüpunkt startet das Programm Windows EasyTransfer, das beim Übertragen von Dateien und Einstellungen von einem älteren Computersystem auf das neue hilft. Benutzerkonten, eigene Dateien und viele Einstellungen lassen sich damit übernehmen. Auch beim Aufbau eines Netzwerks hilft dieses Programm. Mehr in Kapitel 4, Seite 29.

- **Neue Benutzer hinzufügen**
  Mit dieser Funktion lassen sich neue Benutzerkonten einrichten und bestehende verwalten. So können Zugriffsrechte für einzelne Ordner oder Programme festgelegt sowie Kennwörter und Bilder verändert werden. Auch eine Jugendschutzfunktion bietet Vista unter diesem Punkt an. Mehr in Kapitel 5, Seite 36.

- **Mit dem Internet verbinden**
  Über dieses Menü können Sie in der Regel schnell und bequem

eine Internetverbindung herstellen, egal ob per Modem, ISDN, DSL oder WLAN. Mehr in Kapitel 12 und 13, Seite 76)

- **Windows Ultimate Extras (nur bei Vista Ultimate)**
  Microsoft will für die Ultimate-Version von Vista zusätzliche Programme anbieten. Diese sind – sofern sie sich nicht durch das automatische Update selbst installieren – über diesen Menüpunkt abrufbar.

- **Neues in Windows Vista**
  Ein kleiner systeminterner Leitfaden durch die wichtigsten Neuerungen von Windows Vista, der zu Beginn etwas vertrauter mit dem neuen System machen kann. Mit Verweisen und kleinen Demonstrationsfilmen lässt sich manches, wie etwa der Internet Explorer 7, schnell überblicken. Für vertiefendes Wissen ist das Ausprobieren allerdings unerlässlich.

- **Windows anpassen**
  Eine Übersicht über wichtige Einstellungen, die mitunter nicht notwendig sind, das Arbeiten aber doch erleichtern können. Die Funktionen sind allesamt auch einzeln über die Systemsteuerung zu finden, hier jedoch praktisch vereint. Anpassen lassen sich unter diesem Menü die Fensterfarbe, der Bildschirmhintergrund, Bildschirmschoner, Systemklänge (etwa beim Erhalt einer neuen E-Mail), die Maus, die Bildschirmauflösung sowie allgemeine optische Elemente von Windows Vista.

- **Windows online registrieren**
  Sie werden nicht umhinkommen: Windows Vista erfordert, dass Sie Ihre Lizenz zur Nutzung des Betriebssystems per Internet bestätigen. Sonst ist nach 30 Tagen Schluss, dann funktioniert Vista nur noch in einem abgespeckten Modus.

- **Windows Media Center**
  Startet das Medienprogramm von Vista, das bereits als „Windows XP Media Center Edition" erste Fans sammelte. Mit dem Media Center lassen sich Filmdateien, Musik, DVDs und Bilder ansehen oder anhören. Wer eine TV-Karte besitzt, etwa für das digitale terrestrische Fernsehen DVB-T, über Satellit oder Kabel, kann damit Fernsehprogramme empfangen, aufzeichnen oder zeitversetzt anschauen. Auch die Xbox 360 lässt sich in einem Hausnetz integrieren, um sämtliche Medien vom PC auf den Fernseher im Wohnzimmer zu übertragen. Mehr in Kapitel 25, Seite 184.

- **Windows-Grundlagen**
  Früher gab es das Handbuch zum Computer auf Papier, jetzt

kommt es über Menüpunkte wie diesen auf den Bildschirm des Computernutzers. „Windows-Grundlagen" ist ein Verzeichnis von Windows-Eigenschaften, das vor allem neuen Benutzern eine Hilfe sein kann. Per Verknüpfung lassen sich manche Probleme mit Programme oder Systemeinstellungen schnell lösen, wie etwa der Umgang mit der Taskleiste oder das Arbeiten mit digitalen Bildern. Hilfreich ist vor allem die Suchen-Funktion. Klicken Sie auf eine freie Fläche des Desktops und drücken Sie dann F1, um das eingebaute Handbuch aufzurufen. Mehr zur Hilfe in Kapitel 30, Seite 214 .

- **Center für erleichterte Bedienung**
  Das etwas umständlich benannte „Center für die erleichterte Bedienung" ersetzt die Eingabehilfen früherer Windows-Versionen. Damit kann man etwa die Bildschirmlupe aufrufen oder eine Sprachausgabe starten sowie Einstellungen an Maus und Tastatur verändern. Neu ist auch ein zentraler Zugang zu Farb- und Größeneinstellungen sowie ein Fragebogen, mit dem Empfehlungen bei Problemen gegeben werden.

- **Sicherungs- und Wiederherstellungscenter**
  Ein wichtiger Schritt in Richtung Datensicherheit: Unter diesem Menüpunkt bietet Windows Vista eine Verwaltung für Sicherheitskopien wichtiger Daten. Damit lassen sich einzelne Dateien oder der gesamte Festplatteninhalt recht einfach auf CD, DVD oder ein externes Laufwerk sichern. Im Falle eines Systemzusammenbruchs oder einer defekten Festplatte können die Daten schnell wiederhergestellt werden. Mehr dazu in Kapitel 32, Seite 222.

- **Windows Vista-Videos**
  Dahinter verbirgt sich eine Sammlung von Filmen mit Anleitungen und Tipps rund um Windows Vista. Sie sind an anderen sinnvollen Stellen des Systems bereits verankert, hier jedoch komplett aufgelistet.

- **Systemsteuerung**
  Eine Verknüpfung auf das Herz von Windows. In der Systemsteuerung können neben vielen anderem Sicherheits-, Netzwerk-, Darstellungs- und Hardwareeinstellungen vorgenommen werden. Auch Programme lassen sich hier einfach deinstallieren. Mehr in Kapitel 35, Seite 235.

Angebote von Microsoft

Unter diesem Punkt bewirbt Microsoft seine unter der Marke „Windows Live" zusammengefassten Internetdienste. Die Internetlinks verweisen auf entsprechende Seiten im Datennetz – und sind der Versuch von Microsoft, Windows einmal mehr mit eigenen neuen Diensten per World Wide Web zu verknüpfen. Konkurrenten wie Google oder Yahoo bleiben da erst einmal außen vor.

- **Weitere Informationen über Windows Live online erhalten**
  Der Überblick über das ganze Online-Vergnügen, wie es sich Microsoft vorstellt. Die „Windows Live"-Seite ist das Sammelbecken der einzelnen Dienste wie Mail, Messenger und Spaces. Das sind Internetdienste, die es auch von Konkurrenten gibt und bei denen man E-Mails, Sofortnachrichten und Internetseiten loswerden kann.

- **Windows Market Place online besuchen**
  Ein englischsprachiges Portal für Produkte rund um Windows.

- **Mit Windows Live schnell Informationen finden**
  Noch kurz vor Veröffentlichung der ersten richtigen Vista-Version besagte dieser Menüpunkt, dass man sich darüber eine Symbolleiste herunterladen konnte; „schnell Informationen finden" klingt natürlich etwas freundlicher – bewirkt aber dasselbe: eine Symbolleiste als kostenloses Zubehör für den Internet Explorer ähnlich der Google- und Yahoo-Leisten. Damit lassen sich unter anderem Mailkonten und Messenger-Kontakte im Blick behalten.

- **Kommunikation mit Windows Live**
  Der Windows Live Messenger hieß früher MSN-Messenger und ist eines der großen Chatprogramme im Internet – neben konkurrierenden Programme wie ICQ, dem Yahoo „Messi" und AOL Instant Messenger oder dem diensteübergreifenden Trillian. Damit kann man sich online in Text, Bild, Ton und Video mit anderen Benutzern unterhalten. Notwendig ist beim Windows Live Messenger eine einmalige Registrierung mit einer E-Mail-Adresse. Quatschen kann man dann mit Benutzern, die dort ebenfalls registriert sind, außerdem mit Nutzern des Yahoo Messengers. Beide Dienste haben ihre Datenbanken vernetzt.

- **Hilfe für den PC-Schutz über Windows Live erhalten**
  Microsoft konkurriert neuerdings mit den Herstellern von Antivi-

ren-Programmen. Hier hat Microsoft die entsprechende Down-loadmöglichkeit eingebaut.

- **Viele Möglichkeiten für den PC-Schutz im Internet**
  Dahinter verbirgt sich nicht mehr als ein Internetlink – zu einer Seite von Microsoft, die weitere Informationen darüber bietet, wie man seinen PC vor Viren schützen kann.

- **Beim technischen Support registrieren**
  Wenn gar nichts mehr hilft: Über diese Internetseite lassen sich weitere Texte für technische Hilfestellungen rund um Windows Vista abrufen. Auch der Kontakt zum Kundendienst von Micro-soft ist so möglich.

4. So übertragen Sie Ihre alten Daten auf das neue System

Das Nervigste an einem neu installierten Betriebssystem ist immer, dass es Stunden, Tage, wenn nicht Wochen dauert, bis alle Einstellungen wieder den persönlichen Vorlieben angepasst worden sind. Auch das Kopieren der persönlichen Dokumente wie Bilder, Texte und E-Mails ist eine mühselige Angelegenheit – sofern man alles per Hand zusammensuchen und übertragen muss.

Auch unter Vista nimmt das Ganze gewisse Zeit in Anspruch, anders als bei früheren Windows-Versionen lässt sich jedoch vieles mit wenigen Mausklicks erledigen. Mit dem Windows-EasyTransfer können Sie vergleichsweise einfach nahezu alle wichtigen Einstellungen und Dateien zwischen Ihrem alten und dem neuen Rechner austauschen. Dazu gehören alle Dateien, die sich in „Eigene Dateien"-Ordnern befinden, die E-Mail-Einstellungen samt Kontakten, Nachrichten und auch Adressbüchern sowie die Einstellungen von Programme, die Sie auf Ihrem alten System installiert hatten (zum Beispiel die Konfiguration der Firewall oder der Antivirensoftware). Das funktioniert allerdings nur, wenn Sie dieselben Programme auch unter Vista installieren, denn Easy-Transfer überträgt lediglich die Programmeinstellungen, nicht aber die Programme selbst.

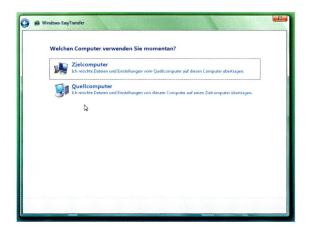

Außerdem können Sie auch gleich Ihre gewohnten Benutzerkonten und die dazugehörenden Einstellungen in Vista importieren – und noch einiges mehr, wie zum Beispiel die Internetfavoriten, Cookies, Musik, Wiedergabelisten, Bilder und Videos. Bevor Sie sich allerdings ans Übertragen der Dateien machen, sollten Sie Ihren alten Rechner noch einmal mit einem aktuellen Virenscanner auf Schadsoftware untersuchen. Es besteht ansonsten die Gefahr, dass Sie beim Transfer nicht nur die gewünschten Dateien, sondern auch noch Computerschädlinge importieren, die sich auf dem alten System eingenistet hatten.

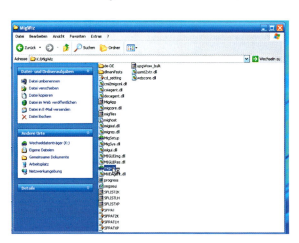

Um diesen einfachen Datentransfer überhaupt nutzen zu können, muss auf Ihrem alten Computer mindestens Windows 2000 oder eine neuere Version installiert sein. Bei Windows 2000 ist die Übertragung zudem mit Einschränkungen verbunden: Sie können zwar Dateien und Ordner importieren, jedoch keine System- oder Programmeinstellungen.

Das Programm Windows-EasyTransfer finden Sie im Begrüßungscenter, das sich beim ersten Start von Vista automatisch öffnet – und auch bei allen weiteren Starts, sofern diese Funktion nicht deaktiviert wird. Haben Sie das Begrüßungscenter ausgeschaltet, können Sie es wiederbeleben, indem Sie im Startmenü die Systemeinstellungen aufrufen. Öffnen Sie dort das Begrüßungscenter. Wenn es künftig bei jedem Start wieder automatisch geöffnet werden soll, setzen Sie am unteren Rand des Fenster einfach ein Häkchen vor die entsprechende Option.

Komfortabler Datentransport mit EasyTransfer

Im Begrüßungscenter starten Sie EasyTransfer durch einen Doppelklick auf „Dateien und Einstellungen übertragen". Sie können EasyTransfer aber auch direkt aus dem Startmenü aufrufen, dort finden Sie es unter „Alle Programme", „Zubehör" und dort im Unterordner „Systemprogramme". Bevor Sie EasyTransfer starten, sollten Sie alle anderen Anwendungen schließen und bei Bedarf speichern. Ansonsten wird Sie Vista während der Datenübertragung auffordern, die Programme zu beenden.

Nachdem Sie EasyTransfer aufgerufen haben, müssen Sie gegebenenfalls in der Benutzerkontensteuerung noch Ihr Okay dazu geben, dass das Programm ausgeführt werden darf. Dazu öffnet sich eine Benutzerabfrage, in der Sie einfach auf „Zulassen" klicken. Je nach Art Ihres Benutzerkontos müssen Sie den Vorgang unter Umständen noch durch

Eingabe des Administratorkennworts freigeben. Als Erstes bekommen Sie dann einen Begrüßungsbildschirm zu sehen, über den Sie auch weitere Informationen zur Datenübertragung aufrufen können. Um den Transfer zu starten, klicken Sie auf „Weiter". Sie werden nun gefragt, ob Sie einen neuen Transfer starten oder einen bereits bestehenden fortsetzen wollen. Sofern Sie noch keine Datenübertragung gestartet hatten, klicken Sie auf „Neuen Transfer starten". Windows möchte nun wissen, ob Sie Daten auf den gerade benutzten Computer übertragen wollen oder von diesem auf einen anderen. Da Sie ja Dateien von Ihrem alten System auf den neuen Vista-Rechner übertragen möchten, klicken Sie auf „Zielcomputer – Ich möchte Dateien und Einstellungen von einem Quellcomputer auf diesen Computer übertragen".

USB-Stick, Netzwerk oder Festplatte: Wählen Sie ein Speichermedium

Sie können nun festlegen, auf welchem Weg die Dateien zwischen den beiden Computern ausgetauscht werden sollen. Vista bietet Ihnen zum einen an, ein EasyTransfer-Kabel zu benutzen. Das ist ein spezielles USB-Kabel, mit dem zwei Rechner miteinander verbunden werden kön-

nen. Nun hat nicht jeder ein solches Kabel zu Hause liegen, und es ist auch nicht möglich, einfach ein Standard-USB-Kabel für den Datentransfer zu verwenden. Wer nur einmal schnell seine Einstellungen und Dateien zwischen zwei Rechnern austauschen möchte, muss sich auch nicht unbedingt ein EasyTransfer-Kabel zulegen, denn zur Übertragung der Dateien bietet

Vista noch einige weitere Möglichkeiten. Die bekommen Sie angezeigt, wenn Sie in EasyTransfer auf „Nein, weitere Optionen anzeigen" klicken. Zuerst müssen Sie aber festlegen, ob Windows-EasyTransfer auf dem anderen Computer, von dem Sie die Daten holen wollen, bereits installiert ist. Sofern auf dem Quellcomputer nicht schon Vista läuft, ist davon auszugehen, dass das noch nicht der Fall ist. Klicken Sie deshalb auf die entsprechende Auswahl.

Nun können Sie entscheiden, auf welchem Datenträger die zu kopierenden Dateien zwischengelagert werden sollen. Vista stellt die Übertragung über ein Netzwerk, via DVDs oder CDs, USB-Speicherstick oder einer externen Festplatte zur Auswahl. Um die Netzwerkoptionen nutzen zu können, müssen Ihre beiden Rechner an ein Heimnetzwerk angeschlossen sein. Haben Sie Vista und XP auf demselben Rechner auf unterschiedlichen Partitionen installiert, können Sie zum Datenaustausch

auch einfach Ihre Festplatte benutzen – vorausgesetzt Sie haben genügend freien Speicherplatz. Für die DVD- beziehungsweise CD-Variante ist es notwendig, dass beide Rechner mit entsprechenden Brennerlaufwerken ausgerüstet sind. Zudem spielt bei der Entscheidung auch noch die Größe der zu übertragenden Dateien eine Rolle: Falls Sie mehrere Gigabyte übertragen wollen, würden Sie auch einen ganzen Berg CDs verbrauchen. Welche Datenmenge übertragen wird, bekommen Sie im Verlauf des Transfervorgangs aber noch angezeigt, Sie können sich also jederzeit umentscheiden – müssen dann aber EasyTransfer von dieser Stelle aus noch einmal beginnen.

Wir setzen einmal einen nicht ganz so riesigen Datenberg voraus und entscheiden uns durch einen Klick auf „USB-Laufwerk" für einen USB-Stick, bei größerem Datenaufkommen können Sie auch eine externe USB-Festplatte verwenden. Der Übertragungsvorgang ist im Grunde ohnehin immer der gleiche, Sie müssen nur das Speichermedium Ihren Wünschen anpassen. EasyTransfer möchte nun wissen, unter welchem Laufwerk der Speicherstick zu finden ist. Sollten Sie vergessen habe,

XP-MCE (E:)

welchen Laufwerksbuchstaben dieser zugewiesen bekommen hat, drücken Sie einfach auf Ihrer Tastatur die Windows-Taste. So bekommen Sie Zugriff auf das Startmenü und können unter „Computer" noch einmal einen Blick auf alle angeschlossenen Datenträger werfen. Haben Sie den USB-Stick gefunden, wählen Sie in der Taskleiste einfach wieder EasyTransfer aus.

Vista kopiert nun die EasyTransfer-Software auf den Speicherstick. Das kann ein wenig dauern. Anschließend fragt Vista noch einmal nach, ob die beiden Rechner nicht vielleicht doch an ein Netzwerk angeschlossen sind. Um den Kopiervorgang über den USB-Stick fortzusetzen, klicken Sie auf „Nein, ich möchte eine CD, DVD oder ein anderes Wechselmedium verwenden". Damit ist der erste Schritt so gut wie abgeschlossen – Sie müssen nur noch im Anzeigefenster auf „Schließen" klicken.

Welche Dateien soll Vista übernehmen?

Schritt Nummer zwei erfolgt am Quellcomputer, also dem Rechner, auf dem Ihre alten Daten lagern. Entfernen Sie den USB-Stick von dem neuen Rechner, und schließen Sie ihn an den Quellcomputer an. Sofern Ihnen der Inhalt des Datenträgers nicht automatisch angezeigt wird und auch EasyTransfer nicht von sich aus startet, wechseln Sie zum Arbeits-

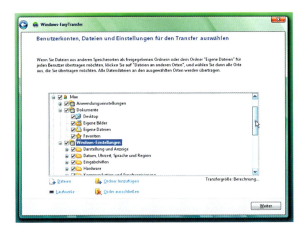

platz, und öffnen Sie dort die Anzeige des Speichersticks. Sie finden auf dem Speicherstick einen Ordner namens „MigWiz". Öffnen Sie ihn durch einen Doppelklick. Suchen Sie nun nach der Datei „Mig Wiz.exe", die Sie wiederum mit einem Doppelklick starten.

Daraufhin erkundigt sich EasyTransfer mal wieder nach dem gewünschten Übertragungsweg. Wählen Sie „CD, DVD oder ein anderes Wechselmedium verwenden" und im nächsten Fenster wieder die Option „USB-Laufwerk" aus. Anschließend müssen Sie wieder den entsprechenden Laufwerkbuchstaben angeben. Vorsicht: Das kann – je nachdem, wie Ihr System konfiguriert ist – jetzt ein vollkommen anderes sein als noch eben unter Vista. Sie können an dieser Stelle auch ein Kennwort festlegen, mit dem Ihre Daten gesichert werden. Das ist ganz sinnvoll, schließlich tauschen Sie zwischen den beiden Rechnern ja private Daten aus. Sollten Sie Ihren USB-Stick verlieren (oder, wenn Sie DVDs verwenden, diese anschließend im Müll entsorgen), muss ja nicht unbedingt jeder Finder Zugriff auf Ihre E-Mails oder Familienfotos bekommen.

Als Nächstes legen Sie fest, welche Objekte auf den Zielcomputer übertragen werden sollen. Wenn Sie alle oder nur Ihre Benutzerkonten übertragen wollen, bietet EasyTransfer eine entsprechende
Vorauswahl an, in der bereits die wesentlichen Dateien
zusammengefasst sind, etwa die Ordner „Eigene Bilder", „Eigene Musik" und die Internetfavoriten. Wollen
Sie Ihre zu übertragenden Dateien lieber selbst zusam-
menstellen, wählen Sie an dieser Stelle „Erweiterte Optionen". Sie können aber auch die von EasyTransfer ge-
troffene Auswahl übernehmen und diese Ihren Vorstel-
lungen anpassen. Klicken Sie dazu einfach auf „Alle Be-

Vista2007 (C:)

nutzerkonten" beziehungsweise „Nur eigenes Benutzerkonto" und
anschließend auf „Anpassen". Um einen vorausgewählten Ordner von
der Transferliste zu löschen, müssen Sie einfach nur mit einem Mausklick das Häkchen davor entfernen. Unter der Anzeige der aktuell ausgewählten Ordner finden Sie weitere Steuerungselemente, über die Sie
zusätzliche Dateien und Ordner auswählen können, die auf den neuen

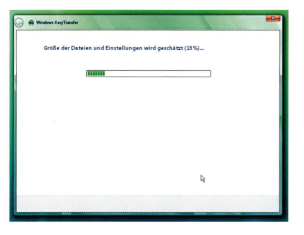

Rechner übernom-
men werden sollen.
Haben Sie auf die ei-
ne oder andere Wei-
se alle gewünschten
Dateien beisammen,
klicken Sie auf
„Weiter".

EasyTransfer be-
rechnet nun, welche
der ausgewählten
Dateien und Einstel-
lungen übernom-
men werden kön-
nen und wie viel

Speicherplatz dafür benötigt wird. Anschließend überträgt das Programm alle Objekte auf den USB-Speicherstick beziehungsweise den
von Ihnen gewählten Datenträger. Ist EasyTransfer damit erst einmal
fertig – es dauert ein Weilchen –, ist der zweite Schritt abgeschlossen.
Nun müssen Sie den Speicherstick wieder vom Quellcomputer entfernen.

Nachdem Sie den Speicherstick an den Rechner, auf den die Daten übertragen werden sollen, angeschlossen haben, öffnen Sie das Inhaltsver-

zeichnis des entsprechenden Laufwerks. Dort sollten Sie nun eine Datei mit der Bezeichnung „IMG00001.MIG" entdecken. Führen Sie darauf einen Doppelklick aus. Erneut startet EasyTransfer und beginnt damit,

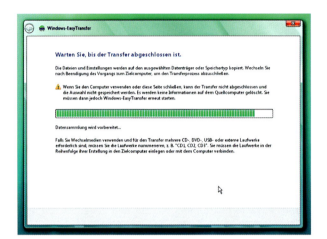

die gesammelten Daten auf das neue System zu übertragen. Haben Sie ein oder mehrere Benutzerkonten übernommen, legt Vista nun die entsprechenden Kopien an. Sie werden dazu aufgefordert, den Konten Namen zu geben. Sofern auf dem neuen System nicht bereits ein Gleichnamiges vorhanden ist, können Sie natürlich die alten Bezeichnungen gleich übernehmen. Im Anschluss an den Kopiervorgang zeigt EasyTransfer eine Zusammenfassung der übertragenenDateien und Systemeinstellungen. Um die übertragenen Benutzerkonten zu aktivieren, muss der Rechner neu hochgefahren werden.

Wichtig: EasyTransfer übernimmt zwar die Benutzerkonten, nicht aber dazugehörige Kennwörter. Die müssen von den jeweiligen Benutzern beim ersten Einloggen erneut festgelegt werden. Solange das nicht passiert ist, hat also jeder Zugriff auf die Konten und kann über die Kennwörter bestimmen.

5. Arbeiten Sie mit Vista als Benutzer, nicht als Administrator

Einer der häufigsten Kritikpunkte an früheren Versionen von Windows war, dass Benutzer praktisch dazu gezwungen werden, als Administrator am PC zu arbeiten. Das bedeutet, dass man am PC fast alles machen kann, mit der Folge, dass auch die von einem Administrator gestarteten Programme fast alles machen können. Nur so war es bisher möglich, dass sich versehentlich installierte Schadprogramme im schlimmsten

Fall so tief im System einnisten konnten, dass der Computer praktisch unbrauchbar wurde und nur eine komplette Neuinstallation half. Die Empfehlung lautete daher schon seit Längerem, sich zusätzlich zu einem Administratorkonto einen einfachen Standardbenutzer anzulegen. Fürs normale Arbeiten sollte man bereits unter Windows XP als „Standard-

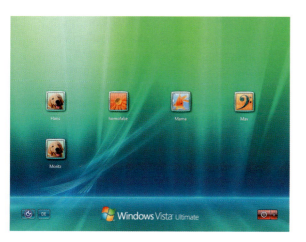

benutzer" zu Werke gehen, nur für Installationen sollte man vorübergehend das Administratorkonto nutzen – so die Theorie.

Doch in der Praxis hat es Windows in den bisherigen Versionen Benutzern sehr schwer gemacht, durchgängig als einfacher „Standardbenutzer" am PC zu werkeln. Denn bisweilen erforderten die harmlosesten Dinge Administratorrechte – zum Beispiel, wenn man die Uhrzeit des PCs ändern wollte. Zudem waren viele Anwendungsprogramme so schlampig programmiert, dass fürs

Starten des Programms eine Administratorkennung notwendig war. Zwar gab es für Experten die Möglichkeit, mithilfe von „runas"-Befehlen ein Programm als Administrator zum Starten zu bewegen, also auch unter einer Standardbenutzerkennung, doch erschien das selbst manchen Fachleuten zu kompliziert. Bequemer war es da schon lange, als Administrator zu arbeiten. Aber auch gefährlicher.

Unter Windows Vista hat Microsoft nun einen besonderen Schutz eingebaut. Weiterhin gilt, dass man am sichersten mit der Kennung eines
Standardbenutzers arbeitet. Neu ist, dass man für alle Dinge, die nur mit
Administratorkennung funktionieren, auf die Schnelle das Konto wechseln kann. Bisher musste man sich mühsam abmelden, neu als Administrator anmelden, die Installation erledigen, wieder abmelden, neu als
Standardbenutzer anmelden und dann schauen, ob es funktioniert. Unter Vista wird bei „kritischen" Vorgängen dagegen der Bildschirm ver-
dunkelt und in einem Fenster angezeigt, dass für den folgenden Vorgang Administratorrechte notwendig sind, die man vergleichsweise
schnell mittels Kennung und Kennwort für diesen Vorgang erlangen
kann.

Und auch wer aus Gewohnheit weiterhin mit Administratorrechten arbeiten möchte, bekommt unter Vista einen besseren Schutz. Zum einen

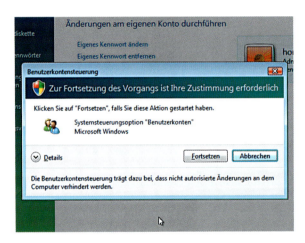

wird man als Admini-
strator gleichfalls vor kritischen Vorgängen durch
eine Dunkelschaltung
des Bildschirms gewarnt
und muss diese Vorgän-
ge zusätzlich bestätigen.
Zum anderen hat Micro-
soft einen Schutz einge-
baut, der sensible Ver-
zeichnisse der Windows-
Installation virtualisiert.
Administrator „Max"
kann dann zwar verse-
hentlich eine wichtige
Systemdatei mit einem

Virus infizieren, doch in der Praxis geschieht dies nur in einer Kopie in
seinem Benutzerverzeichnis. Das Konto von Administrator „Moritz" und
die Konten der anderen Standardbenutzer bleiben davon in vielen Fällen
unberührt. So kann sich „Max" nur sein eigenes Konto kaputt machen –
schlimm genug.

In der Praxis sollte man sich also am besten ein Konto „Max Administrator" (oder eben der eigene Name) anlegen und ein weiteres „Max Standardbenutzer". Gearbeitet wird dann regelmäßig als „Max Standardbenutzer". Nutzen Familienmitglieder denselben PC, sollten auch sie
zunächst mit einer eigenen Standardbenutzerkennung angemeldet wer-

den – zum Beispiel „Moritz Standardbenutzer". Nun ist es eine Frage des Vertrauens, auch „Moritz" mit einer zusätzlichen Kennung „Moritz Administrator" Administratorrechte einzuräumen – damit der mal eben das neue Computerspiel installieren kann. Nur wenn Sie wirklich befürchten, dass „Moritz" mit diesen Administratorrechten Ärger ins Haus holt, sollten Sie ihm diese verweigern.

Die Benutzerwaltung finden Sie unter Vista über Start > Systemsteuerung > Benutzerkonten und Jugendschutz. Achten Sie beim Hinzufügen eines neuen Benutzerkontos darauf, dem Betreffenden zusätzlich ein Kennwort einzurichten. Er wird es anschließend selbst ändern können. Ein Administrator kann ein Kennwort übrigens nicht auslesen, er kann nur ein neues vergeben. Unterschiedliche Benutzerkonten auf einem gemeinsamen Rechner der Familie klingen auf den ersten Blick vielleicht etwas

übertrieben. Doch wie wir im späteren Kapitel über den Jugendschutz von Windows Vista (Seite 126) sowie im Kapitel über die neue Bedienoberfläche (Seite 40) noch ausführen werden, entwickelt diese Unterscheidung einige Vorteile. Und Sie bekommen die Gewissheit, dass unter Ihrem Konto noch alle Dateien und Programme an dem Platz auffindbar sind, an dem sie sich beim Verlassen des Rechners befanden.

II. SCHNELLER, BUNTER, ÜBERSICHTLICHER: SO ERKUNDEN SIE DAS NEUE VISTA

6. Der neue Desktop: Taskleiste, Start-Menü, Ordner-Verwaltung und Windows Explorer

Der Aero-Glaseffekt und Flip3D sowie die Unterstützung für Tablet-PCs stehen in der Vista-Edition Home Basic nicht zur Verfügung.

Bunter und schicker wirkt die neue Bedienoberfläche von Windows Vista. Microsoft musste sich nach der Veröffentlichung der ersten Testversionen den Vorwurf gefallen lassen, bei Konkurrent Apple und dessen System OS X abgekupfert zu haben. In der Tat sind manche Elemente recht ähnlich: Fenster werfen elegant aussehende Schatten, Anklickfelder wirken dreidimensional, Rahmen und die Taskleiste haben ein teils transparentes Erscheinungsbild, sodass die darunterliegenden Elemente durchschimmern.

Wer dies für überflüssigen Schnickschnack hält, kann in Vista recht einfach die von Windows 98 und 2000 früher übliche Darstellung einschalten. Über Start > Systemsteuerung > Anpassung > Design kann man auf „Windows – klassisch" umschalten. Das kann dann vorteilhaft sein, wenn der Rechner nicht besonders üppig mit Speicher ausgestattet ist.

In den Genuss der teilweise transparenten Elemente kommt man ohnehin nur mit einer schnellen Grafikkarte. In unseren Tests ergab es sich zudem häufiger, dass bei Aufruf bestimmter Anwendungsprogramme das sogenannte Farbschema Aero, wie Microsoft es getauft hat, in einer abgespeckten Version dargestellt wird, „Vista Basis" genannt. Auf betagteren Rechnern oder mit wenig Speicher ausgestatteten Computern kann diese Darstellung sinnvoll sein, denn „Aero" verlangt viel Speicherkapazität. Das Farbschema können Sie generell ändern: über ein Fenster „Darstellungseinstellungen". Dies ist allerdings nicht ganz leicht auffindbar. Klicken Sie sich über den Windows-Button links unten am Bildschirm in die Systemsteuerung, dort unter „Darstellung und Anpassung" auf „Farben anpassen". Neben dem Grundton der Fensterfar-

ben gibt es hier den Eintrag „Eigenschaften für klassische Darstellung öffnen, um weitere Optionen anzuzeigen". Nach einem Klick darauf öffnet sich das Fenster „Darstellungseinstellungen" mit der Möglichkeit, von Windows Aero standardmäßig zu „Vista Basis" oder „Standard" zu wechseln. In dem Fenster ist

noch mehr möglich: Unter „Effekte" können Sie zum Beispiel die Kantenglättung von Schriften ändern oder auch, dass beim Verschieben eines Fensters der Inhalt nicht sichtbar sein soll. Und unter „Erweitert" besteht schließlich die Möglichkeit, vielerlei Farben und Schriften von Menütiteln, Leisten, Rahmen und so weiter an den eigenen Geschmack anzupassen.

Die Taskleiste

An der Taskleiste (task = Anwendung, Aufgabe) hat Microsoft im Vergleich zu Windows XP nur wenige Änderungen vorgenommen – von der glänzenden Oberfläche einmal abgesehen. Sie lässt sich vielfältig konfigurieren. Wenn Sie zum Beispiel besonders viele Programme gleichzeitig geöffnet haben und häufig zwischen den Programme wechseln, ist es

möglich, die Leiste zu vergrößern. Machen Sie dazu einen Rechtsklick auf die Leiste und entfernen Sie den Haken bei „Taskleiste fixieren". Nun können Sie die obere Kante der Leiste nach oben ziehen. Eine unfixierte Taskleiste zeigt außerdem zwischen den einzelnen Bereichen darauf eine geriffelte Trennfläche. Diese Riffelung lässt sich mit der Maus verschieben.

Noch mehr Einstellmöglichkeiten offenbaren sich nach einem Rechtsklick auf die Leiste und der Auswahl des Menüpunktes „Eigenschaften". Sie können hier Folgendes festlegen:

- **„Taskleiste automatisch ausblenden":** Sie verschwindet und fährt erst dann wieder hoch, wenn Sie mit der Maus an den unteren Bildschirmrand fahren.

- **„Taskleiste immer im Vordergrund halten":** Manche Programmfenster mit einer besonderen Bedeutung, zum Beispiel der Windows-Task-Manager, verdecken standardmäßig alle anderen Bereiche des Schreibtischs. Mit diesem Menüpunkt können Sie sicherstellen, dass die Taskleiste nicht verdeckt wird.

- **„Ähnliche Elemente gruppieren":** Wenn Sie von einem Programm mehrere Instanzen gestartet haben, also zum Beispiel zwei Firefox-Fenster auf dem Schirm haben, wird Windows die beiden Schaltflächen gruppieren und zu einem Minimenü zusammenfassen. Das ist manchmal gar nicht gewollt – nämlich dann, wenn man just zwischen diesen beiden Firefox-Fenstern hin- und herwechseln möchte. Wenn Sie den Haken bei „Ähnliche Elemente gruppieren" entfernen, wird für jedes Fenster ein eigener Button in der Taskleiste angezeigt.
  Übrigens gibt es gerade für den Wechsel von einem Programm zum anderen noch ein paar Abkürzungen – der Weg über die Klicks auf der Taskleiste ist nur einer davon. Mit der Tastenkombination Alt-Tab erhalten Sie beispielsweise verkleinerte Voransichten aller Fenster sauber sortiert auf dem Bildschirm angezeigt – und können mit einem weiteren Alt-Tab ins nächste Fenster wechseln. Optisch etwas aufregender ist die Tastenkombination Windows-Tab. Die Windows-Taste finden Sie auf modernen Tastaturen zwischen den Tasten Strg und Alt. Microsoft selbst bezeichnet diese Taste mittlerweile, um die Verwirrung perfekt zu machen, als Start-Taste – wenn man sie alleine drückt, öffnet sich das Start-Menü. Start-Tab beziehungsweise Windows-Tab dagegen ordnet die Programmfenster in einer dreidimensionalen Ansicht hintereinander an, und bei nochmaligem Betäti-

gen blättert man ein Fenster weiter. In manchen Programme wie Firefox hat sich zudem etabliert, Strg-Tab für den Wechsel zwischen einzelnen Fenstern desselben Programms zu benutzen. Für alle diese Wechselfunktionen gilt: Bei gleichzeitig gedrückter Umschalttaste wechseln Sie wieder ein Programmfenster zurück.

- **„Schnellstartleiste anzeigen"**: Hiermit legen Sie einen besonderen Bereich auf der Taskleiste fest, auf dem Sie die Symbole für häufig verwendete Programme ablegen können. Wenn Sie beispielsweise sehr häufig das E-Mail-Programm benutzen, müssen Sie sich nicht immer extra durch das Startmenü dazu durchhangeln. Legen Sie das gewünschte Programm in die Schnellstartleiste, indem Sie es sich zunächst in der Startleiste aufrufen und dann mit rechts anklicken. In diesem Kontextmenü taucht der gewünschte Eintrag „Zur Schnellstartleiste hinzufügen" auf. Alternativ können Sie das Programm auch mit der linken Maustaste festhalten, auf die Leiste ziehen und dort loslassen. Los werden Sie ein Programmsymbol auf dieser Leiste, indem Sie es in den Papierkorb ziehen – oder mit rechts anklicken und „Löschen" auswählen. Keine Sorge: Sie löschen damit nur das Programmsymbol, nicht das Programm selbst.

  Die Schnellstartleiste kann noch mehr. Machen Sie einmal einen Rechtsklick darauf: In diesem Kontextmenü können Sie über den Menüpunkt „Ansicht" die Symbole wahlweise groß oder klein anzeigen lassen. Nach diesem Rechtsklick finden Sie hier auch den Task-Manager, jenes Programm, das Auskunft über die gerade laufenden Prozesse liefert. Hierüber geht das jetzt etwas schneller als über die Tastenkombination Strg-Alt-Entf.

  Außerdem können Sie in der Schnellstartleiste favorisierte Internetadressen ablegen: Ziehen Sie einfach aus dem Browserprogramm Firefox oder Internet Explorer das Symbol links neben der eingegebenen Internetadresse in die Schnellstartleiste.

- **„Fenstervorschau (Miniaturansicht) anzeigen"**: Diese Neuerung von Windows Vista blendet eine verkleinerte Voransicht der Elemente auf der Taskleiste ein, wenn Sie mit der Maus darüber einen Augenblick verharren.

Die Taskleiste hat außerdem in ihrem äußeren rechten Bereich einen „Infobereich". Manche Software legt hier direkt nach dem Hochfahren des Computers ein zusätzliches Symbol ab, um dann im laufenden Betrieb stets Auskunft über den Bearbeitungsstand zu geben. Beispielsweise finden Sie hier das Lautstärkesymbol oder ein Symbol für eine

Netzwerkverbindung. Im Auslieferungszustand ist Vista so eingestellt, dass selten angeklickte Symbole automatisch ausgeblendet werden. Wenn Sie das ändern wollen, können Sie mit einem Rechtsklick auf den Infobereich und der Auswahl von „Eigenschaften" den Registerreiter „Infobereich" aufrufen. Entfernen Sie hier den Haken bei „Inaktive Symbole ausblenden", schon haben Sie alle Programme parat.

Wenn Ihr erster Schritt nach dem Hochfahren des Rechners regelmäßig der Aufruf des Browserprogramms und der Aufruf einer Internetadresse ist, können Sie sich auf Wunsch die Taskleiste mit einer Eingabezeile für Internetadressen ausstatten: Rechtsklick auf die Taskleiste > Symbolleisten > Haken bei „Adresse" setzen. Weitere zuschaltbare Leisten sind

- der Windows Media Player,
- Links (also Internetadressen),
- ein Tablet-PC-Eingabebereich (für Computer ohne Tastatur, bei denen man dann handschriftlich auf dem Display schreiben kann),
- Desktop: Damit kann man sich durch ein baumartig aufgebautes Menü durch die Ordner und Dateien auf dem Rechner hangeln.

Das Start-Menü

Das Start-Menü von Windows Vista hat wesentliche Neuerungen gegenüber bisherigen Windows-Versionen erfahren. Früher musste man sich über den Menüpunkt Programme quer durch die Software auf seinem Rechner hangeln. Jetzt sortieren sich die Programme in einer einzigen scrollbaren Leiste. Das wirkt aufgeräumter, macht es aber zunächst etwas schwieriger, ein ganz bestimmtes gesuchtes Programm wiederzufinden.

Dafür hat Microsoft eine Eingabezeile „Suche starten" etabliert. Noch während man den Suchbegriff eintippt, werden die ersten Treffer angezeigt. Dabei werden nicht nur Programme gefunden: Auch E-Mails und deren Inhalte, Word- oder Excel-Dateien sowie deren enthaltene Texte, PDF-Inhalte und sogar Fotos finden sich so wieder – wenn man sie mit den entsprechenden Schlagworten versehen hat.

Im Hintergrund verschlagwortet Vista regelmäßig sämtliche Dateien auf dem Rechner. Dabei werden allerdings nicht alle Inhalte erfasst: Das .odt-Format zum Beispiel, das OpenOffice zum Speichern von Dokumenten verwendet, wird nur anhand des Dateinamens verschlagwortet, nicht aber mit Blick auf die Inhalte.

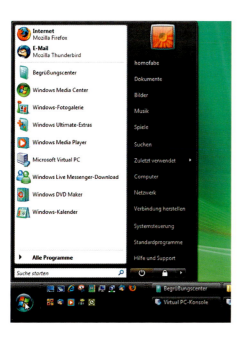

Angezeigt werden im Start-Menü stets die neun zuletzt benutzten Programme sowie die bevorzugte Software zum Internetsurfen und für die E-Mail-Verwaltung. Dies kann man ändern: Nach einem Rechtsklick auf den Start-Button findet man im Kontextmenü den Punkt „Eigenschaften". Im entsprechenden Fenster „Eigenschaften von Taskleiste und Startmenü" lässt sich das Startmenü an die eigenen Wünsche anpassen. Beispielsweise kann man hier die Anzeige der zuletzt benutzten Programme sowie der zuletzt bearbeiteten Dateien generell abschalten. Außerdem können Sie hier das klassische Startmenü wählen, so wie es in früheren Windows-Versionen ausgesehen hat. Und über den weiterführenden Button „Anpassen..." können Sie

- das bevorzugte Internetprogramm einstellen, zum Beispiel Mozilla Firefox statt den Internet Explorer,
- das bevorzugte E-Mail-Programm festlegen,
- die Anzahl der zuletzt ausgeführten Programme heraufsetzen,
- weiterführende Feineinstellungen für die Untermenüs vornehmen.

Des Weiteren lassen sich häufig verwendete Programme fest im Startmenü verankern: Suchen Sie sich das gewünschte Programm, klicken Sie es mit rechts an, und wählen Sie im Kontextmenü den Punkt „Ans Startmenü anheften".

Die Ordner-Verwaltung

Windows Vista trennt stärker als frühere Windows-Versionen zwischen Programmen und Dateien. Programme gehören auf der Festplatte ins Verzeichnis „Programme", Anwendungsdateien wie Texte, Fotos, Musik und so weiter dagegen in einen Ordner, der den Anmeldenamen des jeweiligen Benutzers trägt und unterhalb des Verzeichnisses „Benutzer" angelegt ist. Benutzer „Max" hat so ebenso sein eigenes Speicherverzeichnis wie Benutzer „Moritz". Gegenseitig können sich die Nutzer nicht in die persönlichen Verzeichnisse schauen – außer man ist als Administrator angemeldet. Wenn man als Administrator ein fremdes Verzeichnis öffnen möchte, warnt Vista davor, dass man nicht über die Berechtigung zum Zugriff verfügt. Will man als Administrator den Vorgang fortsetzen, schaltet Vista den Bildschirm kurz dunkel und signalisiert damit: Was jetzt folgt, geschieht „außer der Reihe" und sollte nur mit Bedacht gemacht werden.

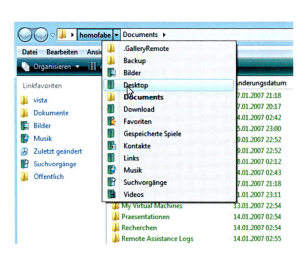

Zunächst verwirren dürfte, dass Microsoft in jedem Benutzerverzeichnis bereits zusätzliche Ordner angelegt hat: Bilder, Desktop, Dokumente, Download, Favoriten, Gespeicherte Spiele, Kontakte, Links, Musik, Suchvorgänge und Videos. Wenn man sich beim Abspeichern von Dateien angewöhnt, diese Kategorisierung von Dateien zu beachten, findet man sie später leichter wieder.

Und wie können nun die Benutzer „Max" und „Moritz" auf demselben PC dieselben Dateien bearbeiten? Für manche Urlaubsbilder, MP3-Musikdateien, Videos und TV-Aufzeichnungen möchte man schließlich häufig schon einen gemeinsamen Speicherpool besitzen. Diesen Pool gibt es, er heißt „Öffentlich". Jeder, der sich an dem Vista-PC mit einer eigenen Benutzerkennung anmelden kann, bekommt Zugriff auf dieses Verzeichnis „Öffentlich".

Es gibt außerdem die Möglichkeit, Benutzergruppen anzulegen – um gezielt ein Verzeichnis zum Beispiel nur „Max" und „Moritz", aber nicht „Hans" und „Frieda" zuzuordnen. Wie das geht, erklärt die eingebaute Windows-Hilfe, indem Sie nach dem Stichwort „Benutzergruppen" suchen. In Vista Home Basic und Premium besteht diese Möglichkeit allerdings nicht.

Erfahrene Windows-Anwender haben sich früher ihr Benutzerverzeichnis auf eine andere Festplatte oder Partition gelegt. Eine Partition ist ein Teilbereich der Festplatte, der zum Beispiel als „C:", „D:" oder „E:" bezeichnet ist. Windows Vista wird standardmäßig auf der Partition „C:" installiert. Es spräche auch unter Vista nichts dagegen, seine Benutzerdaten in ein Verzeichnis auf der Partition „D:" oder „E:" zu verlegen. Das hätte den Vorteil, dass man bei einer später vielleicht einmal nötigen Neuinstallation des Betriebssystems die Partition „C:" komplett „plattmachen" kann, also neu formatieren, ohne dass die persönlichen Daten auf dem Laufwerk „D:" oder „E:" verloren gehen.

Doch Microsoft macht das Verlegen des Benutzerordners in Vista schwieriger. Das komplette Benutzerverzeichnis lässt sich nur durch Fummelei an der Registry ändern – nichts für Otto Normalanwender. Mit den Bordmitteln von Vista kann man immerhin jeden Unterordner in seinem Benutzerverzeichnis auf eine andere Partition verlegen. Öffnen Sie dazu Ihr Benutzerverzeichnis (Start > Benutzername oben rechts in der Startleiste). Klicken Sie anschließend den gewünschten zu verlegenden Ordner mit rechts an, zum Beispiel „Bilder", und wählen Sie im Kontextmenü den Punkt „Eigenschaften". Im Registerreiter „Pfad" wählen Sie den Punkt „Verschieben..." und hangeln sich im neuen Fenster zum gewünschten neuen Speicherort durch. Nach einem Klick auf „Übernehmen" schlägt Vista vor, alle Dateien aus dem Verzeichnis „Bilder" an die neue Stelle zu verschieben. Ebenso kann man weitere Speicherverzeichnisse wie „Dokumente" oder „Videos" verlegen.

Virtuelle Ordner

Eine nützliche Erweiterung verbirgt sich in Windows Vista hinter der „Suchen"-Funktion: Suchvorgänge lassen sich speichern und als sogenannter Linkfavorit anlegen. Einen Linkfavoriten können Sie im Windows Explorer später erneut aufrufen und erhalten so ohne große Verzögerung die passenden Treffer. Wenn Sie beispielsweise Ihren Schriftverkehr mit unterschiedlichen Firmen bisher in Jahresordnern abgelegt haben, können Sie sich nun über die Suche nach dem Firmennamen eine Art virtuellen Ordner einrichten. Er zeigt dann ohne große Verzögerung

alle Dokumente, die den Namen der Firma im Dateinamen oder auch irgendwo im Dokument selbst enthalten. Das können PDF- ebenso wie Word-Dokumente sein, E-Mails ebenso wie Bilder. Leider erkennt die Suche nicht jeden Dateityp. E-Mails von Thunderbird beispielsweise und OpenOffice-Dateien, die im .odt-Format gespeichert wurden, bleiben zunächst außen vor.

Dazu öffnen Sie zunächst über Start > Dokumente das übergreifende Verzeichnis, in dem alle Ihre Dokumente abgespeichert sind. Im „Suchen"-Feld oben rechts geben Sie den Namen der gesuchten Firma ein. Im Menüpunkt „Suchtools" versteckt sich das „Suchfenster", ein zusätzliches Menü. Hier lässt sich die Auswahl der Treffer auf E-Mails, Dokumente, Bilder oder Musik eingrenzen, „Andere" zeigt dann nur jene Dateien, die den Namen der Firma im Dateinamen tragen. Über die „Erweiterte Suche" rechts außen können Sie die Auswahl stark verfeinern – um zum Beispiel nur jene Dateien anzuzeigen, die diese Firma betreffen und aus den letzten drei Monaten stammen.

Für JPEG-Bilder und Microsoft-eigene Formate wie Word-Dateien gibt es zusätzlich ein Feld „Markierung". Das sind erweiterte Stichworte (Attribute), die Sie einer Datei hinzufügen können. Wenn Sie beispielsweise über eine Bildersammlung von mehreren 10 000 Fotos verfügen, dann liegen die Bilder sehr wahrscheinlich in einzelnen Unterordnern, die Sie womöglich nach Jahren sortiert haben. Wollen Sie nun alle Bilder wiederfinden, die Sie über die Jahre bei mehreren Urlauben in Neuseeland aufgenommen haben, dann hilft dieses Feld „Markierung" – vorausgesetzt Sie haben die entsprechenden Bilder mit sinnvollen Stichworten ausgestattet.

Senden an

Der Rechtsklick in Windows Vista ist regelmäßig das Mittel der Wahl, um bestimmte Elemente zu manipulieren. Wenn man sich angewöhnt, mit dem anschließend aufpoppenden Kontextmenü zu arbeiten, er-

schließen sich häufig neue Wege, bestimmte Aufgaben ein paar Klicks schneller zu erledigen. Wenn Sie beispielsweise eine PDF-Datei per E-Mail verschicken möchten, ist der herkömmliche Weg, das E-Mail-Programm zu starten, eine neue E-Mail zu verfassen und die Datei als Anhang hinzuzufügen. Mit dem Kontextmenü geht es auch andersherum: Klicken Sie mit rechts auf die zu verschickende PDF-Datei. Suchen Sie im Kontextmenü den Eintrag „Senden an" > „E-Mail-Empfänger". Automatisch startet Vista dann das E-Mail-Programm, legt auch schon eine passende E-Mail an und fügt die PDF-Datei automatisch hinzu. Sie müssen lediglich noch den Namen des Empfängers eintippen.

Ähnliches lässt sich mit ZIP-Dateien bewerkstelligen. Eine ZIP-Datei ist eine komprimierte Zusammenfassung meist mehrerer Dateien. Wenn Sie beispielsweise zehn Bilder per E-Mail verschicken wollen, empfiehlt sich die Zusammenfassung aller Bilder zu einer ZIP-Datei. Suchen Sie dazu die gewünschten zehn Bilder, markieren Sie sie (beispielsweise, indem sie mit der Maus einen Rahmen um die Dateien ziehen oder indem Sie jede einzelne Datei mit gedrückter Strg-Taste anklicken), und klicken Sie anschließend nochmals mit rechts auf eine der markierten Dateien. In dem Kontextmenü finden Sie unter „Senden an" den Punkt „ZIP-komprimierten Ordner". Wenn Sie dies bestätigen, werden die Bilder zu einer einzelnen ZIP-Datei zusammengefasst, dargestellt mithilfe eines Ordnersymbols, das einen Reißverschluss zeigt. Diese einzelne Datei sollte nun eine geringere Dateigröße haben als alle zehn Dateien ad-

diert. Auf ähnlichem Weg können Sie ZIP-Dateien auch wieder „aus-
packen": Mit rechts anklicken > „Alle extrahieren..." > gewünschten
Speicherort auswählen. ZIP-Dateien bieten sich nicht nur für den Versand per E-Mail an, sondern auch für einfache Sicherheitskopien.

Der „Windows Explorer"

Den einstigen Windows Explorer, das Fenster zum Verwalten von Datei-
en auf der Festplatte, hat Microsoft praktisch abgeschafft – zumindest
taucht diese Bezeichnung in der Windows-Hilfe nicht mehr auf. Stattdessen spricht Microsoft regelmäßig und durchaus treffender von der
„Arbeit mit Ordnern" und Verzeichnissen. Aufrufen lässt sich dieses

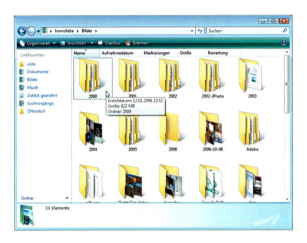

Fenster durch Navigieren
zu dem gewünschten
Speicherverzeichnis, zum
Beispiel über Start > Do-
kumente. Mit gedrückter
Alt-Taste lässt sich ein
klassisches Menü hinzu-
schalten – das in der Re-
gel aber nicht mehr ge-
braucht wird. Denn die
wichtigsten Arbeits-
schritte werden in einem
neuen Menü aufgelistet,
das auf das jeweilige
Verzeichnis abgestimmt
ist. Im Musikverzeichnis

beispielsweise taucht der Vorschlag „Alle wiedergeben" auf, im Bilder-
verzeichnis die Möglichkeit einer „Diashow", im neuen Verzeichnis
„Kontakte" die Fähigkeit, Kontaktgruppen anzulegen.

Das wirkt durchdacht – ebenso wie die einstige Pfadleiste, in der früher
Computerchinesisch wie „D:\Dokumente und Einstellungen\" zu lesen
war. Die Schrägstriche hat Microsoft in Vista benutzerfreundlicher in
Dreiecke umgewandelt, die sich anklicken lassen. So kann man sich
leichter durch die baumartige Verzeichnisstruktur auf der Festplatte
klicken und auch aus tief verschachtelten Verzeichnissen vergleichsweise einfach wieder auf höhere Speicherordner zurückkehren – indem man
einfach das passende Dreieck anklickt.

Hinzu kommt die Möglichkeit, für einzelne Verzeichnisse passende Ansichten einzupflegen. So wird ein Bilderordner sinnvollerweise Voran-

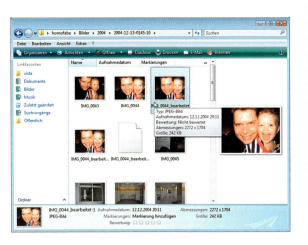

sichten der enthaltenen Bilder zeigen, der Musikordner dagegen eine eigene Sortierung nach Interpret, Album, Genre und persönlicher Bewertung. Über das Feld „Ansichten" lässt sich dies notfalls ändern – per Schieberegler wechselt man zwischen „Details", einer eher dateiorientierten Ansicht, und über „Kacheln" zu kleinen bis großen Symbolen. Schließlich ist es noch möglich, solch ein Ordnerfenster um eine zusätzliche Navigation links und eine Vorschau der gerade markierten Datei rechts sowie einen Fensterbereich unten mit weiteren Details zu erweitern. Das gelingt über Organisieren > Layout > Detailfenster/Vorschaufenster/Navigationsfenster.

Komplettiert wird diese Fensterdarstellung durch Vor- und Zurück-Felder, wie man sie vom Internetbrowser kennt, eine „Suchen"-Funktion oben rechts und Überschriften oberhalb der angezeigten Dateien. Durch Klick auf die Überschriften lässt sich die Auflistung wahlweise nach dem Alphabet, dem Änderungsdatum oder der Größe einstellen. Bei der „Suchen"-Funktion ist zu beachten, dass sie stets auf den gerade markierten Ordner angewendet wird, also nicht auf den kompletten Computer – außer Sie markieren in der Navigation das

Computersymbol entsprechend. Dann würde auch eine eingelegte DVD durchsucht.

Der Desktop

Wundern Sie sich nicht, wenn beim ersten Start von Windows Vista lediglich der Papierkorb als Bildschirmsymbol auf dem Desktop auftaucht: „It's not a bug, it's a feature", lautet ein geflügeltes Microsoft-Wort – es ist kein Fehler, sondern etwas Nützliches. Früher automatisch erscheinende Symbole wie „Computer" hat Microsoft in die Startleiste verbannt – wohl nach dem Motto: Nichts beruhigt mehr als ein aufgeräumter Schreibtisch.

Desktop

Wenn man sich später Programme installiert, legen die meisten von sich aus auf dem Desktop (zu Deutsch: Bildschirmoberfläche) neue Programmsymbole an und befüllen ihn nach und nach bis zur Unübersichtlichkeit. In der Regel (es gibt Ausnahmen!) kann man diese Programmsymbole löschen: durch Verschieben in den Papierkorb oder durch Rechtsklick > Löschen. Das jeweilige Programm bleibt über die Startleiste weiter zugänglich. Anhand des Symbols kann man erkennen, um was für eine Datei es sich handelt. Eine Verknüpfung zum Beispiel enthält in der unteren linken Ecke einen kleinen Pfeil – dieses Symbol ist damit lediglich ein Anklickfeld, das auf eine andere Datei verweist, die irgendwo auf dem Computer gespeichert ist. Löscht man den Verweis, bleibt die Originaldatei erhalten. Program-

Papierkorb

me hingegen enthalten als Symbol unten rechts eine Art Ritterschild mit den Farben Rot, Grün, Blau und Gelb. Bilder und Videos zeigen als Symbol zumeist eine verkleinerte Vorschau.

Wie in Windows systemweit üblich, lässt sich die Darstellung der Symbole am einfachsten mit einem Rechtsklick an die eigenen Bedürfnisse anpassen. Einfach auf einen freien Bereich des Desktops klicken, schon können Sie im Kontextmenü die Symbole größer oder kleiner darstellen und die Sortierung ändern. Der vielleicht fehlende „Computer" als Symbol lässt sich nachrüsten: per Rechtsklick auf einen freien Bereich des Desktops > Anpassen > „Desktopsymbole ändern". Es öffnet sich ein Fenster „Desktopsymboleinstellungen", in dem Sie das Symbol Computer ebenso aktivieren können wie den Ordner für Ihre Benutzerdateien sowie für die Systemsteuerung und das Netzwerk.

Tipp: Wenn Sie in der Systemsteuerung nach einer bestimmten Einstell-möglichkeit suchen, gibt es dort oben rechts ebenfalls eine nützliche Suchfunktion. Geben Sie dort „Desktop" ein, sammelt Vista aus den unterschiedlichen Untermenüs die jeweils passenden Optionen zusammen.

Eine weitere Neuerung unter Windows Vista ist die „Sidebar", eine Sammelleiste für Minianwendungen. Darauf gehen wir im folgenden Kapitel ein.

7. RSS-Feeds und Sidebar: So binden Sie Internetschlagzeilen ein

Immer im Blick: Miniprogramme in der Seitenleiste

Eine der augenfälligsten Neuerungen in Vista ist die sogenannte Sidebar, also eine Seitenleiste, die standardmäßig auf der rechten Seite des Desktops untergebracht ist. Sie bietet schnellen, direkten Zugriff auf ei-

nige mehr oder weniger nützliche Miniprogramme, denen Microsoft den Namen Gadgets gegeben hat. Zu Deutsch: Sondervorrichtung, „Dingsbums" oder auch „technische Spielerei". Ein paar dieser Gadgets bringt Vista gleich mit. Beim ersten Start werden in der Sidebar nur drei angezeigt, es sind aber noch weitere an Bord – außerdem können zusätzliche aus dem Internet bezogen werden. Praktisch: Die Gadgets werden zwar nur angezeigt, wenn die Sidebar auch aktiviert ist, sie sind aber nicht zwangsläufig an die Seitenleiste angebunden, sondern können auf jeden beliebigen Platz des Desktops verschoben werden. Probieren Sie es aus: Klicken Sie zum Beispiel auf die

Uhr, halten Sie die linke Maustaste gedrückt, und ziehen Sie das Gadget auf einen anderen Platz des Desktops. Möchten Sie die Uhr wieder in die Sidebar einbinden, schieben Sie sie einfach auf ihren angestammten Platz zurück, oder Sie führen mit der Maus einen Rechtsklick auf die Uhr durch und wählen dann „An die Sidebar andocken".

Ihnen werden auf der rechten Seite der Uhr vielleicht zwei kleine Symbole aufgefallen sein, die erscheinen, sobald Sie mit der Maus über das Zifferblatt fahren: ein kleines Kreuz und ein Schraubenschlüssel. Mit einem

Klick auf das Kreuz schließen Sie das Programm und entfernen es gleichzeitig auch dauerhaft aus der Sidebar. Über das Schraubenschlüsselsymbol erreichen Sie die Einstellungen des Miniprogramms. Bei der Uhr haben Sie zum Beispiel die Wahl zwischen einigen unterschiedlichen Zifferblättern – von schick bis sportlich oder verspielt. Außerdem können Sie festlegen, welche Zeitzone Sie angezeigt bekommen möchten. Wenn Sie wissen möchten, wie spät es zu gleicher Zeit in Berlin und etwa in Casablanca ist, können Sie auch zwei Uhren auf der Sidebar positionieren, die unterschiedliche Zeitzonen anzeigen. Das geht so: An oberster Stelle in der Sidebar befindet sich eine kleine Symbolleiste, in der ein Pluszeichen und zwei kleine Pfeile angezeigt werden. Wenn Sie auf das Pluszeichen klicken, öffnet sich ein neues Fenster, in dem Ihnen alle derzeit verfügbaren Gadgets angezeigt werden. Alternativ können Sie auch mit der rechten Maustaste auf einen freien Bereich der Sidebar klicken und im Auswahlfenster, das sich anschließend öffnet, die Option „Minianwendungen hinzufügen" wählen. Doppelklicken Sie nun das Uhrensymbol. Mit einem Klick auf den Schraubenschlüssel oder wahlweise auch einem Rechtsklick auf die Uhr und anschließend auf „Optionen" erreichen Sie die Einstellungen, in denen Sie die Zeitzonen anpassen können.

Weitere Miniprogramme in die Sidebar einbinden

Die Seitenleiste können Sie mit wenigen Klicks Ihren Vorlieben anpassen: Weitere Gadgets platzieren Sie in der Sidebar, indem Sie einfach in der Anzeige aller verfügbaren Minianwendungen einen Doppelklick auf

das entsprechende Symbol des Gadgets durchführen. Zur Auswahl stehen Ihnen eine Handvoll weiterer Minianwendungen, zum Beispiel eine kleine Diashow, die in die Sidebar eingebunden werden kann. Beim ersten Start zeigt sie lediglich ein paar Beispielbilder, über die Einstellungen kann aber festgelegt werden, aus welchem Ordner Sie Fotos für die Diashow aufrufen soll. In den Optionen lässt sich auch festlegen, wie lange jedes einzelne Bild angezeigt werden soll und welcher Übergangseffekt zwischen den Fotos verwendet wird. Gefällt Ih-

nen eines der Bilder besonders gut, fahren Sie einfach mit der Maus darüber und klicken Sie auf die kleine Lupe, die dann erscheint. So bekommen Sie eine große Ansicht des Bildes gezeigt.

Zu den weiteren mitgelieferten Gadgets gehören eine Wettervorhersage, ein Kalender und ein Währungsrechner.

Wenn Sie bei der Auswahl der Gadgets zusätzliche Informationen zu den Miniprogrammen angezeigt bekommen möchten, klicken Sie in dem Fenster, in dem alle Gadgets angezeigt werden, einfach auf die Auswahl „Details einblenden". Diese finden Sie am unteren Rand.

RSS: Aktuelle Meldungen immer frisch auf dem Desktop

Ebenfalls sehr nützlich ist das Gadget „Feedschlagzeilen", mit dem so-genannte RSS-Feeds in der Sidebar angezeigt werden können. Das System funktioniert ganz einfach und ist ungeheuer praktisch: RSS-

Feeds sind im Grunde Schlagzeilen, mit denen viele Internetseitenbe-treiber auf einfachem Weg Interessenten darü-ber informieren können, dass es auf ihrer Seite et-was Neues gibt. Um festzustellen, ob ein neuer Beitrag existiert, können Sie natürlich die entsprechende Internet-seite (beispielsweise www.tagesschau.de) be-suchen und nachschau-en. Sie können aber auch ein Programm wie das Feedschlagzeilen-Gadget benutzen, das diesen Job für sie erledigt. Gibt es eine Neuigkeit, wird diese als RSS-Feed innerhalb von Windows ein-gebunden und von dem Programm dann prompt angezeigt. Damit das klappt, muss der entsprechende Feed abonniert werden – das Anzeige-programm wird also so eingestellt, dass es die Seite auf neue Schlagzei-len überprüft.

RSS-Feeds abonnieren

Bei dem Sidebar-Gadget funktioniert das nur im Zusammenspiel mit dem Internet Explorer. Wenn Sie mit diesem auf einer Webseite landen, die einen RSS-Feed anbietet, erstrahlt das RSS-Symbol orangefarben. Wxird kein Feed angeboten, ist es schlicht grau. Sie finden es direkt ne-ben dem Symbol für Ihre Startseite in der Symbolleiste des Browsers. Um einen Feed zu abonnieren, klicken Sie einfach auf dieses Symbol, wenn es orangefarben hinterlegt ist. Neu ankommende Schlagzeilen werden dann im Internet Explorer angezeigt. Um sie sehen zu können, klicken Sie auf das Favoritensymbol und wählen dort den Eintrag „Feeds". Sie bekommen eine Übersicht über alle Ihre Abonnements gezeigt. Klicken Sie wiederum auf eines des Abonnements, werden die aktuellen Schlagzeilen aufgelistet. Interessiert Sie eine der Meldungen, gelangen Sie zum kompletten Artikel, indem Sie auf die Schlagzeile klicken. Das ist recht umständlich und wird mit dem Sidebar-Gadget deutlich einfacher. Denn das zeigt die aktuellen Schlagzeilen automatisch auf dem Desktop an, Sie müssen also nicht extra den Internet Explorer aufrufen, um die neuen Feeds lesen zu können.

In der Standardeinstellung kommt der Anzeiger mit einem nur mäßig interessanten Windowsfeed daher. Das lässt sich aber ändern: Klicken Sie auf das Schraubenschlüsselsymbol des Gadgets. In den Einstellungen können Sie nun festlegen, welcher Feed angezeigt werden soll. Wichtig: Um einen neuen Feed zur Auswahl hinzufügen zu können, müssen Sie ihn zuvor wie beschrieben mit dem Internet Explorer abonnieren.

Da das Gadget in der Breite auf die Sidebar angepasst ist, bekommen Sie meist nur den Anfang der Schlagzeilen zu sehen. Abhilfe schafft in diesem Fall, das Gadget von der Sidebar zu lösen und andernorts auf dem Desktop zu platzieren – die Anzeige wird dann vergrößert. Interessiert Sie eine Meldung, führen Sie einen Doppelklick auf die Schlagzeile durch. Der komplette Artikel wird dann in Ihrem Browser angezeigt.

Mit den vorinstallierten Gadgets ist Microsoft ein bisschen geizig gewesen – möglicherweise ist das aber reines Kalkül, um möglichst viele Nutzer auf die eigene Webseite zu locken. Denn im Internet gibt es noch zahlreiche weitere Miniprogramme. Um diese angezeigt zu bekommen, gehen Sie einfach genauso vor, als wollten Sie eines der Standard-Gadgets installieren. In der Übersicht der verfügbaren Minianwendungen klicken Sie dann unten rechts auf „Weitere Minianwendungen online beziehen". Ihr Browser öffnet dann die entsprechende Downloadseite.

Um eines dieser Gadgets zu installieren, müssen Sie sich dessen Detailseite anzeigen lassen. Zu der gelangen Sie, indem Sie auf das Vorschaubild klicken. Bei den Details findet sich auch ein Link, über den das Gadget heruntergeladen werden kann. Sofern dieses Gadget nicht von Microsoft stammt, erscheint eine Warnung, die Sie darüber informiert, dass es sich bei dem Gadget um eine Drittanbieteranwendung handelt, die möglicherweise einen schädlichen Code beinhalten könnte. Im Klartext weist das auf eine potenzielle Gefahrenquelle in Vista hin: Möglicherweise lassen sich über Gadgets auch Schadprogramme einschleusen.

Wer das Risiko dennoch eingehen möchte, kann solche Gadets herunterladen, nachdem er den Sicherheitshinweis mit einem Klick auf „OK" zur Kenntnis genommen hat. Die Software kann dann per Doppelklick gestartet werden, wobei Vista erneut auf mögliche Sicherheitsrisiken hinweist. Werden diese akzeptiert, fügt sich die Anwendung automatisch in die Sidebar ein.

Die Sidebar verwalten

Standardmäßig ist die Sidebar so eingestellt, dass Sie sie nur zu Gesicht bekommen, wenn Sie auch den Desktop sehen. Haben Sie also zum Beispiel Ihren Browser geöffnet, verschwindet die Sidebar mitsamt dem

Desktop dahinter, der Browser steht im Vordergrund. Das können Sie aber auch ändern. Führen Sie dazu in einem leeren Bereich der Sidebar einen Klick mit der rechten Maustaste aus, und rufen Sie dann im Auswahlfenster den Befehl „Eigenschaften" auf. Setzen Sie dort ein Häkchen vor „Sidebar im Vordergrund anzeigen". Dann haben Sie die Seitenleiste jederzeit zur Verfügung, andere Programme beschränken sich auf den verbleibenden Teil des Monitors. In den Eigenschaften können Sie zudem festlegen, ob die Sidebar bei jedem Start von Vista aufgerufen werden soll.

Sie müssen aber nicht die gesamte Sidebar in den Vordergrund rücken, wenn Sie nur einzelne Gadgets jederzeit greifbar haben möchten. Die

Minianwendungen können auch unabhängig von der Seitenleiste in den Vordergrund gerückt werden. Auch das geht ganz einfach: Führen Sie auf das gewünschte Gadget einen Rechtsklick mit der Maus aus, und wählen Sie „Von der Sidebar abdocken". Nach einem weiteren Rechtsklick auf das Gadget erscheint die Option „Immer im Vordergrund anzeigen". Das Gadget bleibt nun so lange im Vordergrund, bis Sie die Einstellung wieder ändern oder das Programm erneut an die Sidebar andocken, beides geht wieder via Rechtsklick auf die Anwendung.

Wenn Sie viele Gadgets in Ihrer Sidebar installiert haben, wird der Anzeigeplatz nach einiger Zeit nicht mehr für alle Minianwendungen ausreichen. Für diesen Fall hat Microsoft aber vorgesorgt: Programme, die nicht mehr angezeigt werden können, verschwinden auf einer Art zweiten Seite der Sidebar. Die erreichen Sie, indem Sie in der Symbolleiste der Sidebar auf den kleinen Pfeil klicken.

Ist eine Anwendung nach hinten gerutscht, die Sie besonders häufig benutzen, können Sie die Sortierung ganz einfach ändern. Ziehen Sie die Anwendung einfach mit gedrückter linker Maustaste auf den Desktop. Wechseln Sie dann in der Sidebar auf die vorderste Anzeigeseite, und platzieren Sie die Anwendung an der Stelle, an der Sie sie haben möchten. Wenn Sie ein Gadget bei gedrückter Maustaste bewegen, können Sie es so auch ganz einfach ein Stück weit höher in der Sidebar platzieren. Die anderen Anwendungen machen automatisch Platz.

Kostenfalle Sidebar

Viele der Gadgets setzen eine Internetverbindung voraus: Die Wettervorhersage bezieht ihre Daten aus dem Netz, die Feed-Schlagzeilenanzeige ihre Informationen natürlich auch. Sofern Sie über eine Flatrate verfügen, kann Ihnen das egal sein. Anders sieht es allerdings aus, wenn Sie nur einen Zeit- oder Datentarif benutzen. In diesem Fall sollten Sie darauf achten, wie oft sich die Gadgets mit dem Internet verbinden wollen und welches Datenvolumen dabei anfällt.

8. Suchen und Finden: Dateien werden leichter auffindbar

Suchvorgänge

Eine der wesentlichen Neuerungen von Windows Vista gegenüber XP ist die überarbeitete Suchfunktion: Wie bereits das Apple-Betriebssystem MacOS X (und wie zahlreiche Programme) sucht Vista nun auch parallel zur Sucheingabe nach den betreffenden Dateien und zeigt diese sofort an – nicht erst nach Bestätigung durch die Entertaste. Geben Sie etwa „Firefox" ein, dann zeigt Ihnen das System nach Eingabe eines jeden Buchstabens an, welche Dateien mit diesem Wortbeginn es findet. Nach Eingabe des „e" beispielsweise wird es Ihnen nicht nur den Browser „Firefox" anzeigen, sondern etwa auch eine installierte „Firewall" – beide Dateinamen beginnen mit denselben Buchstaben. Das kann im ersten Augenblick verwirrend sein, Sie werden es aber bald nicht mehr missen wollen. Schließlich spart das Zeit.

Eingabefelder für die Suche finden Sie im Startmenü, im Windows Explorer oben rechts und in einem eigenen detaillierten Suchfenster über Start > Suchen. Einfach eintippen, die Fundstellen werden automatisch angezeigt.

Indexer

Der eigentliche Spürhund im Hintergrund ist der sogenannte Indexer,

der die Festplatte kontinuierlich nach neuen und geänderten Dateien durchsucht und sie in einem Inhaltsverzeichnis katalogisiert. Sucht man wieder nach „Firefox", durchforstet Vista nicht die komplette Festplatte, sondern standardmäßig den Index. Dort ist dann vermerkt, an welcher Stelle genau sich das entsprechende Dokument befindet. Diesem Prinzip folgt genau genommen seit Jahrzehnten jede vernünftige Bücherei mit ihrer Registratur. Nun also auch Microsoft. Doch Achtung: Der Indexer durchsucht laut Voreinstellung nicht die gesamte Festplatte, sondern nur die Dokumente im eigenen Benutzerverzeichnis und das Startmenü. Die klassische Suche muss dann im Zweifelsfall von Hand gestartet werden: Klicken Sie im Suchfenster (Startmenü > Suchen) rechts auf „Erweiterte Suche", und wählen Sie dort im Feld „Ort" statt „Indizierte Suche" einen anderen Ort aus. Also beispielsweise „Computer" für den gesamten PC oder „Lokale Festplatten" für die Festplatten. Dort können Sie die Suche weiter einschränken,

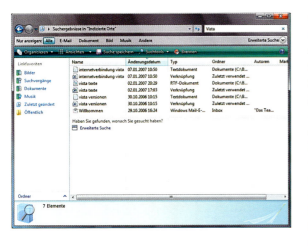

indem Sie etwa das Datum der Abspeicherung der gesuchten Datei eingrenzen.

Außerdem besteht die Möglichkeit, ausschließlich Dokumente einer bestimmten Art anzeigen zu lassen. Dafür aktivieren Sie unterhalb des Eingabefensters der Suche einfach die Felder „E-Mail", „Dokumente", „Musik" oder „Andere". Doch Vorsicht: Microsoft tut sich schwer mit Konkurrenten – Dateien von freien, aber inzwischen durchaus gängigen Programme wie OpenOffice oder Thunderbird werden je nach Speicherformat möglicherweise nicht erkannt.

Suchabfragen speichern

Suchen Sie, aus welchem Grund auch immer, regelmäßig nach ein und demselben Stichwort, dann können Sie Ihre Suchabfrage speichern. Dazu suchen Sie einfach wie oben beschrieben nach dem gewünschten Stichwort und möglicherweise den gewünschten Ausschlusskriterien (Datum, Dateiart).

Anschließend klicken Sie im Balken über den Suchergebnissen auf das Diskettensymbol („Speichern"). Im sich anschließend öffnenden Fenster können Sie noch einen Namen für Ihre Suche vergeben, dann bestätigen, und schon ist sie auf der Festplatte im Ordner unter Ihrem Benutzernamen abgelegt (im Unterordner „Suchvorgänge"). Wollen Sie nun später wieder die gleiche Suche starten, wählen Sie im „Suchen"-Fenster (Startmenü > Suchen) im Feld „Suchergebnis" (ganz oben) einfach Ihre Suchabfrage. Sie erhalten dann die stets aktualisierte Ergebnisliste – also auch Dokumente, die Sie nach Einrichten der Suchabfrage abgespeichert haben und die in das Suchraster fallen. Das war's!

Suche im Internet

Das Wort „googeln" hat es in den Duden geschafft – das beschreibt in

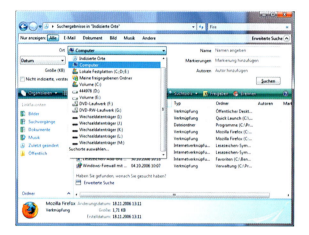

etwa, welchen Stellenwert die Internetsuchmaschine www.google.de inzwischen unter den Computernutzern genießt. Auch wenn es natürlich noch viele weitere Suchmaschinen gibt, die mitunter ebenfalls einen Versuch wert sind. Sofern man ein paar einfache Grundsätze beachtet, findet sich in der gigantischen Datenbank etwa von Google meist alles in Sekundenschnelle. Suchen Sie also mal nicht eine Datei auf dem PC, sondern eine Seite oder ein Programm oder andere Informationen im Internet, hier ein paar nützliche Tipps:

1. Grenzen Sie Ihre Suche mit eindeutigen Begriffen ein. Das können Sie auf der deutschen Startseite von Google beispielsweise schon einmal mit einem Klick auf den Punkt „Seiten auf Deutsch" – sofern Sie nur an deutschsprachigen Seiten interessiert sind. Andernfalls listet Ihnen die Suchmaschine Seiten in allen Sprachen auf, in denen Ihre Suchbegriffe vorkommen. Auch die Suchbegriffe selbst sollten Sie mit Bedacht überlegen. Suchen Sie etwa nach der Seite eines Getränkemarktes in Hannover, dann tippen Sie nicht nur „Getränke" ein, sondern versuchen Sie es gleich mit „Getränkemarkt Hannover", und wenn Sie die Straße wissen, diese am besten gleich noch mit dazu. Streichen können Sie immer noch, wenn Ihre Suchanfrage zu detailliert war

und keine gewünschten Treffer angezeigt werden. Groß- und Kleinbuchstaben unterscheidet Google nicht.

2. Suchen Sie einen bestimmten Begriff, der aus mehreren Wörtern zusammensetzt ist, dann setzen Sie ihn in Anführungsstriche: Nicht HELMUT KOHL, sondern „HELMUT KOHL" eintippen, und Sie erhalten nicht auch noch Seiten zu allen möglichen Menschen, die Helmut mit Vornamen heißen oder Kohl mit Nachnamen, aber sonst nichts mit dem früheren Bundeskanzler oder seinen Namensvettern zu tun haben. Im Fachjargon nennt man das Phrasensuche.

3. Manche Suchmaschinen ignorieren einzelne Worte wie „der", „das" oder „und". Der Grund ist das häufige und unspezifische Vorkommen solcher Worte. Sie können lediglich als Teil einer Phrase (also in Anführungsstrichen) gefunden werden.

4. Einige Suchmaschinen lassen es zu, Suchbegriffe mit „UND" beziehungsweise „ODER" zu verknüpfen. Im Falle „UND" werden nur Seiten angezeigt, in denen alle Begriffe vorkommen, im Fall „ODER" reicht einer der angegeben Begriffe. Die Art der Suche ist jedoch nur bei selten vorkommenden Wörtern sinnvoll – sonst wird die Anzahl der Treffer ähnlich astronomisch hoch sein wie ohne diese Verknüpfung.

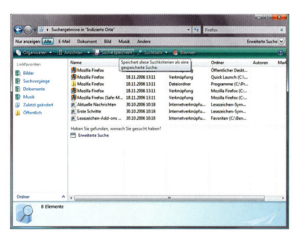

Weitere Suchmaschinen

www.metager.de: die bekannteste und älteste Metasuchmaschine. Entwickelt an der Uni Hannover, durchforstet sie bei einer Anfrage parallel mehrere einzelne Suchmaschinen und gleicht die Treffer ab.

www.altavista.de: eine der ersten Volltextsuchmaschinen.

www.fireball.de: eine auf deutschsprachige Seiten spezialisierte Suchmaschine, inzwischen mit Lycos verbunden.

9. Software installieren: So erweitern Sie Vista

Mehr Sicherheit durch die Benutzerkontensteuerung

Vista soll das sicherste Windows-Betriebssystem sein, das Microsoft je auf den Markt gebracht hat. So heißt es zumindest aus der Redmonder Softwareschmiede. Das klingt nach einem mächtigen Schritt nach vorn – oder einfach nach mächtigem Marketinggetöse. Denn schließlich wurde ausgerechnet die Vorgängerversion Windows XP, in der mit Sicherheitslücken nicht gerade gespart wurde, seinerzeit ebenso vollmundig angepriesen.

In puncto Sicherheit hat sich bei Vista allerdings tatsächlich einiges getan. Die Rechteverwaltung der Benutzerkonten ist intensiv überarbeitet worden. Mit der hatten die Sicherheitsprobleme unter XP grundlegend zusammengehangen: Aus Bequemlichkeit hatten die meisten XP-Anwender ihre Benutzerkonten mit Administratorrechten versehen. Einem derart ausgestatteten Benutzer sind alle Zugriffsmöglichkeiten auf das System erlaubt: Er kann Programme deinstallieren, neue Software einrichten, alle Systemeinstellungen ändern. Benutzerkonten mit eingeschränkten Rechten waren indes reichlich unattraktiv: Einige Programmänderungen waren erst nach einer Neuanmeldung mit Administratorrechten möglich, außerdem benötigten zahlreiche Anwendungen selbst für den regulären Betrieb erweiterte Rechte. Immer mit Administratorrechten angemeldet zu sein, war allerdings nicht nur bequem, es war auch sehr unsicher. Denn nicht nur der jeweilige Benutzer war unter XP mit diesen Rechten ausgestattet, auch Schadprogramme, die sich etwa aus dem Internet eingeschlichen hatten, verfügten darüber. So konnten sich Viren und Trojanerprogramme reichlich ungestört und oft auch unbemerkt im System einnisten und nach Belieben Veränderungen vornehmen.

Microsoft hat aus den Erfahrungen mit XP gelernt. Unter Vista erhalten prinzipiell alle Benutzer nur eingeschränkte Rechte – selbst solche, die sich als Administratoren angemeldet haben. Folglich verfügen auch alle Anwendungen im regulären Betrieb lediglich über eingeschränkte Rechte. Soll ein Programm installiert werden, müssen ihm erst entsprechende Rechte eingeräumt werden. Das geschieht, indem Vista den Benutzer um Erlaubnis bittet: Der Bildschirm wird abgedunkelt, und ein Infofenster weist darauf hin, dass die entsprechende Anwendung nur dann fortgesetzt werden kann, wenn der Anwender dem zustimmt. Sofern dieser als Administrator angemeldet ist, reicht dazu ein einfacher Klick auf

„Fortsetzen". Wer lediglich mit einem Konto angemeldet ist, das nur über eingeschränkte Rechte verfügt, braucht sich aber nicht erst mühselig ab- und als Administrator wieder anzumelden. Durch die Eingabe des Benutzernamens und Kennworts eines Administrators kann die Installation ebenfalls gestattet werden.

Auf diesem Weg soll verhindert werden, dass sich Schadprogramme wie Viren und Trojaner unbemerkt einschleichen. Absolute Sicherheit garantiert das aber nicht. Denn das ganze schöne Sicherheitssystem ist dann für die Katz, wenn der Benutzer, genervt von allzu häufigen Bitten des Betriebssystems um Administratorrechte, kurzerhand bei jeder Meldung auf „Fortsetzen" klickt, ohne genauer hinzuschauen. Deswegen sollten Sie die Sicherheitswarnungen ernst nehmen – auch wenn sie nerven. Schauen Sie sich genau an, welches Programm denn gerade um Administratorrechte bittet. Haben Sie das Programm selbst aufgerufen? Falls nicht, sollten Sie misstrauisch werden. Seien Sie das besonders, wenn während des Surfens im Internet ein Programm nach Administratorrechten verlangt – es könnte sich ohne Weiteres um ein Spionageprogramm handeln, das Ihnen der Betreiber einer unseriösen Webseite unterjubeln möchte.

Die Benutzerkontosteuerung ausschalten

Die schlechten Erfahrungen mit den Administratorrechten unter Windows XP scheinen für die Macher von Microsoft aber nicht tiefgreifend genug gewesen zu sein. Denn wenn der Anwender möchte, kann er das Sicherheitssystem der Benutzerkontensteuerung auch wieder ausschalten. Das mag für Anwender sinnvoll sein, die besonders häufig Programme installieren, etwa in der Phase der Neueinrichtung des Betriebssystems. Wer sich allerdings dafür entscheidet, die Sicherheitsabfragen auszuschalten, sollte nicht nur glauben, dass er ganz genau weiß, was er tut. Er sollte es wirklich wissen. Allen anderen ist dringend davon abzuraten, die Sicherheitsabfragen der Benutzerkontensteuerung zu deaktivieren.
Wenn Sie es dennoch tun möchten, gehen Sie dazu in die Systemsteuerung und wählen „Benutzerkonten und Jugendschutz" aus. Klicken Sie dort auf „Benutzerkonten". Im nächsten Fenster finden Sie ganz unten den Eintrag „Benutzerkontensteuerung ein- oder ausschalten". Klicken Sie darauf. Vista wird Sie fragen, ob Sie den Vorgang fortsetzen wollen. Bestätigen Sie dies. Im folgenden Fenster entfernen Sie das Häkchen vor „Benutzerkontensteuerung verwenden, um zum Schutz des Computers

beizutragen" und klicken Sie auf „OK". Damit die Änderung wirksam wird, müssen Sie den Rechner neu starten.

Alternativ können Sie aber auch einzelne Bestandteile der Benutzerkontensteuerung deaktivieren. Rufen Sie im Startmenü den Eintrag „Ausführen" auf, und geben Sie dort den Befehl „secpol.msc" ein, den Sie mit „OK" bestätigen. Es öffnet sich die Konsole für Sicherheitseinstellungen. Die Regeln für die Benutzerkontensteuerung finden Sie, wenn Sie im linken Teil des Fensters den Eintrag „Lokale Sicherheitsrichtlinien" öffnen und dann den Eintrag „Sicherheitsoptionen" markieren. Im rechten Fenster werden Ihnen nun diverse Sicherheitseinstellungen angezeigt. In diesem Fall interessieren uns nur die Einstellungen, denen das Wort „Benutzerkontosteuerung" vorangestellt ist. Die Einstellungen der einzelnen Einträge können Sie ändern, indem Sie einen Doppelklick darauf ausführen. Daraufhin öffnet sich ein Fenster, in dem die Eigenschaften angezeigt werden. Dort haben Sie die Möglichkeit, die Sicherheitsfunktion zu deaktivieren. Das Fenster verfügt aber noch über eine weitere Registerkarte, in der erklärt wird, welche Funktionen die einzelnen Einstellungen haben. Bevor Sie irgendetwas an den Einstellungen ändern, sollten Sie sich diese Erklärungen genau durchlesen. Und noch einmal: Es ist nur Fachleuten zu empfehlen, in diesem Bereich überhaupt Änderungen vorzunehmen.

So installieren Sie ein Programm von einer CD oder DVD

In vielen Fällen startet die Installation automatisch nach dem Einlegen der CD oder DVD. Sollte das nicht der Fall sein, öffnen Sie die Inhaltsanzeige des entsprechenden Laufwerks. Diese erreichen Sie über das Startmenü > Computer und schließlich durch einen Doppelklick auf das entsprechende Laufwerksymbol. Installationsprogramme tragen in der Regel den Namen Install.exe oder Setup.exe. Unabhängig davon, ob die Datei automatisch startet oder von Ihnen per Hand aktiviert werden muss, wird Vista Sie bitten, ein Administratorkennwort einzugeben oder – sofern Sie bereits als Administrator angemeldet sind – den Vorgang durch einen Klick auf „Fortsetzen" zu erlauben. Anschließend können Sie den Installationsvorgang wie unter Windows XP gewohnt fortführen.

Installieren von Programme aus dem Internet

Die Installation von Programme, die Sie zuvor aus dem Internet heruntergeladen haben, funktioniert ähnlich wie bei Programmen von CD oder DVD. Unter Umständen gibt Vista allerdings noch eine zusätzliche

Sicherheitswarnung aus: Ist dem Betriebssystem das Programm unbekannt, mahnt Vista, die Anwendung nur dann zu installieren, wenn Sie den Herausgeber für vertrauenswürdig halten. Dieser Ratschlag ist wohlmeinend und sollte beherzigt werden: Lassen Sie die Finger von Programmen aus dubiosen Quellen wie etwa Tauschbörsen. Es mag zwar sein, dass es sich um die neueste Version der Brennsoftware Win on CD oder von Microsoft Office handelt, wie der Dateiname verspricht.

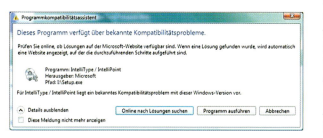

Aber zum einen sind solche Downloads illegal. Zum anderen kann sich hinter dem vielversprechenden Namen auch ein hinterhältiges Schadprogramm verbergen, das ihren Rechner manipuliert und private Daten wie etwa Kennwörter ausspioniert. Laden Sie Programme nur von vertrauenswürdigen Webseiten herunter, etwa von den Internetauftritten namhafter Computermagazine wie www.chip.de oder www.download.com. Sofern die heruntergeladene Datei von einem seriösen Anbieter stammt, können Sie die Installation mit Bestätigung der Sicherheitsabfrage getrost fortsetzen. Anschließend müssen Sie der Anwendung noch die benötigten Rechte einräumen.

Probleme bei der Installation

Die meisten Programme, die unter XP liefen, sollen auch mit Vista kompatibel sein. Das versprechen zumindest die Macher von Microsoft. In manchen Fällen brauchen die Anwendungen allerdings ein wenig Nachhilfe. Sollte die Installation nicht wie gewünscht funktionieren, können Sie versuchen, das Programm im Kompatibilitätsmodus auszuführen. Vista versucht dann, der Anwendung vorzugaukeln, dass sie sich auf einem altvertrauten System mit Windows XP befindet. In vielen Fällen führt das bei Problemen auch tatsächlich zur Abhilfe.

Gibt es bei der Installation Probleme, sollte sich in der Regel der Programmkompatibilitätsassistent einschalten. Er bietet dann an, die Installation in einem passenden Modus zu wiederholen.

Hat die Installation geklappt, aber das Programm startet nicht wie gewünscht, können Sie es auch in diesem Fall mit dem Kompatibilitätsmodus versuchen. Führen Sie einen Rechtsklick auf das Programm aus, und lassen Sie sich die Eigenschaften anzeigen. Wählen Sie dort den Reiter „Kompatibilität", und setzen Sie ein Häkchen vor „Programm im Kompatibilitätsmodus ausführen". Anschließend können Sie direkt darunter noch das Betriebssystem auswählen, das am besten zu dem Programm passt.

Wie sich bei unseren Tests herausstellte, läuft der Großteil älterer Windows-Programme tatsächlich auch unter Windows Vista. Probleme hatten wir aber zum Beispiel mit verschiedenen CD-Brennsuiten älteren Datums und sogar mit einem Produkt aus dem Hause Microsoft, Active-Sync zum Abgleichen von Daten mit dem Taschencomputer. Microsoft hat ActiveSync in Rente geschickt. Stattdessen soll man jetzt das „Windows Mobile-Gerätecenter" benutzen. Das jedoch begrenzt die abgleichbaren Daten zunächst auf Musik. Kalender und Kontakte blieben anfangs außen vor. Erst mit einem heruntergeladenen englischen Treiber gelang der Abgleich letztlich auch mit Outlook. Einsteiger dürften an solchen Problemen schnell verzweifeln. Es empfiehlt sich, auf den Seiten der Hard- und Software-Hersteller nach Updates zum Stichwort Vista Ausschau zu halten.

10. Komm in die Kontakte - das neue Adressbuch von Vista

Eine weitere bereits vom Betriebssystem Mac OS X und Windows XP bekannte Funktion gibt es im Programmeordner von Windows Vista:

das Adressbuch, in diesem Fall „Windows-Kontakte" genannt. Sie finden es unter Vista im Startmenü > Alle Programme > Windows-Kontakte. Man kann sich über Sinn oder Unsinn eines elektronischen Adressbuchs streiten – in diesem Fall aber liegt der Vorteil vor allem darin, dass das Programm auch mit Windows-Kalender (siehe Kapitel 11, Seite

72) und dem E-Mail-Programm „Windows Mail" zusammenarbeitet. Mit anderen Mailprogrammen wie „Thunderbird" indes nicht – ein echtes Manko. Geplant ist aber noch mehr. So soll künftig der Abgleich mit dem Handy auch diese PC-basierte Kontaktdatenbank umfassen, und für weitere Programme wie den Messenger ist ebenfalls ein Zusammenspiel vorgesehen. Wer über den Computer telefoniert, wird außerdem einen Kontakteintrag direkt anklicken können, um die Telefonverbindung herzustellen. Und es ist zu erwarten, dass künftig auch Abgleiche mit internetbasierten Diensten möglich werden. Vieles davon war zum Zeitpunkt der Herstellung dieses Buches allerdings noch Zukunftsmusik und noch nicht möglich.Und so arbeiten Sie in Windows-Kontakte:

Kontakte

Einen neuen Kontakt anlegen

Klicken Sie auf den Knopf „Neuer Kontakt" in der oberen Menüleiste. Es öffnet sich ein Fenster, in dem Sie unter dem gleich nach dem Öffnen angezeigten Reiter „Name und E-Mail" unter anderem den Namen, Vor-

namen und eine oder mehrere E-Mail-Adressen der betreffenden Person eingeben können. Wenn Sie rechts oben auf das Bild klicken, besteht die Möglichkeit, ein Bild nach Wahl einzufügen, beispielsweise ein Porträt der Person. So sehen Sie immer gleich auf den ersten Blick, um wen es sich handelt. Das Foto müssen Sie jedoch zuvor auf der Festplatte gespeichert haben. Je mehr Einzelheiten Sie einfügen, desto wertvoller könnten die Kontakte für Ihre spätere Arbeit mit Windows Vista werden: Programme wie der Live Messenger oder Windows-Mail greifen auf diese Daten zurück.

Für weitere Eingaben einer realen Adresse klicken Sie auf die Reiter „Privat" oder „Arbeit" (je nachdem, welche Adressdaten Sie eingeben möchten). Im Register „Familie" können Sie weitere Einzelheiten wie

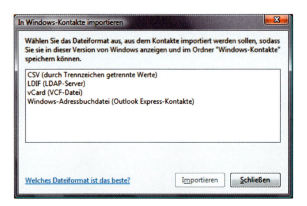

den Geburtstag der betreffenden Person eingeben. So können Sie sich beispielsweise in Windows-Kalender an diesen Tag erinnern lassen. Unter dem Reiter „IDs" besteht die Möglichkeit, ein digitales Zertifikat der Person zu importieren – falls diese über ein solches verfügt (etwa zum Verschlüsseln von E-Mails). Die Person muss Ihnen das Zertifikat zuvor per Mail geschickt haben.

Außerdem ist es möglich, im Programm Windows Mail per Rechtsklick auf eine Mail den entsprechenden Absender zu den Kontakten hinzuzufügen. Vorteil: Sie brauchen sich dessen E-Mail-Adresse nicht zu merken und können einfach den Vornamen und den Nachnamen eintippen. Windows Mail ergänzt dann die richtige Adresse.

Kontakte importieren und exportieren

Sollten Sie bereits ein Adressbuch in einem Programm wie „Outlook" besitzen, dann können Sie die Einträge in Windows-Kalender ganz einfach übernehmen. Dazu klicken Sie in der Menüleiste auf „Importieren". Nun können Sie wählen, in welchem Format die Kontakte gespeichert sind:

- CSV: ein allgemein übliches Dateiformat, in dem die Einträge mit Kommas getrennt sind. Vor allem Datenbanken und Tabellenprogramme verwenden dieses Format oft.

- LDIF (LDAP-Server): ein Format, das von LDAP-basierten Verzeichnisservern verwendet wird.

- xDard (VCF-Datei): ein ebenfalls häufig verwendetes Format von Datenbanken.

- Windows-Adressbuchdatei: Ein Microsoft-Format, das Einträge als WAB-Datei speichert. Es wird vor allem in früheren

Windows-Programmen bis einschließlich XP verwendet, unter anderem vom E-Mail-Programm Outlook Express.

Nachdem Sie sich für ein Format entschieden haben, öffnet sich ein Fenster, in dem Sie die entsprechende Datei auswählen müssen, in denen Ihre Kontakte gesichert sind. Bestätigen – fertig. Die Kontakte sollten nun in das Programm eingefügt sein.

Es kann sein, dass Sie nicht so einfach auf alte Dateien aus anderen Programm zugreifen können. Dann müssen Sie die gewünschten Daten zunächst im alten Programm exportieren, um sie dann in Windows-Kalender zu importieren.

Exportieren können Sie Ihr Adressbuch natürlich auch, um es beispielsweise auf einem anderen PC zu nutzen: In der Menüleiste auf den Punkt „Exportieren" klicken, Dateiformat auswählen (siehe oben), Dateinamen eingeben, Speicherort wählen, fertig!

Weitere Funktionen

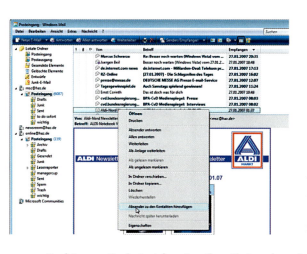

Unter dem Menüpunkt „Ansichten" können Sie die Darstellung Ihrer Adressliste ändern. Welche man wählt, ist Geschmackssache. Probieren Sie es aus! Unter dem Menüpunkt „Neue Kontaktgruppe" besteht die Möglichkeit, mehrere Personen zu einer Gruppe zusammenzufassen.

So können Sie beispielsweise Ihre Skatrunde unter einem Oberbegriff zusammenfassen oder Mitglieder ihres Kochkreises. So haben Sie später etwa im E-Mail-Programm die Möglichkeit, mit der Wahl dieser Gruppe eine Rundmail an alle unter diesem Oberbegriff zusammengefassten Personen zu schicken, ohne jede E-Mail-Adresse einzeln eingeben zu müssen. Denken Sie sich einfach einen Gruppennamen aus und fügen Sie die Adressen aus Ihren Kontakten hinzu, die zu diesem Kreis gehören sollen. Mit gedrückter Strg-Taste können Sie außerdem auf einen Rutsch mehrere Kontakte markieren, um sie in die Gruppe zu übernehmen.

11. Termine frei: Der Windows-Kalender verwaltet sie alle

Für viele Menschen haben die klassischen Kalender in Papierform angesichts von entsprechenden Funktionen in Handys und Taschencompu-
tern ausgedient – und so

gibt es auch bei Windo-
ws Vista eine solche
elektronische Variante.
Sie findet sich unter dem
einfachen Namen Win-
dows-Kalender im Start-
menü unter dem Punkt
„Alle Programme". Und
sofern Sie schon einmal
mit einem solchen Pro-
gramm zu tun hatten,
werden Sie sich schnell
zurechtfinden – denn es bietet kaum mehr Möglichkeiten als andere und
lässt sich relativ einfach bedienen. Wer bislang mit Kalenderfunktionen
in Programme wie „Outlook" oder dem kostenlosen „Sunbird" gearbeitet hat, wird vermutlich

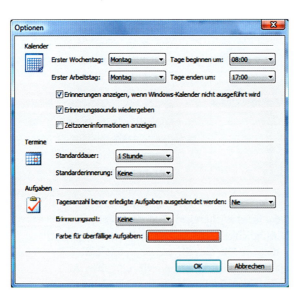

auch unter Vista dabei
bleiben. Der einzige we-
sentliche Vorteil vom
Windows-Kalender ist
das Zusammenspiel des
Programms mit anderem
Systemzubehör wie Win-
dows-Kontakte (Kapitel
10). Zudem ergaben sich
im Test Schwierigkeiten
mit der Synchronisation
zwischen PC und Mobil-
telefon: Der Abgleich
war trotz unterschiedli-
cher Versuche nicht
möglich. Entweder wur-
de das Handy gar nicht
erkannt oder geeignete
Software – über Windows-Kontakte hinausgehend – stellte sich als noch
nicht geeignet für Vista heraus. Es ist jedoch zu erwarten, dass diese In-

kompatibilität in den ersten Wochen und Monaten nach dem Verkaufsstart des neuen Systems behoben sein wird.

Ein Überblick über die wichtigsten Funktionen von Windows-Kalender:

Termine eingeben

Um einen Termin zu notieren, wählen Sie links in der Monatsanzeige per Mausklick den entprechenden Monat und Tag aus. Zwischen den Monaten wechseln Sie, indem Sie auf die Pfeile links und rechts vom Monatsnamen klicken. Sie erhalten in der zweiten Spalte eine Tagesansicht des ausgewählten Datums. Hier klicken Sie dann doppelt auf die Zeile mit der gewünschten Uhrzeit. Es öffnet sich ein kleines Fenster, in dem Sie Ihren Termin eintragen können. Wie lange dieser dauern soll, können Sie einfach mit der Maus einstellen: Greifen Sie dazu den

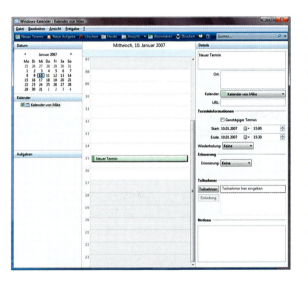

unteren (oder wahlweise den oberen) Rand des Terminfensters und ziehen es bis zur gewünschten Schlusszeit auf. Wollen Sie einen Eintrag verschieben, können Sie ihn mit der Maus anklicken und bei gedrückter Maustaste zur entsprechenden Uhrzeit verschieben.

Wenn Sie zu einem Termin weitere Einzelheiten eintragen möchten, können Sie dies in der dritten Spalte des Fensters (ganz rechts): Hier besteht die Möglichkeit, einen Ort hinzuzufügen sowie die Dauer des Termins und die Teilnehmer. Zudem können Sie im Feld „Erinnerung" auswählen, ob und wann Sie Windows-Kalender an den Termin erinnern soll. Dann leuchtet auf Ihrem Bildschirm mit dem angegebenen

WinCal

Vorlauf eine Meldung auf. Termine, die Sie regelmäßig wahrnehmen wollen, können Sie mit einem Klick auf das Feld „Wiederholung" eingeben. Dort können Sie den entsprechenden Turnus wählen. Soll der Termin nur auf eine bestimmte Zeit oder in einem anderen Rhythmus wiederholt werden, so lässt sich dies unter „Wiederholung" > „Erweitert" eingeben.

Aufgaben eingeben

Auch bestimmte Aufgaben – etwa Ihre Diplomarbeit oder das noch zu erwerbende Geburtstagsgeschenk für Ihre Freundin – können Sie in einem separaten Feld notieren. Klicken Sie dazu in der oberen Symbolleiste auf das Feld „Neue Aufgabe". In der rechten Spalte des Fensters erscheinen nun die entsprechenden Felder, die Sie mit den Einzelheiten füllen können: eine Bezeichnung, Start- und Enddatum, die Priorität sowie einen Zeitpunkt, an dem Sie Windows-Kalender an diese Aufgabe erinnern soll. Alle eingegebenen Aufgaben finden Sie anschließend in der linken Spalte unterhalb des Monatskalenders. Ist eine Aufgabe erledigt, können Sie einfach in dieser Spalte beim betreffenden Eintrag ein Häkchen setzen. Oder die Aufgabe mit der „Entf"-Taste löschen.

Weitere Optionen

Darstellung: Sie können für eine längerfristige Betrachtung auch die Ansicht verändern: Unter dem Menüpunkt „Ansicht" in der oberen Leiste haben Sie die Wahl zwischen Tag, Arbeitswoche, Woche und Monat.

Gemeinsame Kalender pflegen: Über „Abonnieren" besteht die Möglichkeit, Daten aus dem Internet hinzuzufügen, etwa von Vereinen oder Firmen, Freunden oder Kollegen. Dazu müssen Sie jedoch die Internetadresse des entsprechenden Kalenderdienstes wissen.

Oder Sie führen selbst an Ihrem PC einen Kalender, der nicht nur auf Ihrem PC gespeichert wird, sondern zusätzlich bei Google. Das ist nicht ganz ungefährlich, schließlich dürfte es sich um private Daten handeln. Wenn Sie den Google-Kalender aber richtig einstellen und dem Dienst vertrauen, wird er nur jenen Personen zur Verfügung gestellt, die von Ihnen dazu autorisiert wurden.

Legen Sie sich in Windows-Kalender einen neuen eigenen Kalender mittels Datei > „Neuer Kalender" an. Mit einem Rechtsklick auf den neuen Kalender können Sie festlegen, dass er veröffentlicht werden soll. Der

Windows-Kalender ist zum iCalendar-Format (.ics) kompatibel. Bei der Angabe, unter welcher Adresse der Kalender veröffentlicht werden soll, müssen Sie zum Beispiel bei Google eine Internetadresse angeben, die Sie im Google-Kalender unter Einstellungen herausfinden können.

Einstellungen: Unter dem Menüpunkt Datei > Optionen können Sie Windows-Kalender modifizieren. Sie können zum Beispiel festlegen, an welchem Wochentag Ihre Wochenübersicht beginnen soll. Außerdem lässt sich einstellen, ob Erinnerungen auch angezeigt werden sollen, wenn das Programm selbst nicht geöffnet ist. Auch die Standarddauer von Terminen (also die Spaltenhöhe in der Tagesansicht) lässt sich hier verändern.

Drucken: Über den Menüpunkt Drucken (in der Symbolleiste) können Sie Ihren Kalender drucken – je nach Einstellung im Feld „Druckformat" einen einzelnen Tag, eine Arbeitswoche, eine Woche oder einen ganzen Monat.

Weitere Kalender-Programme

Outlook: Teil des Office-Pakets von Microsoft und somit nicht kosten-los. Dieses kombinierte E-Mail-, Adressverwaltungs- und Kalenderpro-gramm gilt vor allem in vielen Unternehmen als Standardanwendung, weil es in der Terminverwaltung mit unterschiedlichen Benutzern sehr komfortabel ist. Weitere Informationen:

http://office.microsoft.com/de-de.

Sunbird: Das Kalenderprojekt der Mozilla-Stiftung. Die-ses kostenlose Open-Source-Programm ist als Ergän-zung zum Browser Firefox und dem E-Mail-Programm Thunderbird gedacht und gleicht dem Windows-Kalen-der von den Funktionen her sehr. Bislang ist Sunbird jedoch erst als Be-taversion erhältlich (www.sunbird-kalender.de) und deswegen letztlich bei Stabilität und Sicherheit ohne Garantie. Im Test lief es aber bereits sehr stabil. Die erste endgültige Version soll im Laufe des Jahres 2007 erscheinen.

III. MIT SICHERHEIT INS INTERNET: VISTA HILFT UND SCHÜTZT IM DATENNETZ

12. Ins Netz: So stellen Sie eine Internetverbindung her

Das Internet ist aus dem PC-Alltag nicht mehr wegzudenken. Das haben auch die Entwickler von Windows Vista bedacht und das neue System überaus onlinetauglich gestaltet. Konnte man bei alten Windows-Versionen oft nur mit einigem Fachwissen und viel Geduld eine Internetverbindung zuverlässig aufbauen, ist dasselbe mit der neuesten Variante von Windows nun vergleichsweise einfach. Vor allem, wenn Sie Ihren

PC mit einem DSL-Router oder einem drahtlosen Netzwerk (Wireless LAN: WLAN) ausgerüstet haben. Dabei aber Achtung: Vergessen Sie nicht, als Erstes den Treiber für Ihre WLAN-Karte oder Ihren WLAN-Stick mithilfe der mitgelieferten CD zu installieren, falls Vista diese Hardware nicht automatisch erkannt hat. Sie sollten auch einmal auf der Webseite des Herstellers

Ihrer WLAN-Karte oder Ihres WLAN-Sticks nachschauen, ob es dort nicht mittlerweile eine neue Version einer Treibersoftware speziell für Windows Vista gibt. Laden Sie diese herunter, und brennen Sie sie am besten auf CD. Unter Windows Vista sollten Sie diese CD dann einlegen und den Treiber neu installieren.

Dann bezieht Windows nach dem Hochfahren alle notwendigen Informationen für den Aufbau der Internetverbindung automatisch und baut nahezu selbstständig eine Verbindung auf. Sollten Sie – was nur empfohlen werden kann – Ihr WLAN-Netzwerk verschlüsselt haben, dann müssen Sie Ihren Sicherheitsschlüssel beim ersten Mal eingeben.

Am rechten unteren Bildrand in der Info-Leiste zeigt Vista anhand eines Symbols, ob eine Internetverbindung besteht. Sie sehen dort ein kleines Symbol von zwei versetzt hintereinander stehenden Monitoren und einer Weltkugel davor. Wenn Sie mit dem Mauszeiger darüber verharren (nicht klicken), dann zeigt das System in einem kleinen Fenster an, über welche Verbindung Sie online sind. Steht dort: „Zugriff: Lokal und Internet" ist alles bereit für das Surfen im weltweiten Datennetz.

Sie können auch selbstständig eine neue Internetverbindung einrichten:

1. Im Begrüßungscenter (zu finden im Start-Menü unter Systemsteuerung > System und Wartung > Erste Schritte mit Windows) das Feld „Mit dem Internet verbinden" wählen.

2. Im folgenden Fenster wird angezeigt, ob bereits eine Verbindung mit dem Internet besteht. Falls keine besteht oder Sie eine weitere hinzufügen wollen (etwa um ein Laptop für mehrere Standorte zu konfigurieren), wählen Sie die gewünschte Art aus: Drahtlosverbindung (WLAN), Breitbandverbindung (DSL) oder Wählverbindung für den Zugang über ein Modem oder ISDN.

3. Je nach Art Ihrer Verbindung gehen Sie nun folgendermaßen weiter:

Breitband: Geben Sie in diesem Feld die von Ihrem DSL-Anbieter zugesandten Daten ein: Ihren Benutzernamen für den Internetzugang, Ihr Kennwort (das können Sie mit einem Haken in der Box darunter speichern, falls Sie es nicht jedesmal neu eingeben wollen – sollten Sie jedoch nicht bei öffentlichen PCs machen!) und einen beliebigen Namen der Verbindung. Sollten Sie auf Ihrem PC mehrere Benutzerkonten eingerichtet haben, können Sie mit einem Haken im untersten Feld („Anderen Benutzern erlauben...") dafür sorgen, dass alle Nutzer dieses Rechners Zugriff auf das Internet über die gerade eben eingerichtete Leitung haben. Lassen Sie den Haken weg, haben nur Sie Zugriff. Nun noch auf „Verbinden" klicken, und das war's!

Drahtlos: Noch einfacher – bei einem Klick auf „Drahtlosverbindung" zeigt Ihnen Vista gleich alle verfügbaren drahtlosen Netzwerke an. Sollten dies mehrere sein (vor allem in Mietshäusern kommt das angesichts der großen Übertragungsreichweiten von WLAN-Netzwerken öfter vor) sollten Sie in jedem Fall Ihr eigenes wählen und darauf achten, dass es dort als „sicherheitsaktiviertes Netzwerk" angezeigt wird. Sonst kann sich jedermann einloggen – und im schlimmsten Fall illegale Daten über Ihre Verbindung verbreiten. Alle WLAN-Router bieten heutzutage die Möglichkeit, Verbindungen über einen sogenannten Schlüssel zu sichern. Die Verschlüsselung über das sogenannte WEP-Verfahren ist da-

bei jedoch mittlerweile nicht mehr sicher. Hacker entdecken Ihr unsiche-
res WEP-Netz praktisch im Vorbeifahren mit dem Laptop. Es zu knacken,
erfordert nur wenige Minuten. Dann kann der Fremde auf Ihre Kosten

surfen und unter Ihrer In-
ternetkennung Schindlu-
der anstellen. Er kann
vielleicht sogar Einsicht
in Ihr heimisches Netz
erlangen und Ihre Daten
ausspionieren. Wesent-
lich sicherer ist für Über-
tragungen per WLAN der
Standard WPA oder noch
besser WPA2. Den alten
Standard WEP sollten Sie
besser nicht mehr ver-
wenden.

Viele Geräte nutzen zu-
dem einen sogenannten MAC-Adressenfilter, der nur solcher Hardware
den Zugriff auf das Netzwerk erlaubt, deren MAC-Nummern Sie zuvor
aufgelistet haben. Das ist ein geringfügiger weiterer Schutz vor Ein-

dringlingen – aber auch
nur ein Schutz vor An-
fänger-Hackern. MAC-
Adressen sind fast im-
mer öffentlich auslesbar,
selbst bei besonders ge-
schützten Netzen per
WPA oder WPA2.

All dies müssen Sie in
Ihrem Router einstellen
(meist über eine Brow-
ser-Maske) – Einzelhei-
ten dazu sollten in der
entsprechenden Bedie-
nungsanleitung stehen.

Haben Sie ein sicherheitsaktiviertes Netzwerk, müssen Sie nun beim ersten Mal Ihren Kennwortschlüssel eingeben (können ihn dann aber mit
einem entsprechenden Haken speichern) – und schon sind Sie drahtlos
im Netz.

Wählverbindung: Auch nicht schwer – geben Sie die Telefonnummer ein, die Ihnen Ihr Internetanbieter für den Zugang übermittelt hat, ebenso Ihren Benutzernamen und das dazugehörige Kennwort. Auch hier können Sie sich wieder einen Namen für die Verbindung überlegen (also beispielsweise den Namen Ihren Internetanbieters) und anderen Nutzern Ihres PCs mit einem entsprechenden Häkchen am Ende den Zugang über diese Verbindung erlauben oder auch nicht. Das war es auch schon. Achten Sie bei der Eingabe der Telefonnummer darauf, ob Ihr PC an eine Telefonanlage angeschlossen ist. Dann müssen Sie gegebenenfalls noch eine „0" oder „0," vor die Nummer stellen oder eine andere Ziffer, mit der Ihre Anlage eine freie Leitung bereitstellt. Dies sollte in der Anleitung der Telefonanlage stehen.

13. So vernetzen Sie mehrere PCs: Hardware, Netzwerk, Software

Der Trend geht zum Zweit-PC. Und spätestens, wenn im Kinderzimmer ein weiterer Computer aufgestellt wurde oder eine Wohngemeinschaft bezogen wird, ergibt sich schnell die Frage: Wie können die Computer gleichzeitig den Internetzugang benutzen? Und wie lassen sich Dateien zwischen den PCs austauschen, damit zum Beispiel eine MP3-Musik-Sammlung auf beiden Rechnern genutzt werden kann?

Die Hardware

Das eine ist die Hardware. Die Computer müssen entweder per Kabel oder per Funk miteinander vernetzt sein. Wenn Sie über einen DSL-Zugang ins Internet verfügen, bringt das DSL-Modem, das Ihnen Ihr Provider geliefert hat, möglicherweise schon die nötigen Voraussetzungen zum Vernetzen mit. Schauen Sie einmal auf die Rückseite des Geräts: Finden Sie dort mehr als einen LAN-Anschluss? Wenn die beiden Computer, die vernetzt werden sollen, ebenfalls über einen solchen LAN-Anschluss verfügen, ist das schon die halbe Miete. LAN steht für „Local Area Network", zu Deutsch „Lokales Netzwerk". Jeder moderne PC sollte an seiner Rückseite über einen solchen LAN-Anschluss verfügen. Fehlt dieser, sollte er sich mit Hilfe einer LAN-Karte zum Preis von unter 20 Euro nachrüsten lassen (alle Preisangaben: Stand Anfang 2007).

In vielen Haushalten ist es allerdings schwierig, die nötigen LAN-Kabel zum DSL-Modem zu verlegen. Computerfachleute fürchten hier vor allem den WAF. Der „Woman's Acceptance Factor" (zu Deutsch, frei übersetzt: „Du und Deine Technik …!") legt fest, dass sich die Akzeptanz einer technischen Neuheit im Haus umgekehrt proportional zur optischen oder lautmalerischen Beeinträchtigung nach Beurteilung der Ehegattin verhält. „Kommt das Kabel noch weg?" deutet auf einen geringen WAF hin, „Wann kommt das Kabel endlich weg?" auf einen WAF nahe null.

Die Lösung kann vielerorts ein heimisches Funknetz bieten, WLAN genannt (W für „wireless", drahtlos). Auch das wird möglicherweise, wenn Sie bereits über DSL verfügen, von Ihrem Provider mit dem mitgelieferten DSL-Modem er-

möglicht. Hat es eine Antenne? WAF-Verständige haben sich auf die naheliegende Frage zum Thema Elektrosmog, „Wie stark strahlt das denn?", bereits mit der technisch korrekten Antwort eingedeckt: Die weit verbreiteten DECT-Telefone, die Schnurlostelefone für zu Hause also, strahlen deutlich stärker als ein heimisches WLAN.

Belege für und gegen die Gefährlichkeit von Elektrosmog gibt es in Form zahlreicher Studien – wir werden das hier nicht klären können. Nachteil eines heimischen WLANs ist in jedem Fall, dass Sie nicht von vornherein wissen, ob alle Zimmer tatsächlich erreichbar sind. Der Datenfunk wird durch Wände gebremst und gestört. Im Einzelfall können schon zwei dicke Lehmwände und eine Betondecke dafür sorgen, dass das Arbeitszimmer im ersten Stock nicht vom DSL-Funkmodem im Erdgeschoss erreichbar ist. Hier hilft nur Ausprobieren.

Eine andere elegante und vielleicht sogar sicherere Lösung könnte darin bestehen, die Computer übers heimische Stromnetz zu verkoppeln. Die Daten fließen dann neben dem Strom über das Netz. Dafür gibt es spezielle Adapter, die man in die Stromsteckdose steckt und die an der Unterseite einen LAN-Anschluss bereitstellen. Über zwei solcher Adapter können dann zwei Computer miteinander vernetzt werden. Oder Sie

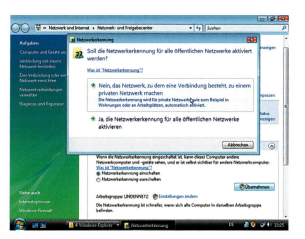

können vom PC im Arbeitszimmer aus den Zugang zum DSL-Modem überbrücken, wenn dort in der Nähe eine Stromsteckdose vorhanden ist. Mit Hilfe eines dritten Adapters kann auch der Computer im Kinderzimmer Zugang zum DSL-Modem finden. Sorgen wegen Hackern brauchen Sie sich dabei nicht zu machen: Der Stromzähler schirmt das Hausdatennetz nach außen ab. Höchstens in größeren WGs, in denen die Bewohner häufiger wechseln als die DSL-Tarife, sollten Sie sich womöglich Gedanken über die Vertrauenswürdigkeit gegenüber anderen Bewohnern machen. In einem Hausnetz sind Ihre persönlichen Daten wesentlich stärker gefährdet als im Internet.

Verfügt Ihr DSL-Modem nicht über ausreichende LAN-Anschlüsse oder sogar nur einen einzigen LAN-Port, so können Sie mit Hilfe eines Switches zusätzliche LAN-Anschlüsse dazuschalten. Für einen Fünf-Anschlüsse-Switch zahlen Sie im Versandhandel 15 Euro. Wenn Sie dagegen die Funkvariante bevorzugen, kommt ein WLAN-Router in Frage. Da rangieren die Preise deutlich nach oben, das ist abhängig von der Geschwindigkeit der Datenübertragung und den weiteren denkbaren Ausstattungen. Beispielsweise gibt es von AVM aus Berlin einen preisgekrönten WLAN-Router, der gleichzeitig als Telefonzentrale und Daten-Switch funktioniert, der zum Anschluss von ISDN- ebenso wie Analog-Telefonen sowie einem Faxgerät taugt und der nebenbei noch ein Funknetz für zu Hause aufbaut. Internettelefonie gelingt mit der „Fritzbox" ebenfalls. Außerdem können Sie damit künftig ein paar Euro im Monat sparen, weil künftig ein Analogtelefonanschluss reicht. Eine vorhandene ISDN-Telefonanlage samt Schnurlostelefonen können Sie weiterhin benutzen.

Die Kehrseite freilich ist der Preis von mehr als 100 Euro. Hinzu kommt für jeden PC, der das WLAN nutzen soll, eine Funkantenne, die in der Version für einen USB-Anschluss mehr als 40 Euro kosten kann, als WLAN-Karte etwa die Hälfte. Und man bekommt als Laie nicht unbedingt eine „Anschließen, klappt!"-Lösung, sondern muss sich nach der Verlegung der Kabel damit beschäftigen; im Browserfenster bekommt man dann unter der neuen heimischen Adresse „http://fritz.box" ein kennwortgeschütztes Menü angezeigt, in dem man alle angeschlossenen Geräte einstellen muss. Die Lösung mit den Stromadaptern ist dagegen deutlich einfacher einzurichten, ein einzelner Adapter kostete allerdings zu Drucklegung dieses Buches gut 60 Euro.

Das Netzwerk

Windows Vista bietet alle notwendigen Voraussetzungen, um Computer miteinander zu vernetzen. Sobald die Geräte physisch miteinander verbunden sind, sei es über LAN-Kabel oder per Funk, können Sie die PCs miteinander bekannt machen. Das funktioniert auch über Betriebs-

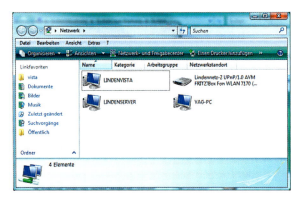

systeme hinweg: Ein Vista-Computer kann mit einem Windows-XP-Rechner genauso kommunizieren wie mit einem Apple- oder Linux-Computer.

Damit Sie ein gewisses Grundwissen fürs heimische Netzwerk entwickeln, lohnt ein Blick auf die Internettechnik. Der häufigste Weg der heimischen Vernetzung funktioniert mittlerweile über das Netzwerkprotokoll TCP/IP, wie es auch im Internet verwendet wird. Dabei bekommen alle Computer im Netz unterschiedliche IP-Nummern zugewiesen. Ihr Rechner bekommt, sobald er ans Internet angeschlossen ist, eine IP-Nummer. Ihr Provider, zum Beispiel T-Online oder AOL, vergibt diese Nummer in dem Augenblick, da die Verbindung aufgebaut und authentifiziert ist. Sie müssen diese Nummer fürs Surfen im Internet nicht kennen; das regeln die beteiligten Computer unter sich. Aber wenn Probleme mit dem Internetzugang auftauchen, helfen folgende Grundkenntnisse:

Die IP-Nummer Ihres Internetzugangs wechselt häufig. Die Provider vergeben in der Regel bei jeder neuen Einwahl eine andere Nummer. Wenn Sie eine Flatrate haben, also eine Monatspauschale für Ihren Internetzugang bezahlen, erhält Ihr Computer in der Regel per Zwangstrennung einmal innerhalb von 24 Stunden eine neue IP-Adresse. Während dieser Zwangstrennung, die häufig nur ein paar Sekunden bis Minuten dauert, ist Ihr Internetzugang nicht nutzbar. Hintergrund dieser weltweit üblichen Vorgehensweise ist, dass IP-Nummern rar und nicht ganz billig sind. Ihr Provider spart damit Geld. Da in aller Regel nicht alle Kunden eines Providers gleichzeitig surfen und eine IP-Nummer brauchen, kann der Provider weniger IP-Nummern reservieren. Hinzu kommen Sicherheitsaspekte. Wenn Ihr Computer immer mit derselben Nummer im Netz auffindbar ist, wird er leichter ein Angriffsziel für Hacker.

Mittlerweile hängt der Arbeitszimmercomputer immer häufiger nicht direkt an der Telefondose, der ISDN-Anlage oder dem DSL-Modem. Ein zwischengeschalteter Router wird dafür eingerichtet, die Verbindung zum Provider zu halten. Das hat viele Vorteile: Über einen Router können mehrere Computer im Internet surfen. Die Geräte in einem Haushalt können untereinander Kontakt aufnehmen. Und im Router können bestimmte Sicherheitsmechanismen eingestellt sein, die Ihre PCs vor Angriffen von außen schützen.

Router gibt es inzwischen auch als Kombigeräte mit dem DSL-Modem. Da hat man dann zwei Gerätegattungen in einem und erspart sich Kabelsalat. Ein WLAN-Router mit eingebautem DSL-Modem ermöglicht zusätzlich die Anbindung weiterer Computer per Funk. Und die etwas teureren Geräte ermöglichen sogar den Anschluss einer ISDN-Anlage mitsamt allen Schnurlostelefonen – die Luxuslösung.

In der Praxis baut dann regelmäßig der Router die Verbindung zum Provider auf. Das Gerät erhält vom Provider eine IP-Adresse zugewiesen, per Zwangstrennung wahrscheinlich nach 24 Stunden eine neue. Ihr persönlicher PC jedoch ist zu diesem Zeitpunkt noch nicht im Internet. Künftig fungiert der Router als Ihr Provider. Der vergibt allen PCs in Ihrem Hausnetz automatisch ganz besondere, andere IP-Nummern – nämlich solche, die gemäß Vereinbarung der Internetverantwortlichen weltweit aus einem der folgenden Adressräume stammen:

- 192.168.0.0 bis 192.168.255.255 oder
- 172.16.0.0 bis 172.31.255.255 oder
- 10.0.0.0 bis 10.255.255.255.

Für ein einzelnes Heimnetzwerk benutzt man nur einen einheitlichen Adressraum. Welchen, legt der Router fest. Reserviert sich der Router zum Beispiel das Netz 192.168.178.0 und für sich selbst die Endnummer .1, so bekommen alle daran angeschlossenen Computer im Haushalt die Nummern 192.168.178.2, .3, .4 und so fort zugewiesen. Das kann bis zur Endnummer .254 gehen.

Es ist wichtig zu wissen, welche IP-Adresse sich der Router für Ihr Heimnetzwerk reserviert hat. Diese Zahl entnehmen Sie der jeweiligen Anleitung. Sie können dann im Internetbrowser eine Adresse wie http://192.168.178.1 eingeben und landen auf einer kennwortgeschützten Seite, die Ihr Router bereitstellt. Von außen darf diese Seite nicht zugänglich sein. Mit dem Kennwort aus der Anleitung gelangen Sie dann zur Konfigurationsseite Ihres Routers.

Denken Sie daran, das Kennwort Ihres Routers zu ändern. Anleitungen für diese Geräte kann sich jedermann aus dem Internet herunterladen und damit auch das Standardkennwort. Diese Warnung gilt besonders für Funkrouter. Die könnten sonst leicht von außen zugänglich werden.

Ein DHCP-Server vergibt IP-Nummern

In den Einstellungen des Routers wird Ihnen wahrscheinlich ein sogenannter DHCP-Server begegnen. Sie sollten diese Funktion aktivieren, denn dahinter steckt der beschriebene Mechanismus: Der Router als DHCP-Server vergibt allen angeschlossenen PCs eine gerade freie IP-Adresse. Das bedeutet, dass sich die PCs im Haushalt durchaus unterschiedliche IP-Adressen holen können. Der Arbeitszimmer-Computer hat mal die Nummer 192.168.178.3, am nächsten Tag die .4, weil sich zwischenzeitlich der PC im Kinderzimmer eingeschaltet und die .3 besorgt hatte. Manchmal ist solch ein Wechsel nicht gewünscht. Im Menü des Routers sollte sich einstellen lassen, dass ein bestimmter Computer anhand seiner sogenannten MAC-Adresse oder auch Physikalischen Adresse immer dieselbe IP-Adresse im Heimnetz zugewiesen bekommt. Diese Mac-Adresse eines Rechners können Sie wie folgt herausfinden: Start > Alle Programme > Zubehör > Eingabeaufforderung > „ipconfig /all" eintippen. Im angezeigten Computerchinesisch verbergen sich Informationen über sämtliche Netzwerkdaten Ihres Computers. Wichtig ist die Physikalische Adresse jener Netzwerkkarte, über die Sie ins Internet gehen, beispielsweise 00-04-0E-FA-8E-C3. Wenn Sie diese im Routermenü an der richtigen Stelle eintragen (nicht jeder Router ermöglicht das), bekommt dieser Computer immer dieselbe IP-Nummer zugewiesen.

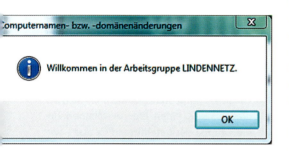

In dieser gerade kennengelernten Eingabeaufforderung ist noch wesentlich mehr möglich. Beispielsweise können Sie bei Problemen mit der Internetverbindung auf die Schnelle herausfinden, ob überhaupt eine Verbindung zum Router vorliegt. Sie müssen dafür nur die IP-Nummer Ihres Routers kennen und dann den Befehl „ping 192.168.178.1" eintippen (sofern dies die IP-Nummer des Routers ist). Wenn ein paar Zeilen „Antwort" folgen, ist zumindest in Ihrem Heimnetz alles richtig verkabelt oder per Funk vernetzt, und der Fehler liegt womöglich eher bei der Verbindung vom Router zum Provider.

Der Befehl „ipconfig" hilft darüber hinaus festzustellen, ob Ihr PC ordentlich vom Router erkannt wurde und eine funktionierende IP-Adresse zugewiesen bekommen hat. Lautet diese IP-Nummer auf eine Adresse aus dem Raum 169.254.0.0 bis 169.254.255.255, so hat der DHCP-Server Ihren PC wahrscheinlich nicht erkannt. Diese 169er-Nummern vergibt sich Windows Vista dann nach einer Weile selbstständig, mit der Folge, dass kein Zugriff auf das 192er-Netz des Routers und darüber ins Internet möglich ist. Auf Deutsch bedeutet dieser Fehler: „Rüttel am Kabel". Irgendwo zwischen PC und Router hakt es in diesem Fall.

Die Probleme können vielfältig sein. Wenn Sie wollen, können Sie unter www.haz.de/forum Ihr Problem schildern. Wir haben regelmäßig ein Auge auf dieses Forum, eventuell können auch anderer Leser weiterhelfen.

Die Netzwerk-Software unter Vista

Damit die Computer miteinander klarkommen, müssen sie derselben Arbeitsgruppe angehören. Unter Vista stellt man den Namen dieser Arbeitsgruppe in den Systemeigenschaften ein: unter Start > Systemsteuerung > System und Wartung > System > Einstellungen für Computernamen, Domäne und Arbeitsgruppe > Einstellungen ändern > Administratorzugang bestätigen. Im Register Computername wählen Sie das Klickfeld „Ändern", um die Arbeitsgruppe zu ändern. Im Auslieferungszustand ist sie auf „WORKGROUP" eingestellt. Denken Sie sich an dieser Stelle einen eigenen Namen für die Gruppe der beteiligten PCs aus – wir wählten für unseren Test den Namen

„LINDENNETZ". Sie könnten diesen Namen auch beim englischen „WORKGROUP" belassen. Wichtig ist lediglich ein einheitlicher Name für alle Computer, die miteinander vernetzt werden sollen. Damit andere Geräte im Hausnetz ebenfalls aufs „LINDENNETZ" zugreifen können, müssen Sie dort gleichfalls diesen Namen der Arbeitsgruppe einstellen. Unter Windows XP geschieht das mit einem Rechtsklick auf das Computersymbol auf dem Desktop, der Auswahl von „Eigenschaften" und dann derselben Festlegung der Arbeitsgruppe wie auf dem Vista-Computer. In der Regel wird ein Neustart der angeschlossenen Computer notwendig.

Mit diesen Schritten haben Sie die PCs allerdings lediglich miteinander bekannt gemacht: Die Geräte erkennen sich gegenseitig. Unter Windows Vista sollten Sie dies über Start > Netzwerk überprüfen. Tauchen dort die anderen Computer des heimischen Verbundes auf? Falls nicht, sollten Sie mit der Windows-Hilfe arbeiten: Oben rechts im Netzwerk-Fenster finden Sie ein weißes Fragezeichen auf blauem Grund. Darüber führt Windows Vista Sie durch eine ausführliche Anleitung, um zwei oder mehr Computer miteinander vertraut zu machen.

Die Frage ist, was man überhaupt zwischen den Rechnern austauschen möchte. Infrage kommen in der Regel Dateien und Ordner, ein Drucker, ein Internetzugang.

Dateien und Ordner gemeinsam nutzen

Damit Sie von PC 1 auf Dateien von PC 2 zugreifen können, müssen Sie auf PC 2 den jeweiligen Speicherordner freigeben. Klicken Sie den Ord-

ner einfach mit rechts an, wählen Sie „Freigabe..." und dann die gewünschten Benutzer, die auf diesen Ordner zugreifen können sollen.

Auf Ihrem Vista-PC müssen Sie außerdem die Netzwerkerkennung einschalten: Das geht über Start > Systemsteuerung > Netzwerk und Internet > Netzwerkstatus und -aufgaben anzeigen. Legen Sie hier unter „Freigabe und Erkennung" fest, dass die Netzwerkerkennung auf „An" steht (mithilfe des nach unten gerichteten Pfeiles rechts > der Auswahl von „Netzwerkerkennung einschalten" > Übernehmen). Stellen Sie in dem angebotenen Auswahlmenü sicher, dass diese Netzwerkerkennung zu einem privaten Netzwerk gemacht wird.

Zusätzlich müssen Sie in diesem Menü die Freigabe von Dateien einschalten – sonst geht gar nichts.

An dem anderen PC muss der andere Nutzer nun in sein Netzwerk gehen, Ihren Vista-Computer im Heimnetz ausfindig machen und sich zum freigegebenen Ordner durchklicken. Läuft dort ebenfalls Vista, geht das über Start > Netzwerk > *Name Ihres Rechners* > *Bezeichnung Ihres freigegebenen Ordners*.

Meine freigegebenen Ordner

Eine Besonderheit stellen dabei Dateien und Verzeichnisse im Ordner „Öffentlich" dar. Jeder Benutzer mit einem Benutzerkonto auf Ihrem PC kann bereits an diesem Gerät auf diesen öffentlichen Ordner zugreifen. Damit das auch von anderen PCs im Heimnetz aus geht, müssen Sie im Netzwerk- und Freigabecenter die entsprechende Freigabe erteilen (Start > Systemsteuerung > Netzwerkstatus und -aufgaben anzeigen > Freigabe und Erkennung > Freigabe des öffentlichen Ordners). Hier gibt es weitere filigrane

Einstellmöglichkeiten, wer was darf. Sie können festlegen, dass andere vom Fremd-PC aus

- nur lesen,
- lesen, ändern und neue Dateien erstellen oder
- gar nichts dürfen.

Sie sollten darauf achten, dass in diesem Menü das „Kennwortgeschütz-te Freigeben" angeschaltet ist – sonst könnten sich vielleicht in einer WG auch Unbefugte in Ihrem Öffentlichen Ordner und anderen freige-gebenen Verzeichnissen tummeln.

Die „Freigabe von Mediendateien" schließlich schafft gesonderte Frei-gaben für Musik, Bilder und Videos – beispielsweise, um sie per Funk auf den Fernseher im Wohnzimmer zu übertragen. Voraussetzung dafür ist ein Abspielgerät, das damit klarkommt. Im Februar 2007 gab es dafür lediglich, aber immerhin, die Spielkonsole Xbox 360. Wenn Sie dann wiederum einzelne Musiktitel oder Videos von der Freigabe aus-schließen möchten, lässt sich das im Windows Media Player von Vista einstellen.

Drucker freigeben und gemeinsam nutzen

Wenn Sie an Ihrem Vista-PC einen Drucker angeschlossen haben, kön-nen Sie das Gerät für andere im Hausnetz freigeben. Dann wird es mög-

lich, von anderen Computern aus auf dem Vista-Drucker Dokumente zu Papier zu brin-gen. Suchen Sie dafür in der Systemsteuerung > Hardware und Sound > Drucker die Über-sicht über angeschlossene Drucker. Wundern Sie sich nicht, wenn dort ein Faxgerät als Drucker sowie „Microsoft XPS Document" auftauchen – Letzteres ist Microsofts neue

Canon Inkjet MP780 Series

Drucker

Möglichkeit, XPS-Dateien ähnlich wie PDF-Dateien herzustellen. XPS-Dateien lassen sich im Internet Explorer anzeigen. Verwenden Sie je-doch Ihren richtigen Drucker zum Freigeben, in unserem Beispiel ein Ca-nongerät. Mit einem Rechtsklick und der Auswahl von „Freigeben..." öffnet sich ein Fenster „Eigenschaften" Ihres Druckers. Das Menü „Drucker freigeben" ist ausgegraut, zunächst müssen Sie im Feld darü-ber „Freigabeoptionen ändern". Dann den Drucker per Markierung frei-geben und den angebotenen Namen akzeptieren – fertig.

An den anderen Computern Ihres Haushalts müssen Sie dann zunächst den Vista-Computer im Netzwerk und anschließend den angeschlossenen Drucker ausfindig machen. Beide Geräte müssen dafür eingeschaltet sein und in derselben Arbeitsgruppe angelegt sein (in unserem Beispiel oben „LINDENNETZ"). Wollen Sie von Ihrem Zweitgerät aus drucken, ohne den Vista-Computer extra einschalten zu müssen, bietet sich unter Umständen an, den Drucker an Ihrem Router anzuschließen – vorausgesetzt der Router bietet eine entsprechende Fähigkeit, etwa in Form eines USB-Anschlusses. Sie müssen diesen Drucker dann unter Verwendung einer TCP-IP-Adresse installieren. Das geht in der Systemsteuerung von Vista über Drucker > Drucker hinzufügen > einen lokalen Drucker hinzufügen (!) > Neuen Anschluss erstellen > Anschlusstyp: Standard TCP/IP Port > Weiter > Gerätetyp: Automatische Erkennung > Hostname oder IP-Adresse und dort mit der Eingabe der IP-Nummer Ihres Routers.

14. Der neue Internet Explorer: So surfen Sie im Netz aufgeräumter und übersichtlicher

Den schon etwas betagten Internet Explorer hat Microsoft für Vista generalüberholt – und sich dabei von der Konkurrenz Firefox und Opera reichlich inspi-
rieren lassen. Viele Funktionen, die bei den Konkurrenzbrowsern schon seit Jahren zum Standard gehören, gibt es nun auch beim Internet Explorer 7, zum Beispiel das Browsen mit Registerkarten, den sogenannten Tabs.

Beim ersten Start fallen vor allem die optischen Veränderungen auf: Die Menüleiste ist verschwunden, die Icons sind neu platziert worden, der Internet Explorer wirkt aufgeräumter und übersichtlicher. Obwohl die Oberfläche ein bisschen spartanisch aussieht, können alle wesentlichen Funktionen, die im Alltagsgebrauch beim Surfen im Internet benötigt werden, über Symbole schnell aufgerufen werden. Wer dennoch nicht auf die Menüleiste verzichten möchte, kann sie ganz einfach wiederbeleben: Ein Rechtsklick auf die Symbolleiste und ein Linksklick auf die Auswahl Menüleiste, und schon wird die Menüleiste wieder dauerhaft angezeigt. Wer sie nur mal zwischendurch benötigt, kann die Menüleiste auch ausgeschaltet lassen und sie bei Bedarf durch Drücken der Alt-Taste einblenden.

Mehr Sicherheit

Der neue Internet Explorer soll vor allem eines sein: sicherer. Schließlich war das Vorgängermodell wegen gravierender Sicherheitslücken unter Beschuss geraten, was nicht zuletzt dazu geführt hat, dass die Konkurrenzbrowser Firefox und Opera gegenüber dem Platzhirsch reichlich Boden gutmachen konnten.

Microsoft setzt jetzt auf einen sogenannten geschützten Modus, in dem der Internet Explorer gestartet wird. Mit diesem geschützten Modus werden die Zugriffsrechte des Browsers eingeschränkt. So kann mit dem Internet Explorer zwar wie gewohnt das weltweite Datennetz nach allen erdenklichen Informationen durchforstet werden. Die neue Sicherheitstechnik soll allerdings verhindern, dass sich der Benutzer beim Surfen im Internet Schadsoftware wie Viren oder Trojaner einfängt.

Versuchen derlei Programme, über den Internet Explorer Zugriff auf den Computer zu erlangen, laufen sie gegen eine Wand und erhalten keinen Zugang zum System – sofern es der Computerbenutzer nicht ausdrücklich gestattet: Wenn eine Webseite versucht, Software zu installieren, gibt der Internet Explorer eine Warnung aus. Das passiert auch dann, wenn eine Seite ungefragt ein auf dem Rechner installiertes Programm zu starten versucht. Der Internet Explorer fragt in solchen Fällen beim Benutzer nach, ob der Zugriff erlaubt werden soll oder nicht. Das sollte natürlich nur dann gestattet werden, wenn die betreffende Internetseite als vertrauenswürdig bekannt ist – und selbst dann ist eine gewisse Vorsicht angebracht.

Filtersoftware gegen Phishing-Betrüger

Zu mehr Sicherheit soll auch der neue Phishingfilter beitragen. Phishing hat sich zu einer Plage im Internet entwickelt. Der Begriff ist eine Kombination der englischen Begriffe „Password" und „fishing", was soviel wie das Abfischen von Kennwörtern bedeutet. Geangelt wird nach Zugangsdaten für Online-Bankkonten und Ebay-Konten. Die Betrüger verschicken E-Mails, die wie offizielle Schreiben vertrauenswürdiger Organisationen aussehen, wie zum Beispiel von Banken. In dem Schreiben werden die Empfänger mit teils hanebüchenen Begründungen aufgefordert, persönliche Daten wie Konto-, PIN- und TAN-Nummern preiszugeben. Sie sollen einem in der Mail angegebenen Link folgen, der angeblich auf die Webseite des Geldinstituts führt. Tatsächlich führt der Link jedoch zu einer betrügerischen Internetseite, die allerdings tatsächlich so aussieht wie der Internetauftritt der Bank. Wer auf diese Fälschung hereinfällt und seine Daten verrät, spielt sie direkt den Betrügern in die Hände. Die können das Konto dann bequem leer räumen. Auf ähnliche Weise sind Kriminelle auch auf der Jagd nach Zugangsdaten von Ebay-Konten, die sie dann für betrügerische Geschäfte missbrauchen.

Diesen finsteren Geschäften soll der Phishingfilter einen Riegel vorschieben, indem Betrugseiten automatisch erkannt und blockiert werden. Die besuchten Internetadressen werden zu diesem Zweck mit einer Liste abgeglichen, auf der seriöse Seiten erfasst sind. Diese Liste speichert der Internet Explorer auf Ihrem Rechner. Taucht die besuchte Seite darin nicht auf, blockiert der Internet Explorer den Zugriff und zeigt stattdessen eine Warnung an: „Diese Webseite wurde als Phishing Website gemeldet." Der Benutzer kann zwar über einen Link unter der Warnung die als bedrohlich eingestufte Webseite dennoch aufrufen, das sei aber „nicht empfohlen", warnt der Browser – und damit hat er in der Regel recht.

Der Phishingfilter verlässt sich allerdings nicht nur auf diese schwarze Liste, denn die umfasst zwar viele, bei Weitem aber nicht alle Betrugsseiten. Zusätzlich wird deshalb auch der Inhalt von Internetseiten analysiert. Fallen dabei Merkmale einer typischen Phishingseite auf, gibt der Internet Explorer ebenfalls eine Warnung aus. Die fällt aber eine Nummer kleiner aus, wenn die Webseite nicht in der schwarzen Liste auftaucht: Lediglich in der Adressleiste wird eine Warnung eingeblendet. Die ist allerdings leicht zu übersehen.

Wer an der Seriosität einer Webseite zweifelt, obwohl sie beide Tests bestanden hat, kann schließlich noch eine dritte Überprüfung einleiten. Über „Extras", „Phishingfilter" und „Diese Webseite überprüfen" kann die Internetadresse an Microsoft übermittelt werden, wo sie mit einer zweiten Liste verglichen wird.

Über Sinn und Unsinn solcher Phishingfilter lässt sich streiten. So gelingt es dem Filtersystem zwar, einige Phishingseiten zu blockieren – aber bei Weitem nicht alle. Wer das Programm ein wenig ausprobiert, wird schnell eine Phishingseite finden, die ungehindert durchrutscht. Überdies haben die Internetbetrüger inzwischen bereits einen Weg gefunden, Phishingfilter auszutricksen. Denn der Filter kann den Inhalt lediglich bei Standardinternetseiten kontrollieren, die mit HTML (Hypertext Markup Language) oder Java-Script gestaltet worden sind (das sind beides Programmiersprachen zum Erstellen von Internetseiten). Es gibt dann aber noch die Software Adobe Flash, mit der ursprünglich lediglich Animationen und Videos in Seiten eingebunden wurden, wie zum Beispiel bei der Internetplattform www.youtube.com. Mit Flash lässt sich auch eine komplette Internetseite gestalten – etwa eine Phishingseite. Für derartige Webseiten ist der Phishingfilter aber blind. Überprüft er den Inhalt, wird er nichts Verdächtiges entdecken können.

Das ist Wasser auf die Mühlen der Kritiker von Phishingfiltern. Die sehen im Einsatz solcher Filtersoftware generell ein Risiko: Vertraut ein Nutzer blind auf die vollmundigen Versprechen der Hersteller, läuft er leicht Gefahr, auf betrügerische Webseiten hereinzufallen, die sich durch das Sicherheitssystem geschummelt haben.

So schützen Sie sich vor Phishing

Sinnvoller als derlei Sicherheit suggerierende Programme ist es, sich zwei einfache Regeln einzuprägen:

- Reagieren Sie nicht auf E-Mails, in denen Sie aufgefordert werden, geheime Daten zu verraten. Niemand würde einem wildfremden Menschen auf der Straße seine Geheimnummer anvertrauen, nur weil der behauptet, ein Bankmitarbeiter zu sein. Dasselbe Misstrauen sollte auch im Internet gelten. Egal, welche Begründung in der E-Mail genannt wird, selbst wenn gedroht wird, Ihr Konto zu sperren: Reagieren Sie nicht auf solche E-Mails. Wenn Sie unsicher sind, rufen Sie Ihr Geldinstitut an und fragen Sie dort nach. Sie können sich den Anruf in aller Regel aber sparen: Keine Bank, keine Sparkasse und auch nicht Ebay wird Sie jemals per E-Mail auffordern, geheime Daten auf einer als Link in der E-Mail genannten Webseite anzugeben.

- Vertrauen Sie keinen Links. Selbst wenn ein Internetverweis in einer E-Mail so aussieht, als ob er auf die Homepage Ihrer Bank führt – glauben Sie ihm nicht. Es ist ein Leichtes, solche Links zu manipulieren. Da mag dann zwar vielleicht http://www.deutsche-bank.de stehen, doch der Link kann auf eine ganz andere Adresse führen. Wenn Sie Ihre Bankgeschäfte online erledigen wollen, wenn Sie einen Internetbezahlservice verwenden wollen, wenn Sie an einer Onlineauktion teilnehmen wollen, dann geben Sie die entsprechende Internetadresse am besten selbst ein.

Die neue Symbolleiste

Der Internet Explorer 7 ist nicht nur sicherer als seine Vorgänger, sondern auch komfortabler. Dazu trägt die neue Symbolleiste bei, über die jetzt die wichtigsten Bedienungselemente mit ein bis zwei Mausklicks zu erreichen sind.

Ihre Internet-Favoriten

Über den Stern am linken Rand können Sie bei Bedarf das Favoritencenter einblenden. Direkt neben dem Favoritensymbol steht ein weiterer Stern, der mit einen Pluszeichen gekennzeichnet ist. Er sieht nicht umsonst dem Favoritensymbol ähnlich: Über diesen Stern können Sie die gerade besuchte Webseite Ihren Favoriten hinzufügen. Das geht ganz einfach: Möchten Sie eine Internetseite als Lesezeichen aufnehmen, klicken Sie dieses Symbol an und wählen Sie „Zu den Favoriten hinzufügen". Es erscheint ein neues Fenster. Wenn Sie dort auf „OK" klicken, landet das Lesezeichen direkt in den Favoriten. Sie können dort aber auch einen neuen Unterordner anlegen. Das ist ganz sinnvoll, damit Sie auch dann noch den Überblick über

Favoriten

Ihre Favoriten behalten, wenn sich bereits eine stattliche Anzahl angesammelt hat. In diesen Unterordner können Sie Webseiten thematisch zusammenfassen. Legen Sie zum Beispiel einen Ordner mit dem Titel „Einkaufen" für Ihre bevorzugten Onlineshops an. Möchten Sie eine Seite einem bereits bestehenden Unterordner hinzufügen, wählen Sie unter „Erstellen in" einfach den entsprechenden Ordner. Über die daneben liegende Schaltfläche können Sie aber auch einen neuen Ordner erstellen. Dann öffnet sich ein weiteres Fenster, in dem Sie dem Ordner einen Namen geben und festlegen können, an welcher Stelle er erstellt werden soll. Sie können ihn also auch als Unterordner anlegen.

Bringen Sie Ordnung in Ihre Favoriten

Auch im Nachhinein können Sie Ihre Favoriten sortieren. Dazu klicken

Sie erneut auf das Symbol, über das Sie eben das Lesezeichen hinzugefügt haben, wählen aber dieses Mal den Eintrag „Favoriten verwalten". In einem neuen Fenster wird Ihnen eine Übersicht Ihrer Lesezeichen angezeigt. Um Favoriten in einem Ordner zusammenzufassen, erstellen Sie über die entsprechende Schaltfläche einen neuen Ordner. Der Name des Ordner ist blau hinterlegt – Sie können ihm jetzt einen eigenen Titel geben. Klicken Sie nun auf eines der Lesezeichen, die Sie in den Ordner verschieben wollen, und halten Sie die Maustaste gedrückt. Sie können den Link nun ganz einfach in den Ordner ziehen. Genauso können Sie auch die Reihenfolge der Lesezeichen und Ordner ändern: Schieben Sie das entsprechende Element einfach an die Stelle, an der es künftig angezeigt werden soll. Es ist allerdings etwas mühsam, die Favoriten im Nachhinein zu sortieren, da Sie jeden Link einzeln verschieben müssen. Deshalb ist es ratsam, die Lesezeichen gleich beim Hinzufügen zu den Favoriten zu sortieren.

Lesezeichen aufrufen

Das erste Sternsymbol ganz links benötigen Sie, um später Lesezeichen wieder aufzurufen. Wenn Sie darauf klicken, öffnen Sie das Favoritencenter. Von dort aus haben Sie schnellen Zugriff auf Ihre Lesezeichen, abonnierte RSS-Feeds (siehe Kapitel 7, Seite 53) und einen Überblick über die bislang besuchten Internetseiten. Möchten Sie jederzeit schnellen Zugriff auf das Favoritencenter haben, können Sie es auch an der linken Bildschirmseite anheften. Klicken Sie dafür einfach auf das Pfeilsymbol im Favoritencenter. Wollen Sie die Anzeige wieder entfernen, klicken Sie auf das kleine Kreuz in der oberen rechten Ecke des Favoritencenters.

Tabbed Browsing: Internetsurfen mit Registerkarten

Neben den beiden Favoritensymbolen folgen die Reiter für die einzelnen Tabs. Denn endlich unterstützt auch der Browser aus dem Hause Microsoft das sogenannte Tabbed Browsing. Tabs sind eine elektronische Form von Registerkarten. Wer mehrere Internetseiten gleichzeitig öffnen möchte, braucht nun nicht mehr für jede Seite ein neues Fenster des Internet Explorers zu öffnen. Die Webseiten werden stattdessen als Registerkarten alle im selben Fenster angezeigt Dadurch kann zwischen den einzelnen Seiten schneller und einfacher gewechselt werden. Dazu reicht ein Klick auf den entsprechenden Reiter, also den Oberteil der Registerkarte.

Alle Tabs in einem anzeigen und neue Registerkarten öffnen

Hinter der allerersten dieser Registerkarten verbirgt sich aber noch eine

besonders praktische Funktion des Internet Explorers, die Ihnen hilft, auch bei sehr vielen geöffneten Tabs nicht den Überblick zu verlieren. Mit einem einfachen Mausklick auf die erste Registerkarte können Sie sich in einem Tab eine Thumbnail-Vorschau (also eine Kleinbildansicht) aller geöffneten Internetseiten anzeigen lassen. Wenn Sie auf eines der Vorschaubilder klicken, wird dieser Tab vollständig angezeigt. Auch die letzte Registerkarte ganz rechts ist kein normaler Tab: Mit einem Klick darauf können Sie bei Bedarf einen weiteren Tab öffnen. Schneller geht das, wenn Sie gleichzeitig die Steuerungs-Taste und T drücken (Strg + T).

Sie können beim Surfen übrigens auch Links zu anderen Webseiten in einem neuen Tab öffnen: Führen Sie dazu einfach einen Klick mit dem Mausrad auf den entsprechenden Verweis aus. Außerdem können Sie den Internet Explorer auch so konfigurieren, dass er Links, die normalerweise ein neues Fenster öffnen, lediglich einen neuen Tab benutzen. Gehen Sie dazu auf Extras > Internetoptionen. Im Bereich „Allgemein" finden Sie auch die Einstellungen für Registerkarten. Dort können Sie festlegen, wie der Internet Explorer mit solchen Links umgehen soll.

Wenn Sie im Internet Explorer mehrere Tabs geöffnet haben und das Programm beenden, können Sie den Browser so einstellen, dass er beim nächsten Start alle Tabs wiederherstellt. Sie können also genau an der Stelle wieder einsteigen, an der Sie zuvor das Internet verlassen haben. Bei mehreren geöffneten Tabs fragt der Internet Explorer vor dem Schließen nach, ob alle Registerkarten geschlossen werden sollen. Klicken Sie dann in diesem Fenster auf „Optionen einblenden", und wählen Sie den Punkt „Beim nächsten Start von Internet Explorer öffnen".

Legen Sie Ihre Startseite fest

Rechts von den Tabs finden Sie noch weitere Symbole. Die Schaltfläche

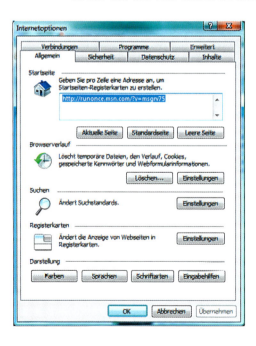

mit dem kleinen Häuschen führt Sie während des Surfens zurück auf ihre Startseite oder Ihre Startseiten, denn auch das ist eine neue Zusatzfunktion des Internet Explorers: Sie können jetzt gleich mit mehreren Seiten starten, die in unterschiedlichen Tabs aufgerufen werden. Um eine Seite, die Sie gerade aufgerufen haben, direkt beim Browserstart zu öffnen, klicken Sie auf den kleinen Pfeil neben dem Häuschen, und wählen Sie den Eintrag: „Startseite hinzufügen oder ändern". Sie können die Webseite dann als einzige Startseite festlegen. Beim nächsten Aufruf des Internet Explorers wird dann nur diese Seite automatisch geladen. Oder Sie legen fest, dass die Seite zusammen mit der bisherigen Startseite gleich nach dem Aufruf des Internet Explorers geladen wird. Wählen Sie dazu „Diese Webseite zur Registerkarte der Startseiten hinzufügen". Somit werden also mehrere Webseiten in unterschiedlichen Registerkarten beim Browserstart sofort aufgerufen. Sie können aber auch ihre Startseiten durch die aktuelle geöffnete Registerkarten ersetzen, wählen Sie dazu „Aktuelle Registerkarte als Startseite verwenden".

Um eine der aktuellen Startseiten wieder zu entfernen, klicken Sie wieder auf den Pfeil neben dem Häuschen und wählen „Entfernen". Dort können Sie wahlweise eine einzelne Seite löschen oder gleich alle mit einem Klick.

Rechts neben dem Häuschen-Symbol finden Sie die Schaltfläche für RSS-Feeds. Das ist ein Nachrichtendienst, über den wir Ihnen im Kapitel „RSS und Sidebar" mehr verraten.

Links

Daneben befindet sich ein Schaltfläche mit Drucksymbol – das sollte eigentlich selbsterklärend sein: Über dieses Symbol können Sie ihre Webseiten ausdrucken.

Das vorletzte Symbol auf der rechten Seite trägt den Titel „Seite". Dahinter verbergen sich einige Befehle, die früher in der Menüleiste untergebracht waren, wie zum Beispiel der Befehl zum Öffnen einer neuen Seite oder aber die Zoom- und Textgrößeeinstellungen.

Zu guter Letzt steht ganz rechts noch ein Zahnradsymbol mit dem Titel „Extras". Über dieses erreichen Sie die wichtigsten Einstellungen des Internet Explorer, wie zum Beispiel die Internetoptionen, in denen Sie grundlegende Einstellungen für die Verwendung des Browsers vornehmen können.

So löschen Sie Internetspuren auf Ihrem Computer

In den Extras können Sie zum Beispiel Spuren löschen, die nach dem Surfen im Internet auf Ihrem Computer verbleiben. Denn wenn Sie im Favoritencenter „Verlauf anzeigen" auswählen, erhalten Sie eine Übersicht über die Seiten, die sie in den vergangenen Tagen besucht haben. Das ist ganz praktisch, wenn Sie vergessen haben, eine Webseite Ihren Favoriten hinzuzufügen, aber noch wissen, wann Sie diese denn besucht haben. Allerdings kann auch jeder andere, der den Browser mit Ihnen benutzt, auf diesem Weg nachvollziehen, wann Sie welche Webseiten besucht haben.

In den Standardeinstellungen merkt sich der Internet Explorer alle Webseiten, die in den vergangenen 20 Tagen aufgerufen worden sind. Sie können diesen Zeitraum anpassen. Öffnen Sie dazu das Menü unter „Extras", und rufen Sie die Internetoptionen auf. In der Registerkarte „Allgemein" wählen Sie die Einstellungen des Browserverlaufs. Auf der nächsten Seite können Sie dann festlegen, wie weit das Gedächtnis des Explorers zurückreichen soll. Auf derselben Seite können Sie auch festlegen, wie viel Speicherplatz der Internet Explorer für temporäre Dateien verwenden soll. Als solche speichert er Kopien von Internetseiten, damit Sie später schneller aufgerufen werden können. Die Seiten müssen also nicht noch einmal neu aus dem Internet geladen werden. Das ist zum Beispiel der Grund dafür, dass eine Internetseite meistens viel schneller erscheint, wenn Sie sie über die „Zurück"-Taste wiederholt aufrufen als beim erstmaligen Laden.

Das ist zwar praktisch, führt aber auch dazu, dass Sie auf Ihrem Rechner weitere Spuren hinterlassen, die Aufschluss darüber geben, welche Webseiten Sie besucht haben. Diese Spuren lassen sich löschen. Rufen Sie dafür im Internet Explorer wieder die „Extras" auf, und wählen Sie den Eintrag „Browserverlauf löschen". Dieser Eintrag ist ein bisschen irreführend benannt, denn Sie können darüber nicht nur den Browserverlauf, sondern noch viel mehr Internetspuren löschen – von Cookies bis zu gespeicherten Kennwörtern. Entweder wählen Sie jeden zu löschenden Bereich einzeln aus oder Sie klicken auf „Alle löschen", um die gesamten Internetspuren auf einen Klick verschwinden zu lassen.

Sicherer Surfen

Über die Extras erreichen Sie auch die Internetoptionen. Dort haben Sie die Möglichkeit, die Sicherheitseinstellungen des Browsers zu ändern – die Standardeinstellungen reichen allerdings gemeinhin aus. Das Feintuning ist ohnehin nur Experten zu empfehlen. Otto Normalanwender sollte sich für eine der drei Sicherheitsstufen entscheiden, die im Internet Explorer voreingestellt sind. Gemeinhin ist die Sicherheitsstufe „Mittel" zu empfehlen. Sie ist ein vertretbarer Kompromiss zwischen Sicherheit und Anwenderfreundlichkeit. Wenn Sie auf Nummer sicher gehen wollen, können Sie auch die Stufe „Hoch" wählen. Die Sicherheitseinstellungen blockieren dann unter anderem die Benutzung von „Active X" und „Java-Applets". Falls Ihnen das nichts sagt, brauchen Sie sich nicht zu grämen – für den Hausgebrauch sind derart spezielle Kenntnisse auch nicht notwendig. Einige Seiten – auch seriöse – setzen diese Funktionen allerdings voraus und können bei hoher Sicherheitseinstellung nicht angezeigt werden.

Die Symbole rund um die Adressleiste

In der Symbolleiste hat sich rund um das Adressfenster etwas getan. Links davon befinden sich jetzt die beiden Pfeilsymbole, mit denen Sie sich im Verlauf der Internetsitzung vor- und zurückbewegen können. In das Adressfenster eingebunden sind zudem zwei kleine Symbole. Eines zeigt zwei Pfeile, die vertikal aufeinandergerichtet sind. Mit einem Klick auf dieses Symbol können Sie den Inhalt einer Internetseite neu laden. Alternativ können Sie aber auch einfach die F5-Taste drücken. Rechts davon entdecken Sie ein rotes Kreuz. Mit dem können Sie das Laden einer Webseite abbrechen.

Komfortabler Suchen mit dem Internet Explorer

Neben diesen beiden Symbolen finden Sie das neue Suchfenster, mit dem es deutlich einfacher wird, Inhalte im Internet zu finden. Wenn Sie in das Eingabefenster einen Suchbegriff tippen und mit Enter bestätigen, durchforstet der Internet Explorer standardmäßig mit dem Microsoft-Suchdienst Live (www.live.com) das Internet nach entsprechenden Treffern. Sie können den Browser aber auch so einstellen, dass er die Suchmaschine Ihres Vertrauens aufruft. Klicken Sie dazu auf den Pfeil neben dem Lupensymbol und wählen Sie „Weitere Anbieter suchen". Der Internet Explorer zeigt Ihnen dann eine Auswahl an Seiten, die Sie per Mausklick hinzufügen können – beispielsweise die von Google.

Legen Sie Ihre favorisierte Suchmaschine fest

Sie können für die Suchmaske des Internet Explorers auch Dienste benutzen, die in der Liste nicht aufgeführt sind. Rufen Sie den gewünschten Suchdienst einfach auf, und geben Sie dort in Großbuchstaben den Begriff „TEST" ein. Anschließend kopieren Sie die URL der Ergebnisseite einfach in die entsprechende Textbox auf der Webseite, über die Sie weitere Anbieter für die Suchfunktion festlegen können. In der Eingabebox darunter brauchen Sie der neuen Suche nur noch einen Namen zu geben.

Noch mehr Funktionen: Erweiterungen aus dem Internet

Erweiterungen, mit denen die Funktionen des Internet Explorers aufgerüstet werden können, gab es zwar auch schon vor Vista. Nun hat Microsoft den hauseigenen Browser allerdings mit einer Zentrale ausgerüstet, über die die nützlichen Anwendungen bequem installiert werden können. Firefox-Anwender kennen das bereits, dort werden die Programme Erweiterungen genannt. Im Internet Explorer tragen sie den Namen Addons.

Um den Internet Explorer mit Addons zu erweitern, klicken Sie auf Extras > Addons verwalten > „Weitere Addons suchen". Sie landen auf einer englischsprachigen Internetseite, auf der die Erweiterungen nach Kategorien sortiert sind. Sehr nützlich ist das Zusatzprogramm „Mouse gestures for Internet Explorer". Ist es installiert, lässt sich der Browser ganz einfach durch bestimmte Gesten mit der Maus steuern. Halten Sie zum Beispiel die rechte Maustaste gedrückt, und ziehen die Maus nach unten und dann nach rechts, schließt sich das aktive Fenster. Einen neuen Tab öffnen Sie, wenn Sie die Maus mit gedrückter rechter Taste gerade nach unten ziehen. Noch schneller geht es mit dem Mausrad: Um zwischen den Tabs zu wechseln, halten Sie die rechte Maustaste gedrückt und drehen an dem Mausrad, zwischen geöffneten Tabs wechseln Sie bei gedrückter rechter Taste durch Drehen des Mausrads. Auch das Vor- und Zurückblättern innerhalb der besuchten Seiten wird so viel einfacher: Halten Sie die rechte Taste der Maus gedrückt, und klicken Sie einmal mit der linken, wandern Sie eine Seite zurück, vorwärts geht es mit gedrückt gehaltener linker Maustaste und einfachem Rechtsklick. Das klingt komplizierter, als es ist: Besonders Vielsurfer werden nach kurzer Eingewöhnung auf diese Funktion nicht mehr verzichten wollen.

Eine weitere nützliche Erweiterung sind sogenannte Downloadmanager. Denn im Bereich Download hat sich beim Internet Explorer leider nichts getan, aus dem Internet geladene Dateien lassen sich noch immer genauso schlecht verwalten wie in den Vorgängerversionen. Mit einem Downloadmanager besteht unter anderem die Möglichkeit, die Downloadgeschwindigkeit zu drosseln, was gerade bei langsameren Internetverbindungen sinnvoll ist, wenn man neben dem Herunterladen noch weiter im Internet surfen möchte. Außerdem können abgebrochene Downloads wieder aufgenommen werden. All dies ist mit dem Internet Explorer ohne Downloadmanager nicht möglich.

Bei der Installation von Addons sollte aber eine gewisse Vorsicht gelten: Installieren Sie nur Programme von vertrauenswürdigen Internetseiten (wie jener von Microsoft: www.ieaddons.com). Es besteht sonst die Gefahr, dass mit dem gewünschten Programm auch Schadsoftware auf Ihrem Rechner landet. Auch bei Internetseiten, denen Sie vertrauen, sollten Sie die Augen offen halten, ob die Anwendung wirklich nur die

gewünschten Funktionen auf den Rechner bringt oder auch noch zusätzliche Software. Wer zum Beispiel von der Microsoft-Addon-Seite den Downloadmanager „Download Accelerator plus" installiert, bekommt auch gleich eine Google-Toolbar, sofern er nicht während des Installationsverlaufs einschreitet. Derlei Zusatzprogramme wieder zu entfernen, ist lästig und in einigen Fällen auch nicht ganz unkompliziert.

Ganz groß: Die neue Zoomfunktion des Internet Explorers

Verbessert wurde im Internet Explorer auch die Zoomfunktion. Sind Sie auf einer Internetseite gelandet, dessen Betreiber eine viel zu kleine Schrift verwendet hat? Kein Problem. Halten Sie einfach die Strg-Taste gedrückt und drehen Sie gleichzeitig am Mausrad. Damit können Sie Schrift und Bilder vergrößern beziehungsweise verkleinern – je nachdem, in welche Richtung Sie das Mausrad bewegen. Alternativ können Sie auch bei gedrückter Strg-Taste die Plus- und Minustasten zum Zoomen verwenden. Zur Standardgröße kehren sie wieder zurück, indem Sie die Strg-Taste und die Multiplikationstaste (das ist die Sternchentaste auf dem numerischen Tastenblock) gleichzeitig drücken.

Firefox und Opera – die Alternativen zum Internet Explorer

Für manchen Computerbenutzer ist es so etwas wie eine Glaubensfrage, welchem Browser er sein Vertrauen schenkt. Gemeinhin können die Anhänger des einen den Anhängern des anderen nicht aufs Fell gucken. Firefox-Nutzer halten dem Internet Explorer gern Sicherheitslücken vor, Fans des Internet Explorers weisen ihrerseits gern darauf hin, dass manche Internetseiten mit dem Firefox doch reichlich seltsam aussehen oder gar nicht erst dargestellt werden können. Lediglich Opera-Benutzer halten sich aus derlei Streitigkeiten meist ganz einfach heraus – sie gehören aber auch zu einer recht überschaubaren Minderheit. Perfekt indes ist keiner dieser Browser, jeder hat seine Tücken und Schwächen – aber auch seine Stärken. Es lohnt sich, die Alternativen einmal auszuprobieren – trotz der vielen Neuerungen des Internet Explorers. Die bieten vielmehr einen willkommenen Anlass zum Wechsel: Umgewöhnen müssen sich die Internetsurfer sowohl beim neuen Internet Explorer als auch beim Umstieg auf eine der Alternativen. Und die großen Neuerungen des Internet Explorers beherrschen die Alternativen schon lange.

Firefox

Firefox (www.firefox-browser.de) ist ein kostenloser Browser, der als Open-Source-Projekt entwickelt wird. Open Source bedeutet, dass der Programmcode jedem zur Verfügung steht und sich jeder an der Weiterentwicklung des Browsers beteiligen kann. Dafür, dass von den vielen ehrenamtlichen Entwicklern niemand Schabernack treibt, garantiert die große Zahl der Entwickler: Bei so vielen Augen, die den Quelltext des Firefox überwachen, würde es auffallen, wenn ein Internetfinsterling versucht, bösartige Schadprogramme in den Browser einzubauen.

Firefox ist genauso leicht zu bedienen wie der Internet Explorer. Aufgrund seiner vielen Zusatzfunktionen war Firefox dem Internet Explorer bislang immer eine Nasenlänge voraus – und in den Augen seiner Anhänger wird er es wohl auch immer bleiben: Tabbed Browsing, Popup-Blocker, Phishingfilter hatte der Firefox schon lange, bevor Microsoft seinen Browser damit ausrüstete. Überdies kann das Aussehen des Browsers den eigenen Vorlieben angepasst werden: Im Internet gibt es zahlreiche sogenannte Skins zum Download, also anders gestaltete Oberflächen für den Browser. Das beste Argument für den Open-Source-Browser sind jedoch die zahlreichen Erweiterungen, mit denen der Funktionsumfang des Programms ausgebaut werden kann. Zu den nützlichsten Erweiterungen gehören unter anderem Mausgesten, Werbefilter und diverse Downloadmanager. Zwar tauchen auch bei Firefox gelegentlich Sicherheitslücken auf – die werden in der Regel aber deutlich schneller geflickt als beim Internet Explorer. Gleiches gilt für die zweite Alternative, Opera.

Opera

Opera (www.opera.com) ist ebenfalls kostenlos – und deutlich mehr als nur ein Browser. Obwohl der Download des Programms gerade einmal sechs Megabyte umfasst, bringt Opera einen Browser, ein E-Mail-Programm, einen Downloadmanager und ein Chatprogramm mit. Opera war einer der ersten Browser, der auf Mausgesten gesetzt hat, Tabbed Browsing gehörte von Anfang an zum Standard. Zu den Vorzügen gehört die Möglichkeit, dass störende Werbung unter Opera ganz einfach ausgeblendet werden kann. Eine der Stärken liegt im integrierten Downloadmanager, mit dem abgebrochene Downloads leicht wieder aufgenommen werden können. Auch Opera unterstützt sogenannte Skins und Erweiterungen, die in diesem Fall Widgets heißen. Und besonders praktisch: Opera kann freihändig gesteuert werden – das Programm reagiert auf Sprachbefehle. Das ist gewöhnungsbedürftigt, funktioniert jedoch tadellos.

15. Sicherheit am PC: Vorsicht vor Downloads!

Es ist immer wieder erstaunlich, mit welcher Selbstsicherheit man beim Surfen im Internet auf den Download-Button klickt. Irgendwo herumgesurft, landet man auf bislang unbekannten Seiten, wo letztlich ein Programm mit interessant erscheinenden Funktionen zum Herunterladen angeboten wird. Ein paar Klicks weiter stellt sich die Software dann als doch nicht mehr nützlich heraus – und man vergisst die Geschichte.

Download

Dabei sind Downloads aus dem Internet das Gefährlichste überhaupt. Keine Firewall kann es unterbinden, wenn das schwächste Glied im Sicherheitskonzept von Windows Vista versagt: Sie.

Da gibt es zwar Spyware-Programme, Virenschutz, Windows-Sicherheitshinweise und die besagte Firewall, doch wenn Sie beim einfachen Surfen auf den Download-Button klicken und alle lästigen Warnungen schnell mit OK bestätigen, kann es schnell passieren. Ihr Computer ist infiziert. Irgendwann später, viel zu spät, schlägt Ihr Virenschutzprogramm Alarm. Der Spyware-Schutz-Schäferhund bellt ebenso lautstark. Und Ihnen dämmert: Es ist passiert. Ihr Computer zeichnet Ihre Tasteneingaben auf, versendet sie irgendwohin ins Internet, auch beim Onlinebanking. Die Kiste wird langsamer, der Internetzugang sowieso, gerade fährt der PC eine Attacke gegen www.tagesschau.de. Oder das System meldet freundlich: „;-) Nicht aufgepasst! Festplatte C: wird gerade formatiert. Viel Spaß noch! ;-)"

Beherzigen Sie folgende Ratschläge für Downloads:

- Bestätigen Sie Downloads nur von vertrauenswürdigen Adressen.
- Vertrauenswürdige Adressen sind die von etablierten Medien.
- Weil etablierte Medien sich irren können, sollten Sie bei unbekannten Programme immer noch einmal danach googeln.

Die Fachzeitschriften „c't", „Chip" und „download.com" (englisch) gelten als seriöse Adressen und halten eine große Auswahl an downloadbaren, vertrauenswürdigen Programme parat. Wenn Sie Software aus dem Internet herunterladen möchten, sind sie bei diesen Adressen richtig: www.heise.de/software, www.chip.de, www.download.com.

Mit Windows Vista hat das nun wenig zu tun – dennoch ist aus unserer Sicht das Thema Downloads immer noch wichtig genug, um ihm ein eigenes Kapitel zu widmen. Vista hat gegenüber Windows XP eine kleine Besonderheit: Es gibt einen eigenen Ordner „Download" in Ihrem Benutzerverzeichnis. Wenn Sie Software herunterladen, sollten Sie sich angewöhnen, die Dateien hier zu speichern.

16. So handhaben Sie E-Mails in Windows Mail und in Thunderbird

Windows Mail

WinMail

Noch unter XP bot Microsoft gratis das in puncto Sicherheit viel kritisierte Outlook Express als E-Mail-Programm an. Viele nutzen es trotz besserer Alternativen bis heute, da es auf den meisten PCs vorinstalliert ist. Bei Windows Vista hat Microsoft nun einiges von seinen Mitbewerbern gelernt. Windows Mail nennt sich das E-Mail-Programm, das Bestandteil des Systems ist. Es bietet nun auch einen sogenannten Junkmail-Filter, der unerwünschte Werbepost („Spam" oder „Junk") oder gefährliche Phishing-Mails (Versuche, Passwörter auszuspionieren) erkennt und in einen extra Ordner verschiebt. Wie genau Windows Mail dies nehmen soll, können Sie selbst unter dem Menüpunkt „Extras" > „Junk-E-Mail-Optionen" einstellen. Standardmäßig ist das Programm auf „Niedrig" eingestellt. Damit werden die bekanntesten

Werbemails in Quarantäne geschickt. Sie können aber auch etwa „Hoch" wählen. Dann allerdings sollten Sie immer mal in den Junk-Mail-Ordner schauen, ob nicht aus Versehen eine E-Mail von einem bekannten Absender mit hineingerutscht ist. So gut die Werbefilter inzwischen auch funktionieren – beispielsweise Post von Freemail-Adressen wie Hotmail oder GMX landet immer mal fälschlicherweise dort. Wer ganz sichergehen will, wählt „Nur sichere

Absender": Dann landen ausschließlich Mails von solchen Absendern in Ihrem Eingangskorb, die Sie zuvor in einer entsprechenden Liste notiert haben. Das wird allerdings spätestens dann zu Komplikationen führen, wenn einer Ihrer als „sicher" eingestuften Absender mal seine E-Mail-Adresse ändert und Ihnen das nicht rechtzeitig mitteilt.

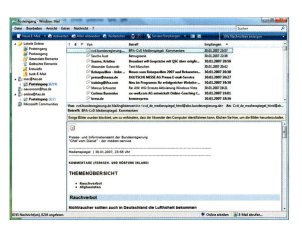

Beim ersten Start führt ein Assistent automatisch durch die notwendigen Schritte, um Post verschicken und empfangen zu können. Voraussetzung ist – wie immer – ein existierendes E-Mail-Konto bei einem Anbieter, entweder mit dem üblichen POP3-Zugang oder aber mit dem vor allem von AOL genutzten IMAP-Verfahren (zum Unterschied zwischen POP3 und IMAP siehe auch Seite 114). Und auch eine Internetverbindung benötigen Sie natürlich. Sie starten Windows Mail nach der Installation von Vista über den Punkt „E-Mail" im Start-Menü. Die wichtigsten Schritte zum Senden und Empfangen von Mails:

E-Mail-Konto unter Windows Mail hinzufügen:

1. Menü „Extras" > „Konten",

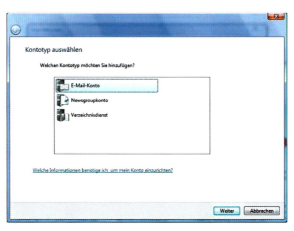

2. Knopf „Konto hinzufügen" wählen, dann „E-Mail".
3. Geben Sie den Namen ein, der bei Post unter diesem Konto als Absender erscheinen soll.

4. Geben Sie die E-Mail-Adresse ein, die beim Versand von Post über dieses Konto als Absender erscheinen soll. Das muss nicht

zwingend die E-Mail-Adresse sein, die mit diesem Konto wirklich verbunden ist. Wenn Sie also als Antwortadresse einen neutralen Absender (etwa eine Webmail-Adresse) nutzen wollen, können Sie diesen hier eingeben.

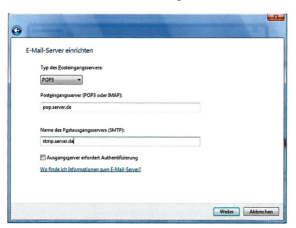

5. Nun müssen Sie die Servernamen Ihres E-Mail-Anbieters eingeben sowie die Art der Verbindung wählen: In der Regel nutzen E-Mail-Nutzer einen POP3-Zugang, es kann in Einzelfällen aber auch ein IMAP-Zugang empfehlenswert sein. Posteingangs- und Postausgangsserver unterscheiden sich meist. Auch diese Angaben erhalten Sie von Ihrem Anbieter oder für einige große Dienste auch in der nachfolgenden Übersicht.

6. Es fehlt noch Ihr Benutzername und das entsprechende Passwort. Nutzen nur Sie Ihren PC, dann können Sie mit dem Häkchen Ihr Kennwort speichern, sodass Sie es nicht ständig neu eingeben müssen. An öffentlichen PCs sollte man dies jedoch tunlichst vermeiden!

7. Fertig!

Eine E-Mail mit Windows Mail schreiben:

1. Im Menü links oben „Neue E-Mail" wählen.

2. Geben Sie im Feld „An:" die E-Mail-Adresse des Empfängers ein. Bei mehreren Empfängern jeden in einer anderen Zeile oder durch Komma getrennt.

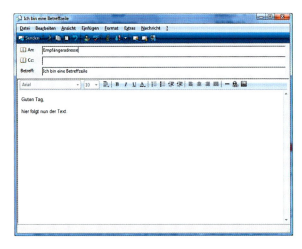

3. Geben Sie eine Betreffzeile im entsprechenden Feld ein.

4. Schreiben Sie Ihren Text.

5. Mit dem Knopf „Senden" verschicken Sie Ihre E-Mail.

Thunderbird

Auch unter Windows Vista bieten sich Alternativen zu den Microsoft-Programme an: „Thunderbird" von der Mozilla-Stiftung läuft auch unter dem neuen Windows-System und dürfte gerade für jene in Frage kommen, die es bereits unter XP genutzt haben – für die Autoren dieses Buches ist es der Favorit. Erhältlich ist es, auch in deutscher Sprache,

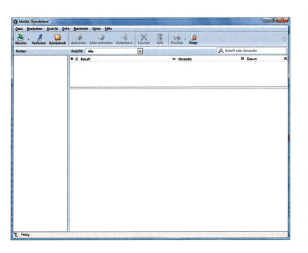

kostenlos im Internet unter den Adressen
www.mozilla.com (englisch) und www.thunderbird-mail.de (deutsch). Das Programm wird, wie der dazugehörige Browser „Firefox" (siehe Kapitel 14, Seite 89), ständig weltweit von Internetnutzern weiterentwickelt und gilt inzwischen als sehr sicher und komfortabel. Einen Onlineleitfaden gibt es unter der Internetadresse www.thunderbird-mail.de/hilfe/.

Nach der Installation führt Thunderbird automatisch einen Assistenten

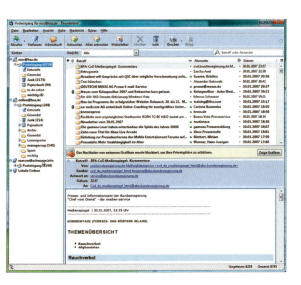

aus, mit dem E-Mail- und Newsgroupkonten sowie RSS-Abonnements eingerichtet werden können. Newsgroups sind öffentliche Gesprächsforen im Internet, bei denen man sich ein bestimmtes Thema abonnieren kann. Ein RSS-Abonnement ermöglicht dagegen den kostenlosen Bezug von Schlagzeilen einer ausgewählten Internetseite. Inzwischen erfüllen Newsgroups allerdings nur noch ein Nischendasein, deswegen gehen wir hier nicht weiter darauf ein. Die wichtigsten Schritte fürs Einrichten des E-Mail-Kontos:

Ein E-Mail-Konto unter Thunderbird hinzufügen:

1. Wählen Sie den Menüpunkt „Extras" > „Konten".

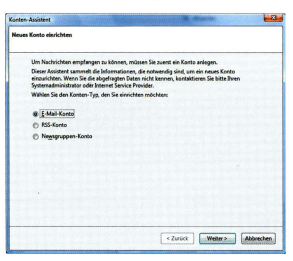

2. Knopf „Konto hinzufügen" wählen.
3. Wählen Sie „E-Mail-Konto" (falls Sie eine Newsgroup oder eine RSS-Seite einrichten wollen, entsprechend einen der beiden anderen Punkte).

4. Geben Sie den Namen und die E-Mail-Adresse ein, die bei Post unter diesem Konto als Absender erscheinen soll. Das muss nicht

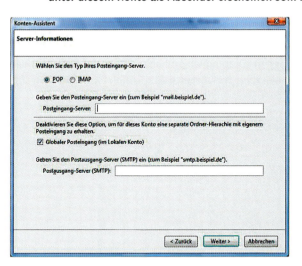

zwingend die E-Mail-Adresse sein, die mit diesem Konto eigent-lich verbunden ist. Wenn Sie also als Antwortadresse einen neu-tralen Absender (etwa eine Webmail-Adresse) nutzen wollen, können Sie diesen hier eingeben.

5. Wählen Sie die Verbindungsart. Fast alle Anbieter nutzen einen POP3-Zugang. Wenn Sie aber beispielsweise Ihre AOL-Mails abfragen wollen, dann müssen Sie hier zu „IMAP" wechseln.

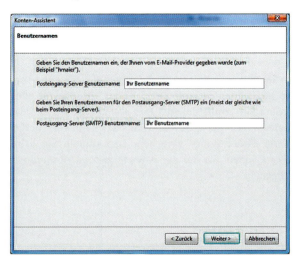

Setzen Sie ein Häkchen vor „Globaler Posteingang", sofern der Posteingang Ihrer E-Mail-Konten in einem einzigen Ordner landen soll. „Thunderbird" legt sonst für jedes Konto einen eigenen Posteingangskorb an.

6. Geben Sie den Benutzernamen an, mit dem Sie sich in Ihr E-Mail-Konto einloggen. Diesen Namen haben Sie in der Regel entweder bei Anmeldung bei Ihrem E-Mail-Anbieter selbst gewählt oder aber von diesem zugewiesen bekommen.

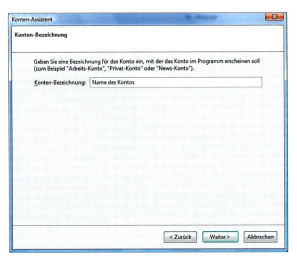

7. Nun können Sie noch eine Kontenbezeichnung eingeben. Diese dient nur zu Ihrer Übersicht. Als Standard nutzt Thunderbird Ihre E-Mail-Adresse des entsprechenden Kontos. Sie können es aber auch einfach nach Ihrem Anbieter benennen, etwa Yahoo oder GMX.

8. Überprüfen Sie nun noch einmal die Zusammenfassung und korrigieren Sie gegebenenfalls mit dem „Zurück"-Knopf. Ist alles korrekt, klicken Sie „Fertigstellen". Das war's! Nun müssen Sie nur noch beim ersten Abfragen Ihrer Mails das Kennwort für das entsprechende E-Mail-Konto eingeben. Das können Sie dann aber speichern, indem Sie bei der dann folgenden Abfrage ein Häkchen setzen.

Einen Postausgangsserver unter Thunderbird hinzufügen:

Um mit Thunderbird Mails verschicken zu können, müssen Sie – wie bei jedem anderen E-Mail-Programm – einen Postausgangsserver einrichten. Dessen Adresse unterscheidet sich oftmals geringfügig von der des Posteingangsservers, auf dem Ihre eingehende Post gesammelt wird. So geht's:

1. Wählen Sie den Menüpunkt „Extras" > „Konten".
2. Klicken Sie in der Kontenübersicht auf der linken Seite auf das Feld „Postausgangs-Server (SMTP)" und dann rechts „Hinzufügen".
3. Das Fenster „SMTP-Server" öffnet sich. Hier wählen Sie unter „Beschreibung" einen beliebigen Namen des Servers, also beispielsweise den Anbieternamen. Als Server geben Sie die Adresse des Postausgangsservers an. Die sollten Sie von Ihrem Anbieter erhalten haben. Eine Liste mit den Serveradressen der wichtigsten Freemail-Dienste finden Sie in diesem Kapitel. Unter „Sicherheit und Authentifizierung" geben Sie Ihren Benutzernamen für den entsprechenden Anbieter ein. Das ist in der Regel derselbe Name wie beim Posteingangsserver. Bei der verschlüsselten Verbindung sollten Sie „TLS" oder „SSL" nur wählen, wenn Ihr Anbieter diese Verfahren unterstützt.
4. Fertig! Auch beim Postausgangsserver müssen Sie beim ersten Zugriff ein Kennwort eingeben. Auch dies können Sie dann aber mit einem entsprechenden Häkchen speichern.

Eine E-Mail mit Thunderbird schreiben:

1. Wählen Sie den Knopf „Verfassen" in der Symbolleiste am oberen Fensterrand.
2. Sofern Sie mehrere E-Mail-Konten eingerichtet haben, wählen Sie unter dem Punkt „Von:" das Konto, das bei dieser Mail als Absender erscheinen soll.
3. Geben Sie im Feld „An:" die E-Mail-Adresse des Empfängers ein. Bei mehreren Empfängern jeden in einer anderen Zeile. „CC:" bedeutet übrigens, dass die Mail in Kopie an einen weiteren Empfänger gehen soll. „BCC:" bedeutet, dass diese Mail zusätzlich versteckt an einen weiteren Empfänger geschickt werden soll – die Hauptadressaten in der Zeile „An:" und „CC:" werden den zusätzlichen dritten Adressaten nicht angezeigt bekommen.

4. Geben Sie eine Betreffzeile im entsprechenden Feld ein.

5. Schreiben Sie im großen leeren Feld Ihre E-Mail.

6. „Senden" drücken (ganz oben links im Fenster), und schon geht die Post auf die Reise.

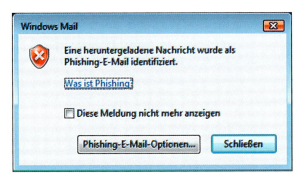

Serveradressen der größten E-Mail-Dienste

Die folgenden Tabellen geben einen Überblick über die nötigen Einstellungen, um bei den betreffenden Diensten ein E-Mail-Konto zu nutzen. Zuvor müssen Sie sich freilich bei dem jeweiligen Anbieter auf seiner Homepage registrieren.

„IMAP" und „POP" sind dabei zwei unterschiedliche Verfahren, mit denen Sie Ihre E-Mails abrufen. Bei „POP" oder auch „POP3" baut Ihr Rechner nur für die Dauer des Abrufs der E-Mails eine Verbindung zum E-Mail-Server des Anbieters auf. Sind alle Mails zu Ihnen übertragen, wird die Verbindung wieder gekappt. In der Regel wird bei diesem Vorgang das E-Mail-Postfach auf dem Server geleert (wenngleich sich dieses automatische Löschen im E-Mail-Programm auch ausschalten lässt). Beim IMAP-Verfahren dagegen ist Ihr Rechner so gut wie ständig mit dem E-Mail-Server verbunden – übertragen wird dabei jedoch zunächst nur die Betreffzeile. Erst, wenn Sie eine E-Mail anklicken, wird sie vollständig auf Ihren Rechner übertragen.

IMAP ist in der Regel das bessere Verfahren, wenn Sie über eine Standleitung ins Internet verfügen oder von mehreren Rechner aus aufs Postfach zugreifen wollen.

Freemail-Anbieter

▼ GMX

▶ Posteingangsserver:	POP3: pop.gmx.net, IMAP: imap.gmx.net
▶ Postausgangsserver:	mail.gmx.net
▶ Benutzername:	GMX-Kundennummer oder GMX-E-Mail-Adresse (bevorzugen Sie die Kundennummer!)
▶ Besonderheiten:	Verwendet SMTP-Authentifizierung oder „POP3 vor SMTP", je nachdem, wie Sie Ihren Account eingestellt haben. IMAP ist nur in den Tarifen ProMail und TopMail verfügbar.

▼ Google Mail

▶ Posteingangsserver:	pop.googlemail.com (SSL; Port 995)
▶ Postausgangsserver:	smtp.googlemail.com (SSL; Port 465 oder 587)
▶ Benutzername:	Benutzername@googlemail.com
▶ Besonderheiten:	Verwendet SMTP-Authentifizierung. POP3 und SMTP laufen über SSL-Verschlüsselung.Der SMTP-Server läuft auf Port 465 oder 587, der POP3-Server auf Port 995 (Standard-Port für POP3 über SSL).

▼ Yahoo! Mail Deutschland

▶ Posteingangsserver:	pop.mail.yahoo.de
▶ Postausgangsserver:	smtp.mail.yahoo.de
▶ Benutzername:	Benutzername
▶ Besonderheiten:	Verwendet SMTP-Authentifizierung. Sie müssen sich erst für Yahoo! direkt anmelden, um POP3 und SMTP nutzen zu können. Diese Daten gel ten für die deutsche Version von Yahoo! Mail. In anderen Ländern ist es unter Umständen nicht möglich, POP3 und SMTP kostenlos zu nutzen.

▼ Lycos Mail

▶ Posteingangsserver:	pop.premiummail.lycos.de
▶ Postausgangsserver:	smtp.premiummail.lycos.de
▶ Benutzername:	Vollständige Lycos-E-Mail-Adresse
▶ Besonderheiten:	Verwendet SMTP-Authentifizierung. POP3 und SMTP sind eigentlich nur noch gegen Aufpreis verfügbar. Wenn Sie nicht bezahlen wollen, können Sie mit HTTPMail auf Ihr Lycos-Konto zugreifen (siehe Hotmail). Wenn Sie ein registrierter Nutzer des E-Mail-Programmes The Bat! sind, können Sie sich POP3 und SMTP allerdings kostenlos freischalten lassen. Sie erhalten dann allerdings von Lycos-Partnern Werbung per E-Mail. Eine weitere Möglichkeit ist die Nutzung der WebMail-Erweiterung für das Programm Thunderbird. Die HTTPMail-Adresse lautet: http://webdav.lycos.de/httpmail.asp.

▼ WEB.DE FreeMail

▶ Posteingangsserver:	POP3: pop3.web.de, IMAP: imap.web.de
▶ Postausgangsserver:	smtp.web.de
▶ Benutzername:	Benutzername
▶ Besonderheiten:	Verwendet SMTP-Authentifizierung oder „POP3 vor SMTP".

▼ AOL

▶ Posteingangsserver:	imap.de.aol.com (IMAP)
▶ Postausgangsserver:	smtp.de.aol.com (Port 587)
▶ Benutzername:	AOL-Name
▶ Besonderheiten:	Verwendet SMTP-Authentifizierung. Bei den Einstellungen für den Postausgangsserver müssen Sie statt des Standard-Ports 25 den Port 587 eintragen. POP3 ist mit Hilfe des (kostenpflichtigen) Programmes eNetBot Mail möglich.

▼ 1&1 DSL

▶ Posteingangsserver:	POP3: pop.1und1.de, IMAP: imap.1und1.de
▶ Postausgangsserver:	smtp.1und1.de
▶ Benutzername:	mxxxxxxx-yyyy (Paketnummer-Postfachkürzel)
▶ Besonderheiten:	Verwendet SMTP-Authentifizierung.

▼ Alice DSL

▶ Posteingangsserver:	mail.alice-dsl.de
▶ Postausgangsserver:	mail.alice-dsl.de
▶ Benutzername:	Alice E-Mail-Adresse
▶ Besonderheiten:	Verwendet SMTP-Authentifizierung.

▼ Arcor

▶ Posteingangsserver:	POP3: pop3.arcor.de, IMAP: imap.arcor.de
▶ Postausgangsserver:	mail.arcor.de
▶ Benutzername:	Benutzername
▶ Besonderheiten:	Wenn Sie nicht über Arcor ins Internet eingewählt sind, müssen Sie die SMTP-Authentifizierung aktivieren.

▼ Tiscali

▶ Posteingangsserver:	pop.tiscali.de
▶ Postausgangsserver:	smtp.tiscali.de
▶ Benutzername:	Benutzername
▶ Besonderheiten:	Verwendet SMTP-Authentifizierung. Mail-Versand funktioniert nur, wenn Sie über Tiscali ins Internet eingewählt sind.

▼ Freenet

▶ Posteingangsserver:	mx.freenet.de (POP3 und IMAP)
▶ Postausgangsserver:	mx.freenet.de
▶ Benutzername:	Benutzername@freenet.de
▶ Besonderheiten:	Verwendet SMTP-Authentifizierung.

▼ T-Online

▶ Posteingangsserver:	pop.t-online.de
▶ Postausgangsserver:	mailto.t-online.de
▶ Benutzername:	Egal
▶ Besonderheiten:	Benutzername und Kennwort sind egal (können sogar komplett entfallen), da dieser „Trick" nur funktioniert, wenn Sie über den T-Online-Zugang angemeldet sind.

▼ T-Online (über andere Provider; mehrere Benutzer; E-Mail-Pakete)

▶ Posteingangsserver:	POP3: popmail.t-online.de
▶ Postausgangsserver:	smtpmail.t-online.de
▶ Benutzername:	E-Mail-Adresse
▶ Besonderheiten:	Verwendet SMTP-Authentifizierung. Diese Daten gelten, wenn Sie Ihre E-Mails unterwegs über einen anderen Provider abrufen möchten, Ihren T-Online-Zugang mit mehreren Personen nutzen oder eines der E-Mail-Pakete nutzen.

17. Schutz vor Viren, Angriffen und anderem Ärger

Das Sicherheitscenter, die Firewall und der Defender stehen in sämtlichen Vista-Editionen zur Verfügung; die Laufwerkverschlüsselung nur unter Enterprise und Ultimate.

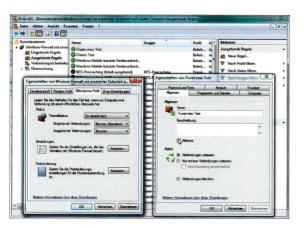

Windows Vista sei das sicherste Windows aller Zeiten, behauptet der Hersteller. Damit das so ist, verwendet Vista mehrere Programme, deren grundlegende Funktionsweise Sie kennen sollten:

Windows-Sicherheitscenter

Sie finden das Sicherheitscenter in der Systemsteuerung. Hier überwacht Vista, ob Sie die vier wichtigsten Einstellungen vorgenommen haben:

- Ist die eingebaute Firewall aktiv, die den ein- und ausgehenden Datenverkehr überwacht?
- Haben Sie automatische Updates eingeschaltet?
- Haben Sie ein Virenschutzprogramm installiert und aktiviert?
- Haben Sie das neuerdings bei Windows mitgelieferte Spyware-Schutzprogramm Defender aktiviert?

Die vier Sicherheitsaspekte im Einzelnen:

Die Firewall ist eine Software, die Sie beim Surfen im Internet unbedingt aktiviert haben sollten. Sie wehrt Angriffe von außen ab, etwa von Hackern oder virenverseuchten PCs anderer Computernutzer aus dem Internet oder Ihrem Heimnetz. Neu an Windows Vista ist, dass die Firewall auch ausgehenden, nicht mehr nur eingehenden Datenverkehr überwachen kann. So können Sie mit Hilfe dieser Firewall beispielsweise unterbinden, dass ein bestimmtes Programm „nach Hause telefoniert", sprich: übers Internet den Hersteller kontaktiert und unbekannte,

möglicherweise vertrauliche Informationen übermittelt. Allerdings hat Microsoft zunächst einmal vorgesehen, dass ausgehender Datenverkehr grundsätzlich freigegeben ist – was auch darin begründet ist, dass die Feineinstellung einer Firewall eine gehörige Portion Fachwissen erfordert. Microsoft hat diese entsprechende Feineinstellung in den Tiefen von Windows versteckt.

Wenn Sie sich daran wagen wollen, hier der Schnelleinstieg (nur für fortgeschrittene Windows-Benutzer): Sie müssen die sogenannte Management-Konsole aufrufen, um die Einstellungen der Firewall für ausgehende Daten überprüfen und gegebenenfalls ändern zu können. So geht's: Drücken Sie bei gedrückter Windows-Taste den Buchstaben R, tippen dann mmc ein und Return. Im anschließend geöffneten Fenster klicken Sie auf Datei > Snap-In hinzufügen > Windows-Firewall > Lokalen Computer. Anschließend haben Sie die Erweiterung Ihrem „Konsolenstamm" hinzugefügt und können nun mit einem Rechtsklick auf „Windows-Firewall mit erweiterter Si-

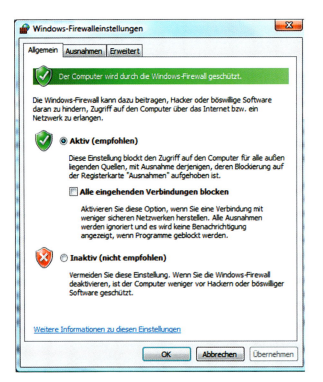

cherheit auf Lokaler Computer" die Eigenschaften aufrufen. Wichtig für Privat-PCs sind die beiden Registerreiter „Privates Profil" und „Öffentliches Profil". Im „privaten Profil" legen Sie fest, wie sich die Firewall beispielsweise in einem Heimnetz verhalten soll. Im „öffentlichen Profil" legen Sie dagegen fest, wie sich die Firewall verhalten soll, wenn Sie sich mit dem Computer, beispielsweise einem Laptop, in einem Hotspot befinden. Zu Hause möchten Sie wahrscheinlich schon bestimmte Verzeichnisse auf Ihrem Computer für andere PCs im Hausnetz freischalten. Im Internetcafé dagegen wollen Sie dies sicher unterbinden.

Wenn Sie daher bei „Öffentliches Profil" die Einstellung „Ausgehende Verbindungen – Blocken" wählen, sind Ihre Daten etwas sicherer. Aber Vorsicht: Auf diese Weise blocken Sie auch die Internetverbindungen gewünschter Programme. Da bekommt dann zum Beispiel das Musikverwaltungsprogramm iTunes von Apple keine Verbindung mehr zum

iTunes MusicStore zustande. Oder der Browser kommt nicht mehr raus. Deshalb müssen Sie speziell für iTunes, den Browser und so weiter Ausnahmeregeln definieren. Das geht in der Management-Konsole so: Ausgehende Regeln > Aktion > Neue Regel > Programm > Weiter > Dieser Programmpfad > Durchsuchen > iTunes auf der Festplatte auswählen (in der Regel unter C > Programme > iTunes > iTunes) > Öffnen > Weiter > Verbindung zulassen > Weiter > Haken bei Privat/Öffentlich > Weiter > Name festlegen, zum Beispiel „iTunes-Test" > Fertig stellen.

Solche Fummeleien an der Firewall sind risikoreich! Otto Normalanwender sollten besser schlicht darauf achten, dass die Firewall standardmäßig eingeschaltet ist, mehr nicht.

Automatische Updates sollten Sie eingeschaltet haben, weil erfahrungsgemäß alle paar Tage bis Wochen Sicherheitslücken in Windows-Programme bekannt werden – und Microsoft dann meist binnen kurzer Zeit ein entsprechendes Korrekturprogramm („Patch") per Internet zum Herunterladen bereitstellt. Nur wenn Sie das automatische Update eingeschaltet haben, holt sich Windows regelmäßig selbstständig per Internet Updates gegen neu entdeckte Sicherheitslöcher.

Ein **Virenschutzprogramm** liefert Microsoft nicht in Windows Vista

mit. Sie müssen es separat kaufen. Seit Kurzem bietet Microsoft selbst einen solchen kostenpflichtigen Virenschutz an und nennt ihn Windows Live One-Care. Virenschutzprogramme gibt es aber auch kostenlos, zum Beispiel von Avira (www.free-av.de). Von Avast gibt es unter http://www.avast.com/eng/download-avast-home.html ein kostenloses deutschsprachiges Virenschutzprogramm,

das auch unter Vista läuft. Um das Programm nutzen zu dürfen, muss man Heimanwender sein, sich auf der Internetseite des Herstellers registrieren und einen kostenlosen Lizenzschlüssel besorgen. Der gilt dann für ein Jahr.

Das Virenschutzprogramm ist nutzlos, wenn Sie es nicht regelmäßig aktualisieren. Am besten stellen Sie die Software so ein, dass das Programm selbst täglich nach Updates sucht.

Wenn Sie bereits für Windows XP ein Virenschutzprogramm eines Fremdherstellers nutzten, ist zumindest fraglich, ob es auch unter Vista funktioniert. Sie sollten auf der Webseite des Herstellers nach einem Vista-Update suchen.

Darüber hinaus werden neue PCs von ihren Herstellern häufig so konfektioniert, dass eine Testversion eines Virenschutzprogramms bereits vorinstalliert ist. Zumeist läuft diese Testversion dann nur einen begrenzten Zeitraum, üblich sind 90 Tage. Danach wird die Software kostenpflichtig. Wenn Sie nach Ablauf der 90 Tage auf eines der oben genannten kostenlosen Virenschutzprogramme wechseln wollen, vergessen Sie nicht, das vorinstallierte Antivirenprogramm zu deinstallieren. Das geht über Start > Systemsteuerung > Programme > Programme deinstallieren.

Keinesfalls sollten Sie ohne Virenschutz im Netz unterwegs sein. Auch und besonders, wenn Sie das E-Mail-Programm „nur mal kurz" öffnen, können Sie sich einen Virus einfangen. Bedenken Sie außerdem, dass andere Computer in Ihrem Heimnetz virenverseucht sein können. Viren können sich zudem übers Heimnetz fortpflanzen.

Neu unter Windows Vista ist der **Windows Defender**. Windows Defender ist ein Antispyware-Programm, gewissermaßen der kleine Bruder eines Antivirenprogrammes. Es soll Spyware oder Spionageprogramme entlarven und deren Ausführung verhindern. Bei Spyware handelt es sich um Schadprogramme, die Sie möglicherweise ausspionieren sollen, Ihre persönlichen Daten und Tastatureingaben aufzeichnen und sie später per Internet verbreiten. Auch kann Spyware

MSASCui

Änderungen an Ihren Computereinstellungen vornehmen, etwa die bevorzugte Startseite im Internet verändern oder ständig Werbefenster

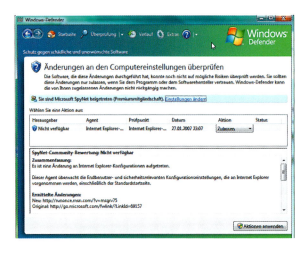

einblenden, selbst wenn Sie gar nicht im Internet sind. Möglicherweise wird der Rechner wesentlich langsamer.

Einfangen können Sie sich solche Schadprograme unbemerkt, indem Sie Software aus dubioser Quelle installieren, beispielsweise aus einem Filesharing-Netz. Windows Defender bietet als Abwehrmaßnahme einen Echtzeitschutz: Sobald Sie Software installieren wollen, die verdächtig erscheint, gibt der Defender eine Warnung aus. Verdächtig ist ein Programm zum Beispiel dann, wenn es die Sicherheitseinstellungen des Browsers verändern will. Eine ganze Reihe solcher Merkmale hat Microsoft in seinen Defender programmiert. Wichtig: Der Defender ersetzt kein Virenschutzprogramm. Er ergänzt es nur.

Weitere Sicherheitseinstellungen

Das Windows-Sicherheitscenter bietet noch zwei weitere Punkte: Internetsicherheitseinstellungen und die Benutzerkontensteuerung. In Sachen Internet öffnet sich die Hilfefunktion mit hilfreichen Tipps für die richtigen Einstellungen im Browserprogramm, dem Internet Explorer. Darauf gehen wir in Kapitel 14 (Seite 89)

näher ein. Der Benutzerkontensteuerung widmen wir uns in Kapitel 5 (Seite 36).

BitLocker-Laufwerkverschlüsselung

Nur für Vista Ultimate und Enterprise ist eine Technik von Windows Vista einschaltbar, mit der Sie Ihre komplette Festplatte oder einzelne Partitionen verschlüsseln können. Das ist insbesondere für den geschäftlichen Bereich wichtig, wenn Sie beispielsweise sensible Daten auf Ihrem Laptop mit sich herumtragen. Verlieren Sie den Laptop, kann ein Fremder theoretisch am Kennwortschutz von Windows Vista vorbei auf die Daten der Festplatte zugreifen, indem er einfach von CD ein anderes Betriebssystem startet – oder die Festplatte ausbaut und in einen anderen Computer einbaut. Ist die Festplatte dagegen verschlüsselt, bleiben die Daten geheim. Microsoft nennt die Technik „BitLocker".

Für die BitLocker-Technik sind jedoch gewisse Anforderungen an den PC oder Laptop zu erfüllen. So muss in dem Gerät entweder ein TPM-Kryptochip eingebaut sein (was auch bei modernen Geräten nicht unbedingt der Fall ist), der Sie müssen einen USB-Stick fürs Abspeichern eines Zugangsschlüssels benutzen. Wichtig: Wenn Sie dann den USB-Stick verlieren sollten oder er kaputtgeht, sind Ihre Daten unwiederbringlich verloren – Sie sollten den Schlüssel also am besten zusätzlich auf CD brennen oder auf einem weiteren USB-Stick abspeichern.

Einstellen können Sie diese Laufwerksverschlüsselung in der Systemsteuerung > Sicherheit > BitLocker-Laufwerksverschlüsselung. Der Vorgang, das Laufwerk zu verschlüsseln, kann beim ersten Mal durchaus mehrere Stunden dauern – Sie können aber währenddessen weiterarbeiten.

Tipp: Achten Sie darauf, beim Start der Verschlüsselung keine CD oder DVD eingelegt zu haben. Als Boot-Reihenfolge sollten Sie im BIOS das Vista-Laufwerk als Erstes eingestellt haben. Ansonsten kann es passieren, dass Sie den Computer künftig immer nur mit der ursprünglich eingelegten Speicherscheibe booten können.

Wenn Sie gezielt nur bestimmte Verzeichnisse verschlüsseln wollen (was etwas einfacher funktioniert), bietet sich eine andere Variante der Verschlüsselung an: siehe Kapitel 34 (Seite 232).

18. Jugendschutz: Was Eltern kontrollieren können

Die Jugendschutzfunktion steht nur in den Vista-Editionen Home Basic, Home Premium und Ultimate zur Verfügung.

Nächtelang den Egoshooter zu spielen oder stundenlang im Chat zu hocken, könnte für manchen Jugendlichen bald ein Ende haben. Wenn

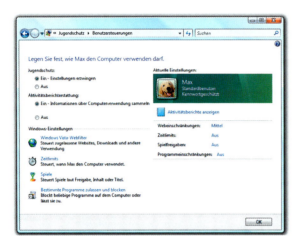

„Papa" oder „Mama" den Computer entsprechend eingestellt haben, gelten für den Nachwuchs auf einmal festgelegte Nutzungszeiten, Webfilter und Sperren für bestimmte Spiele und Programme. Ob das in der Praxis tatsächlich taugt, muss sich noch zeigen. Viel weitreichender als die Beschränkungsmöglichkeiten erscheint die in Windows Vista eingebaute „Aktivitätsberichterstattung".

Damit wird „Papa" zum „Big Brother" – übrigens auch mit Blick auf die Aktivitäten von „Mama" am Computer.

Aber der Reihe nach. Der von Microsoft erdachte Jugendschutz sieht zunächst vor, unterschiedliche Benutzerkonten auf dem Vista-PC einzurichten. Jedes Familienmitglied erhält seine eigene Benutzerkennung und sein eigenes Kennwort. Für sich selbst legt „Papa" fest, als „Administrator" zu arbeiten, alle weiteren Zugänge, „Konten" genannt, lassen sich als „Standardbenutzer" einstellen. Die weiteren Benutzer lassen sich von Fall zu Fall auch als Administrator anlegen. Ein Kennwort für jedes Konto wird von Vista nicht automatisch erzwungen – was zur Folge hätte, dass sich „Sohn Max" auch als „Tochter Marta" oder als „Papa" einloggen könnte. Das sollte man ändern und jedem Konto ein Kennwort zuweisen. Die einzelnen Benutzer können es später nach Belieben ändern. Der Administrator „Papa" hat nach bisherigem Stand der Hackerforschung keine Möglichkeit, solch ein vom Sohn geändertes Kennwort auszulesen – er kann höchstens ein neues vergeben.

Für jedes Familienmitglied lässt sich dann vom Administrator einstellen, ob und welcher Jugenschutz greifen soll. Im Einzelnen bedeutet dies:

*   **Webfilter:** „Papa" kann einstellen, dass ein anderer PC-Benutzer nur namentlich erwähnte Internetseiten ansurfen darf. Dazu kann er zugelassene ebenso wie geblockte Seiten auflisten. Auch Dateidownloads lassen sich ausschließen. Oder er legt ominöse Webeinschränkungsstufen fest: „hoch", „mittel", „keine" oder „benutzerdefiniert". Was dahinter steckt, verwaltet Microsoft über eine filigrane Vernetzung mit einer eigenen Datenbank im Internet: Wenn Sohnemann keinen Zugriff auf Seiten zum Bombenbasteln haben soll, kann „Papa" das am heimischen PC mit

einem Klick auf den Eintrag „Bombenherstellung" regeln. Geht Sohnemann später online, wird sein Surfverhalten vom Vista-PC überwacht und mit der Microsoft-Datenbank abgeglichen. Und Internetseiten, die Microsoft in die Kategorie „Bombenherstellung" eingeordnet hat, werden dem Nachwuchs dann nicht angezeigt. Als weitere Kategorien hat Microsoft Pornografie, Drogen, Alkohol, Tabak, „potenziell anstößige Inhalte", Sexerziehung, Glücksspiel und Waffen vorgesehen. Auf lange Sicht bewertet Microsoft also jede Internetadresse anhand dieser Kategorien. Auch noch nicht bewertete Internetseiten lassen sich generell ausschließen. Was freilich „potenziell anstößige Inhalte" sind, legt damit Microsoft fest, nicht etwa der Erziehungsberechtigte. Und die vielleicht sinnvollen Internetrecherchen zur Schülerhausaufgabe „Judenverfolgung im Dritten Reich" könnten durch solch einen Filter lästig behindert werden.

- **Zeitlimits:** Auf einem Wochenplan lässt sich per Mausklick einstellen, von wann bis wann das Kind den Computer nutzen darf – beispielsweise wochentags bis 21 Uhr, sonnabends bis 22 Uhr und sonntags erst ab 10 Uhr. Eine generelle Einstellung wie „zehn Stunden pro Woche" ist dagegen nicht möglich – schade.

- **Spiele:** Die in Deutschland geltende USK-Kennung regelt, für welche Altersstufen Computerspiele geeignet sind. USK steht für „Unterhaltungssoftware Selbstkontrolle". Diese Einrichtung vergibt für einzelne Spiele Kennzeichen für Freigaben ab sechs, zwölf oder 16 Jahren sowie „ohne Altersbeschränkung" und „keine Jugendfreigabe". Diese Kennzeichen mussten bisher vor allem Verkäufer in den Läden beachten. Microsoft nutzt dasselbe System für Spiele, die auf dem Vista-Computer installiert sind. „Papa" kann damit beispielsweise festlegen, dass Sohnemann nur Spiele mit einer USK-Kennung „ab 16 Jahren" spielen darf.

- **Programme:** Ähnlich wie bei den Spielen kann „Papa" einstellen, dass nur bestimmte Programme unter dem Benutzerkonto des Kindes gestartet werden dürfen. Dazu untersucht Vista den PC auf alle vorhandenen Programme, „Papa" legt dann per Mausklick fest, was erlaubt ist. Software fürs Filesharing (Bereitstellen und Herunterladen von möglicherweise illegalen Raubkopien) lässt sich so blockieren.

Insgesamt erhält der PC-Besitzer damit recht ausführliche Hilfe, um die Nutzung des Computers durch andere Familienmitglieder einzuschränken – einen großen Kontrollwillen gegenüber der eigenen Familie vorausgesetzt. Ob die Kinder das dann mitmachen oder nicht einfach beim Kumpel „ihre" Sachen machen, steht auf einem anderen Blatt.

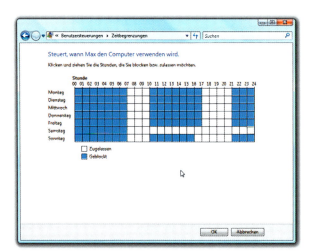

Das Problem in nicht wenigen Haushalten ist freilich, dass die Jugendlichen bereits über einen eigenen Computer verfügen. Und der ist über Windows Vista zunächst einmal nicht in der Kontrolle – selbst wenn man dort ebenfalls Vista in einer weiteren kostenpflichtigen Lizenz installiert und beide Rechner miteinander vernetzt. Es wären weitergehende Einrichtungen nötig, etwa über einen hauseigenen Server, der dann Zugangsprofile verwaltet. Theoretisch kein Problem, in der Praxis aber für Otto Normalanwender eine Nummer zu groß – mal ganz davon abgesehen, dass statt aller technischen Einschränkungen auch Vertrauen und persönliche Gespräche die richtigen „Mittel" für die Computernutzung der Kinder sein dürften.

Doch auch die große Serverversion für die globale Kinderkontrolle ist bei Microsoft in der Planung. Microsoft bereitet eine starke Vernetzung mit

seinem Internetdienst „Windows Live" vor. Dann erhält „Papa" kennwortgeschützt den Zugang zu einem „Familienkonto" unter www.live.com, und dort kann er künftig auch den Internetzugang seiner Kinder filigran regeln. Der PC im Kinderzimmer schaut dann erst unter live.com nach, was geht und was nicht. Kurz vor Drucklegung dieses Buches war der entsprechende Dienst allerdings noch im Test.

Nicht mehr im Test ist bei Windows Vista die „Aktivitätsanzeige", die „Papa" auf Wunsch wöchentlich oder täglich über die Aktivitäten anderer Benutzer seines PCs angezeigt bekommt. Damit lassen sich unter anderem die am häufigsten besuchten Internetseiten, geblockte Seiten, Dateidownloads und Downloadversuche, Anmeldezeiten und gespielte Spiele anzeigen. Auch für E-Mails, Instant Messaging (die Software zum Chatten, also textbasiertem Quatschen), SMS-Nachrichtenversand und DVD-/CD-Wiedergaben finden sich Einträge wieder.

Das geht so weit, dass auch die Aktivitäten anderer Administratoren angezeigt werden können – zum Beispiel von „Mama". Ob die das wünscht, ist natürlich eine andere Frage.

Als Faustregel sollte man sich zurechtlegen, die anderen Benutzer „seines PCs" darüber zu informieren, was an Kontrolle möglich ist und wie man sie zu nutzen gedenkt. Und bei allen technischen Verbotsmöglichkeiten sollten Sie sich an ihre eigene Kindheit erinnern: Die verbotenen Sachen sind die interessantesten. Es wird auch mit Windows Vista für den gewieften Nachwuchs Mittel und Wege geben, das Verbotene auszuprobieren – und sei es auf dem Rechner des Mitschülers. Vielleicht schaffen Sie besser ein Klima, in dem Ihr Kind Sie später fragt, warum die frisch gebrannte CD „Quake 3 Arena" (ein älterer Egoshooter) vom Kumpel wegen der Jugendschutzfunktion von Vista nicht installiert werden kann. Vista wird darauf keine Antwort geben. Sie aber sind dann im Thema.

19. Arbeiten als Mannschaft: So funktioniert Teamwork am PC

Im Grunde ein alter Hut, aber unter Vista neu in Form gebracht: Schon unter älteren Windows-Systemen konnte man sich via Internet mit anderen Computern verbinden, um etwa mit mehreren Personen zu spielen oder online einen Fehler auf dem PC beheben zu lassen. Früher funktionierte diese virtuelle Zusammenarbeit unter anderem mit dem mitunter recht anfälligen Programm „Netmeeting", das spätestens dann Probleme bereitete, wenn man einen Router für den Zugang zum Internet nutzte: Dann verheddderte sich „Netmeeting" nämlich mitunter bei den IP-Adressen. Unter Windows Vista hat Microsoft

WinCollab

nun stattdessen Windows-Teamarbeit integriert. Sie finden es im Startmenü unter Programme. Dabei gilt jedoch wie immer höchste Vorsicht: Man sollte nicht jedem erlauben, eine Verbindung herzustellen, sondern nur solchen Personen, denen man auch vertraut. Sonst laufen Sie Gefahr, vielleicht auch mal einen Hacker auf dem Rechner zu begrüßen.

Doch der Reihe nach: Zuerst müssen Sie festlegen, wer auf Ihrem PC überhaupt etwas machen können soll. Dazu dient ein Programm mit dem etwas eigenwilligen Namen „Personen in meiner Umgebung". Es sieht dem Windows Live Messenger ähnlich, übernimmt jedoch eine etwas andere Funktion.

Personen in meiner Umgebung

Um diesen Dienst nutzen zu können, müssen Sie sich zunächst anmelden. Sie finden das entsprechende Programm unter Start > Systemsteuerung > Netzwerk und Internet > Personen in meiner Umgebung. In der

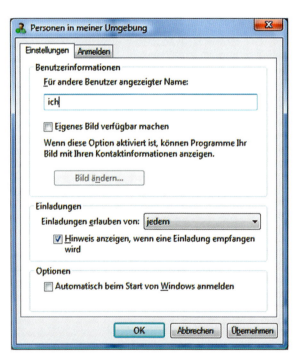

Registerkarte „Einstellung" können Sie zunächst einen Benutzernamen eingeben, mit dem andere Personen Sie künftig sehen werden. Um sich anzumelden, klicken Sie in der Registerkarte „Anmelden" auf den Knopf „An Personen in meiner Umbebung anmelden" und bestätigen dies. Nun müssen Sie – sofern Sie sich zum ersten Mal einwählen – im nächsten Fenster aussuchen, wer Ihnen eine Einladung schicken können soll: jeder

oder nur vertrauenswürdige Kontakte. Letztere sind solche Personen, die Ihnen ihre Kontaktinformationen inklusive eines Sicherheitszertifikats bereits mitgeteilt haben und die Sie unter Windows-Kontakte (siehe Kapitel 10, Seite 68) gespeichert haben. Solch ein Austausch von Zertifikaten funktioniert am einfachsten per E-Mail, klappt aber auch per CD oder USB-Stick oder einem anderen Wechselmedium. Sofern einer ihrer Einträge in „Windows-Kontakte" als vertrauenswürdig eingestuft ist, steht dies direkt unter dem betreffenden Eintrag.

Eigene Kontaktinformationen senden

Um Ihre eigenen Kontaktinformationen an jemanden zu senden, öffnen Sie eine neue E-Mail-Nachricht in Ihrem Mailprogramm. Wählen Sie nun in „Windows-Kontakte" ihren eigenen Kontakteintrag und ziehen ihn bei gedrückter Maustaste auf diese E-Mail-Nachricht. Eigentlich sollten Sie Ihren Kontakt in „Windows-Kontakte" auch mit rechter Maustaste > Kopieren auswählen können, um ihn dann in einer neuen E-Mail einzufügen (dies funktionierte allerdings in unserem Test nicht – ein Programmfehler).
Sie werden nun im E-Mail-Programm gefragt, ob der Kontakt in der Anlage in eine „vCard" konvertiert werden soll. Klicken Sie auf „Nein". In der Anlage sollte nun eine Datei auftauchen mit Ihrem Namen und dem Zusatz „.contact". Nun müssen Sie die Mail nur noch an denjenigen schicken, der Ihre Kontaktinformationen erhalten soll. Im Normalfall sollte dieser Ihnen dann im Gegenzug seine Informationen senden.

Einen Kontakt hinzufügen

Wenn Sie per E-Mail einen Kontakt erhalten (von jemandem, den Sie kennen!), klicken Sie doppelt auf die entsprechende Anlage in der E-Mail. Dann bestätigen Sie „Zu Kontakten hinzufügen". Sollten Sie ein Programm verwenden, das diese Funktion nicht bietet, speichern Sie die Kontaktinformationen (also die Anlage mit dem Zusatz „.contact") unter dem Ordner User > Ihr Benutzername > Kontakte. Nun sollte in „Windows-Kontakte" ein entsprechender Eintrag mit dem Hinweis „Vertrauenswürdiger Kontakt" auftauchen. Wer ganz sichergehen will, dass der Kontakt auch wirklich von der Person stammt, von der Sie es glauben, sollte den- oder diejenige vielleicht zuvor anrufen und fragen, ob dies wirklich der Fall ist.

Windows-Teamarbeit

Die eigentliche Zusammenarbeit mit anderen Personen via Internet beginnen Sie über das Programm „Windows-Teamarbeit". Nach dem ersten Start konfiguriert es sich selbstständig. Sie werden lediglich einmal

in einem Fenster gefragt, ob die Firewall so eingestellt werden soll, dass die Zusammenarbeit auch wirklich möglich ist. Das sollten Sie in diesem

Fall bestätigen, auch wenn bei Änderungen an den Einstellungen der Firewall sonst höchste Vorsicht geboten ist.

Neue Sitzung starten

Im Hauptfenster von „Windows-Teamarbeit" haben Sie die Möglichkeit, eine neue Sitzung zu starten oder einer bereits begonnenen beizuwohnen. „Sitzung" nennt das Programm die Verbindungen, bei denen Sie anderen Nutzern den Zugriff auf Ihren PC ermöglichen können. Oder andere Ihnen dieses anbieten. Um eine solche Sitzung einzurichten, geben Sie einen Sitzungsnamen in das dafür vorgesehene Feld ein sowie ein Kennwort, das mindestens acht Zeichen umfassen muss. Wichtig: Unter „Optionen" können Sie festlegen, ob alle Ihre unter „Personen in meiner Umgebung" gespeicherten Kontakte die Sitzung sehen sollen oder nur ausgewählte. Das kann zum Beispiel nützlich sein, wenn Sie den Vorstand Ihres Gesangsvereins komplett gespeichert haben, diesmal aber lediglich mit dem Schriftführer etwas austauschen möchten. In Firmen dürfte diese Funktion bei wechselnden Konferenzzusammensetzungen zugegebenermaßen öfter zum Einsatz kommen. Mit einem Klick auf den grünen Pfeil neben dem Kennwortfeld starten Sie Ihre Sitzung.

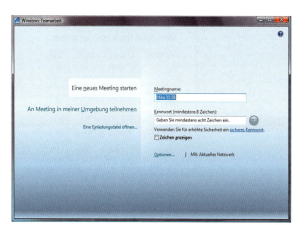

Benutzer einladen

Willkommen im virtuellen Besprechungsraum: Im nun folgenden Fenster sehen Sie rechts oben, wer an Ihrer Sitzung gerade teilnimmt. In der Regel dürfte dort zunächst lediglich Ihr Name auftauchen. Doch Sie können gezielt Einladungen verschicken. Klicken Sie dazu etwas tiefer auf das Feld „Andere Benutzer einladen" (unter dem Symbol der grünen Stühle), und wählen Sie die gewünschten Personen aus Ihrer Kontaktliste aus. Angezeigt werden hier solche Kontakte aus „Personen in meiner

Umgebung", die derzeit online sind. Sie haben auch die Wahl, eine Einladung per E-Mail an solche Leute zu schicken, die gerade nicht angemeldet sind. Dazu öffnet das Programm ein neues E-Mail-Fenster in

Ihrem Mailprogramm. Alternativ besteht die Möglichkeit, eine Einladungsdatei zu erstellen. Das ist dann wie eine öffentliche Einladung, die Sie auf Ihrer Internetseite veröffentlichen können. Wenn Sie gerade mal nicht am PC sind, aber neu eintreffende Sitzungsteinehmer nicht allein lassen wollen, sollten Sie Ihren Status ändern: Klicken Sie auf Ihren Namen in der Teilnehmerliste, und wählen Sie unter „Verfügbar", „Beschäftigt", „Bin gleich zurück" oder „Abwesend". Es gehört zum guten Ton im Internet, dass man seinen Status entsprechend umstellt, wenn man sich beispielsweise gerade mal einen Kaffee kocht oder andere notwendige Dinge erledigt.

Teile Ihres PCs freigeben

Nun zeigt sich der Vorteil von „Windows-Teamarbeit" gegenüber einer herkömmlichen Telefonkonferenz: Sie können Ihren Desktop oder aber einzelne Fenster auf Ihrem PC für die Sitzungsteilnehmer freigeben. So kann sich beispielsweise der Schriftführer Ihres Gesangsvereins Ihre Excel-Tabelle der Mitgliedsbeiträge auf Ihrem Computer ansehen – ohne dass er selbst das entsprechende Programm (in diesem Fall Excel) auf seinem eigenen PC installiert haben muss. Sie müssen dazu lediglich das entsprechende Programm gestartet haben. Die Freigabe erfolgt über das Leinwandsymbol auf der linken Seite. Klicken Sie darauf und bestätigen Sie die Sicherheitswarnung. Im folgenden Fenster zeigt Ihnen „Windows-Teamarbeit" an, welche Fenster derzeit geöffnet sind und somit freigegeben werden können. Wählen Sie das entsprechende Fenster aus – doch Vorsicht: Zugriff haben die Konferenzteilnehmer auf das gesamte ausgewählte Programm, nicht nur auf das einzelne in einem Fenster geöffnete Dokument. Haben Sie beispielsweise auch die Excel-tabelle Ihres Haushaltsbuches geöffnet, so wird auch diese für andere sichtbar.

Sie haben auch die Möglichkeit, den gesamten Desktop freizugeben – das sollten Sie jedoch nur in Ausnahmefällen tun. Denn dann hätten die Sitzungsteilnehmer Zugriff auf sämtliche von Ihnen geöffneten Programme. Das kann mitunter mehr sein, als man anderen zeigen möchte.

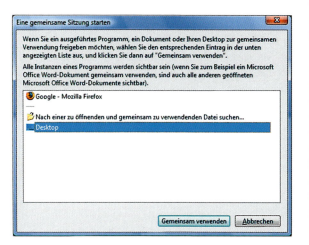

Wenn Sie Ihre Auswahl getroffen haben, klicken Sie auf „Präsentieren". Nun wechselt das Programm in das ausgewählte Fenster – wobei der Bildschirm kurz aufflackern kann. Das bedeutet, auch die anderen Sitzungsteilnehmer können nun dieses Fenster sehen. Am oberen Bildschirmrand erscheint bei Ihnen eine Leiste mit dem Hinweis in der Mitte „Sie nehmen an einer gemeinsamen Verwendung teil". Rechts daneben gibt es einige wichtige Funktionen:

- Zunächst die Stopptaste – damit beenden Sie die gemeinsame Verwendung des Fensters.

- Mit der Pause-Taste können Sie die gemeinsame Sitzung anhalten. Bei den Teilnehmern „friert" dann der Bildschirm ein.

- Das Bildschirmsymbol daneben zeigt Ihnen in einem Fenster exakt die Ansicht, die auch die anderen Teilnehmer von Ihrem freigegebenen Fenster sehen.

- Zudem können Sie anderen die Steuerung über dieses Fenster übergeben. Dazu klicken Sie in der oberen Leiste auf „Steuerung  übergeben". Um dies zu beenden, klicken Sie auf „Steuerung übernehmen". Diese Möglichkeit bleibt Ihnen als Einladender jederzeit, auch wenn Sie jemand anderem die Oberhand übertragen haben.

Dokumente übermitteln

Neben der gemeinsamen Arbeit an einem Bildschirm können Sie auch nebenbei Dateien an die Teilnehmer Ihrer Sitzung übermitteln – etwa die Präsentation, die Sie sich gerade gemeinsam angesehen haben oder ergänzende Unterlagen. Dazu klicken Sie im Hauptfenster von „Windows-Teamarbeit" rechts unten auf „Einen Handzettel hinzufügen". Im nun folgenden Fenster können Sie in aller Ruhe die entsprechende Datei (oder mehrere) auswählen. Diese Dokumente werden anschließend an jener Stelle des Hauptfensters aufgelistet, an der zuvor noch das Symbol mit den Handzetteln prangte. Diese Liste erscheint bei allen Teilnehmern auf dem Bildschirm – und das Schöne ist: Alle Teilnehmer können die entsprechenden Dokumente ändern, wenn auch nicht gleichzeitig. Die Änderungen werden dann wiederum an jeden einzelnen Teilnehmer übertragen. Doch keine Angst: Bei Ihnen ändert sich nur eine Kopie des Dokuments. Das Original bleibt unangetastet.

Die Sitzung beenden

Der Letzte macht das Licht aus: Klicken Sie für den Abschluss Ihrer Sitzung in der Menüleiste des Hauptfensters auf „Meeting" > „Meeting verlassen" oder „Beenden". Damit verlassen Sie die Verbindung und können im Anschluss auch das Anmeldefenster von „Windows-Teamarbeit" wegklicken. Aber Achtung: Sie sind dann noch bei „Personen in meiner Umgebung" angemeldet. Das merken Sie an dem kleinen grünen Männchen rechts unten in der Taskleiste. Um dies ebenfalls zu beenden (was Sie tun sollten, wenn Sie keinen Bedarf mehr an Teamarbeit haben), klicken Sie mit der rechten Maustaste auf das Männchen und wählen „Beenden". Die Sitzung ist geschlossen.
Tipp: Wenn Sie gemeinsam mit anderen an einem Word- oder Excel-Dokument arbeiten möchten, bietet sich alternativ der Dienst „Google Docs" an. Unter http://docs.google.com (englisch) können mehrere gleichzeitig an einem Text arbeiten. Die Ergebnisse lassen sich als Word-, Open-Office- und PDF-Dateien speichern. So ist dieses Buch entstanden.

20. Chatten, quatschen, videofonieren: So nutzen Sie den Live Messenger

Für viele Internetnutzer gehört ein sogenannter Instant Messenger zum Alltag – egal ob Yahoo, AOL, ICQ oder eben der Live Messenger von Microsoft (früher MSN Messenger). Mit diesen kleinen Kommunikationswundern können Sie mit Freunden online chatten, von PC zu PC telefonieren (sofern Sie über entsprechendes Audiozubehör verfügen), eine Videounterhaltung starten (sofern Sie eine Webcam besitzen), gemeinsam spielen und inzwischen sogar Kurzmitteilungen aufs Handy verschicken (gegen Gebühr). Einzige Bedingung: Sie müssen sich bei einem Dienst registrieren. Das geht jedoch in der Regel sehr schnell und ist kostenlos.

ctticon

Sobald Sie online sind, sehen Sie, ob einer Ihrer zuvor gespeicherten Freunde ebenfalls gerade im Netz unterwegs ist. Und diese können das von Ihnen auch sehen. Für welchen Messenger man sich entscheidet, hängt im Wesentlichen davon ab, welchen die Leute nutzen, mit denen man sich gern unterhalten möchte. Der Windows Live Messenger ist kompatibel zum Yahoo-Messenger – Sie können darüber also mit Nutzern beider Portale kommunizieren. Wenn Sie aber auch Freunde haben, die beispielsweise den Instant Messenger von AOL nutzen oder den

Klassiker ICQ, dann sollten Sie ein Kombiprogramm in Erwägung ziehen: beispielsweise Trillian (www.trillian-messenger.de), Miranda (www.miranda-im.org) oder Gaim (http://gaim.sourceforge.net). Die

sind allesamt kostenlos im Internet erhältlich und ermöglichen es, parallel mit Nutzern unterschiedlicher Instant Messenger zu kommunizieren. Sie müssen sich dann nur selbst bei den jeweiligen Diensten anmelden.

Der Windows Live Messenger ist eines der beliebtesten Messenger-Programme – wohl auch, weil es unter Windows XP vorinstalliert war und Windows Vista im Begrüßungscenter (Start > Systemsteuerung > System und Wartung > Erste Schritte mit Windows) immerhin einen prominenten Link auf die Downloadseite im Internet anzeigt. Die Seite finden Sie im Netz unter http://get.live.com/messenger/overview oder (mit ein bisschen weiterklicken) über die MSN-Startseite http://de.msn.com/.

Messenger einrichten

Nach der Installation des Live Messengers und dem Programmstart müssen Sie sich zunächst anmelden. Falls Sie bereits beim Internetdienst Windows Live (früher MSN) registriert sind, dann geben Sie im Startfenster jene E-Mail-Adresse an, über die sie sich auch bislang dort

angemeldet haben, ebenso das dazugehörige Kennwort. Sind sie noch nicht registriert, dann melden Sie sich zunächst an. Dazu klicken Sie auf den Link „Ein neues Konto erstellen" ganz unten im Fenster. Nun öffnet Ihr Browser die Anmeldeseite von Windows Live, auf der Sie sich eine E-Mail-Adresse als Zugang zum Live-Service aussuchen können sowie ein Kennwort und außerdem einige wenige persönliche Daten eingeben sollen. Dazu muss natürlich, wie im Übrigen auch beim Aufbau einer Messenger-, eine Internetverbindung bestehen. Wenn alles geklappt hat, können Sie sich nun gleich mit ihrer soeben registrierten E-Mail-Adresse und Ihrem neuen Kennwort im Live Messenger anmelden.

Kontakte hinzufügen

Sie sehen nun das Hauptfenster des Windows Live Messengers. Sollten Sie sich das erste Mal eingeloggt haben, dürfte die Kontaktliste noch

leer sein. Sofern Sie jemanden kennen, der ebenfalls bei Windows Live oder aber beim Yahoo!Messenger angemeldet ist, können Sie ihn hinzufügen. Sobald dieser Ihre Einladung bestätigt, werden Sie künftig sehen, ob die betreffende Person online ist. Wählen Sie dazu in der Menüleiste „Kontakte" > „Kontakt hinzufügen" und geben die entsprechende E-Mail-Adresse ein. Wenn Sie mal von jemandem in dessen Liste aufgenommen werden, wird sich bei Ihnen ein Fenster mit dem entsprechenden Hinweis öffnen. Dann können Sie entweder erlauben, dass derjenige Ihren Onlinestatus sieht oder aber diese Person blockieren. Erlauben sollten Sie dies nur solchen Leuten, die Sie auch wirklich kennen.

Audio- und Videozubehör einrichten

Wie viele andere Instant Messenger können Sie inzwischen auch mit dem Windows Live Messenger in Bild und Ton chatten. Dazu benötigen Sie eine Webcam für die Videoübertragung und für die Tonübertragung Kopfhörer oder Lautsprecher und Mikrofon oder aber ein Headset für eine Kombination aus beidem. Das entsprechende Audiozubehör müssen Sie dann noch im Programm einstellen unter Extras > Audio- und Video-Setup. Sie werden dann aufgefordert, andere Programme zu schließen, die ebenfalls auf dieses Zubehör zugreifen. Im nächsten Feld können Sie Ihren Audioausgang (also beispielsweise den Lautsprecher) einrichten. Klicken Sie auf „Sound abspielen", um die Lautstärke (rechter Regler) zu justieren. Im nächsten Feld geht es dann um das Mikrofon. Wählen Sie es im oberen Feld aus, und stellen Sie ebenfalls mit dem Regler auf der rechten Seite des Fensters die Aufnahmelautstärke ein. Als Letztes können Sie Ihre Webcam justieren. Im entsprechenden Fenster wählen Sie zunächst Ihre Webcam aus. Sie sehen dann im unteren Feld das Bild, das

das Gerät momentan aufnimmt. Mit einem Klick auf das Feld „Optionen" haben Sie die Möglichkeit, Feineinstellungen vorzunehmen, also etwa Helligkeit und Kontrast zu regulieren. Dies können Sie auch später noch jederzeit unter dem Menüpunkt Extras > Webcam-Einstellungen korrigieren.

Chatten nennt man im Internet das Unterhalten per Tastatur. Wenn Sie sich also mit einem Ihrer Kontakte auf diese Weise unterhalten möchten, doppelklicken Sie den entsprechenden Kontakt einfach in Ihrer Liste. Es öffnet sich ein Chatfenster, und Sie können die Unterhaltung beginnen, sofern der Kontakt ebenfalls online ist. Einfache Smileys wandelt der Live Messenger dabei in hübsche kleine gelbe grafische Smileys um. Emoticons nennt man diese Gesichter, die Emotionen ausdrücken sollen. Sie können Sie auch per Maus auswählen, indem Sie den linken Smiley oberhalb des Chatfensters anklicken.

Wenn Sie eine Webcam angeschlossen haben, können Sie sich Ihrem Chatpartner auch zeigen: Klicken Sie dazu rechts

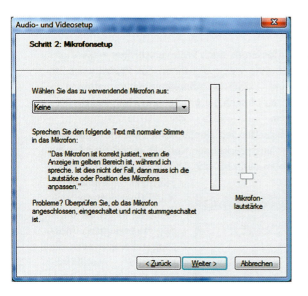

unterhalb Ihres eigenen Anzeigebildes auf die kleine Kamera. Es öffnet sich ein Menü, in dem Sie die Kamera ein- und ausschalten können. Alternativ können Sie eine Videoverbindung auch über das Menü starten: Aktionen > Video > Webcam-Übertragung starten. Im dann folgenden Fenster können Sie die Person auswählen, der Sie sich per Webcam zeigen möchten. Sofern Sie über Audiozubehör (Lautsprecher, Kopfhörer) verfügen, können Sie Ihren Chatpartner nun auch hören. Und er Sie auch, falls Sie ein Mikrofon oder Headset angeschlossen haben.

Messenger im Vordergrund des Bildschirms vor anderen Fenstern belassen:

Wählen Sie in der Menüleiste Extras > Immer im Vordergrund. Um dies rückgängig zu machen, wiederholen Sie diesen Schritt einfach.

Status ändern

Sie können Leuten, die Sie als Kontakt gespeichert haben, einen Status anzeigen. Normalerweise sind Sie als „Online" markiert, sobald Sie sich beim Messenger einloggen. Mit einem Klick auf Ihre E-Mail-Adresse im Hauptfenster (unterhalb der Menüleiste) können Sie sich aber auch als „Abwesend" markieren oder als „Beschäftigt". Sehr praktisch kann mitunter die Funktion „Als offline anzeigen" sein: Dann werden Sie als nicht online angezeigt, können aber in Ihrer Kontaktliste dennoch sehen, wenn einer Ihrer Kontakte online geht. Wenn derjenige jedoch ebenfalls auf „Offline" steht, werden Sie vermutlich nie ein Gespräch beginnen. Man sollte diesen Status also durchaus sparsam verwenden, sonst kann man sich den Messenger im Grunde auch gleich sparen.

SMS verschicken

Sie können mit dem Live Messenger auch SMS verschicken – allerdings kostet dieser Service Geld. Wie viel, zeigt Ihnen das Programm beim Klick auf den Menüpunkt Extras > Abrechnungsinformationen > Messenger SMS. Verschicken können Sie in alle deutschen Handynetze sowie in einige ausländische.

Fügen Sie zunächst dem betreffenden Kontakt eine Mobilfunknummer hinzu: Klicken Sie dazu den entsprechenden Kontakt an, drücken Sie die rechte Maustaste und wählen dann im sich öffnenden Menü den Punkt

„Kontakt bearbeiten". Nun öffnet sich die Visitenkarte, in der Sie unter der angezeigten Messenger-Adresse auch die passende Mobilfunknummer eingeben können. Bestätigen – fertig.

Um ihre SMS nun zu verfassen, klicken Sie in der Kontaktliste im Hauptfenster mit der rechten Maustaste den entsprechenden „mobilen Kontakt" an, an den Sie die Nachricht senden wollen. Wählen Sie „Nachricht an ein mobiles Gerät senden", und geben Sie Ihre Nachricht ein. Zum Senden einfach auf das Feld „Senden" klicken.

Möchten Sie bei Ihren SMS über den Messenger als Absender beispielsweise Ihre eigene Handynummer hinterlassen, können Sie dies unter dem Menüpunkt Extras > Optionen > Telefon einstellen.

Einen Kontakt per Messenger anrufen

Sofern Sie über Audiozubehör verfügen, können Sie Ihre Kontakte auch über das Internet kostenlos anrufen – vorausgesetzt Ihre Gesprächspartner besitzen ebenfalls Lautsprecher und Mikrofon oder ein Headset. Das können Sie entweder im Rahmen eines normalen Chats (siehe oben) oder direkt über die Menüleiste unter Aktionen > Einen Kontakt am Computer anrufen. Im folgenden Feld werden jene Personen aus Ihrer

Liste angezeigt, die gerade online sind und ihr Audiozubehör eingerichtet haben, die also angerufen werden können. Klicken Sie den entsprechenden Eintrag doppelt an, und die Verbindung wird aufgebaut.

Gemeinsam spielen oder auf ein Programm zugreifen

Unter dem Menüpunkt Aktionen > Spiel starten können Sie mit einem Ihrer Kontakte gemeinsam auf ein Spiel zugreifen. Oder Sie klicken unter Aktionen > „Programm starten" auf ein anderes Programm. Das Prinzip ist dasselbe wie mein Anruf: Es öffnet sich ein Fenster, in dem alle Kontakte angezeigt werden, die derzeit online erreichbar sind. Doppelklick auf den entsprechenden Eintrag und loslegen.

IV. PC ALS MEDIENZENTRALE: SO ORGANISIERT VISTA BILDER, VIDEOS, MUSIK, TV UND DAS HANDY

21. Windows-Fotogalerie: So sortieren Sie mit Vista Bilder und Videos

Die Windows-Fotogalerie steht in sämtlichen Vista-Versionen, der Windows DVD Maker nur in den Vista-Editionen Home Premium und Ultimate zur Verfügung.

Bilder

Digitale Fotos sind eine feine Sache. Sie lassen sich simpel per E-Mail verschicken, ohne Papiermüll zuschneiden, in Galerien veröffentlichen, auf CD oder DVD brennen, ausdrucken oder von einem Profi-Bilder-Service per Internet als Hochglanzpapierfoto bestellen. Die Kehrseite digitaler Fotos ist jedoch ihre Massenhaftigkeit. Weil es immer einfacher und billiger wird, auf digitalen Kameras Fotos zu machen und sie in den Computer zu importieren, macht man dann schnell von einem Motiv mehrere Schnappschüsse – eines davon wird schon gut sein. In der Folge leidet die Übersicht. Wer von einem Kinderfest 150 Fotos auf die Festplatte importiert hat, tut gut daran, gnadenlos auszusortieren, sprich: zu löschen. Sonst müllt der Computer zusehends zu, und es bereitet keine Freude mehr, in den zahllosen, einander ähnelnden Aufnahmen zu stöbern.

Windows bot bisher nur rudimentäre Hilfen für diesen nowendigen Schritt des Aussortierens. In Windows Vista hat Microsoft nun das Programm Windows-Fotogalerie eingebaut. Es dürfte manchem Anbieter von Hilfssoftware zur Bilderverwaltung das Geschäft vermiesen. Denn mit der Windows-Fotogalerie bekommt man einen vorzüglich sortierten Überblick über die eigenen Fotos – und auch auch über private Videos.

Das Programm Windows-Fotogalerie ähnelt dabei dem normalen Windows-Explorer zur Erkundung von Dateien auf den Festplatten. Der Unterschied besteht in der intelligenten grafischen Auf-bereitung der Dateien. Fotogalerie beschränkt sich auf die Bilder und Videos in den eigenen Bilder- und Vi-deos-Verzeichnissen sowie auf die Ordner „Öffentliche Bilder" und „Öffentliche Videos" – das sind jene Datei-verzeichnisse, die Vista automatisch für Sie angelegt hat, und die nicht nur Ihnen, sondern auch anderen be-rechtigten Nutzern Ihres PCs oder Ihres Hausnetzes zur Verfügung stehen. Familienbilder legen Sie am besten in diesem Verzeichnis „Öffentliche Bilder" ab – dann

02.02.2007 13:37

können auch andere Nutzer Ihres PCs bequem darauf zugreifen, die Sammlung ergänzen und Bilder aussortieren.

Das Fotogalerie-Programm sortiert die vorgefundenen Bilder und Vi-deos neu. In der linken Spalte des Programms finden Sie Sortierungen nach „Zuletzt importiert", Beschriftungen, Aufnahmedatum, Bewertun-gen und erst ganz zum Schluss eine weitere Sortierung nach den von Ih-nen angelegten Ordnern.

- **Alle Bilder und Videos:** Die Vorschau sortiert sämtliche Auf-nahmen in zeitlicher Reihenfolge. Nützlich ist das Lupensymbol am Fuß des Fensters: Damit können Sie die Bilder stufenlos größer zoomen. Außerdem können Sie eine Diaschau starten und einzelne Bilder um 90 Grad drehen. Die Bilder werden in Jahr-gänge einsortiert – und einzelne Jahrgänge können Sie mit dem Dreieck rechts außen ein- oder ausklappen. Wenn Ihnen dieses Anzeigeverhalten missfällt, können Sie über das Ansichten-Sym-bol weit rechts neben „Alle Bilder und Videos" (das sind die vier Miniquadrate links vom „Suchen"-Feld) andere Darstellungen und Gruppierungen wählen – zum Beispiel mit ausführlicherem Text oder als Kacheln mitsamt Bewertung, Dateigröße und Bild-titel. Dier Gruppierung nach Jahrgängen ist nur eine von vielen Möglichkeiten: Einstellbar sind zum Beispiel Gruppierungen nach Monaten, Dateigröße, Bildgröße, Dateitypen, Bewertun-gen, Beschriftung und und und. Auch die Sortierung innerhalb der Gruppierungen ist entsprechend veränderbar.

- **Zuletzt importiert:** Sobald Sie eine Digitalkamera anschließen, wird Windows Vista anbieten, die Dateien von der Kamera auf die Festplatte an einen gewünschten Speicherort zu überspielen. Vista erkennt Ihren Fotoapparat entweder sofort als Fotogerät oder als „Wechseldatenträger" und wird in einem Fenster „Bilder importieren" anbieten. Der Assistent berücksichtigt dabei nur jene Bilder, die Sie bisher noch nicht importiert hatten – das ist ein wesentlicher Vorteil gegenüber der bisher meist üblichen Praxis.

• **Beschriftungen:** Sie können neuerdings jedes Bild bereits beim Import von der Kamera, aber auch nachträglich mit Stichworten versehen – und einzelne Bilder auch mehreren Stichworten zuordnen. Wir sprechen hierbei bewusst von „Stichworten", nicht von „Stichwörtern" (also einzelnen Wörtern). Ein „Stichwort" kann auch aus mehreren Wörtern bestehen. Haben Sie beispiels-

weise eine Serie von Bildern aus einem Urlaub in Neuseeland, wäre „2007 Urlaub Neuseeland" ein gutes einzelnes Stichwort. Zeigen einzelne Bilder davon ihre Reisebegleitung, bietet sich eine zusätzliche Beschriftung dieser einzelnen Fotos mit dem Namen ihrer Begleitung an. Vorteil: Sie können sich später, sofern Sie alle Ihre Fotos mit sinnvollen Stichworten versehen haben, über Verzeichnisse und Dateinamen hinweg eine Serie der passenden Bilder anzeigen lassen.

Wenn Sie sich einmal die Mühe machen, sämtliche Bilder ordentlich zu verschlagworten, werden Sie später schneller und leichter Bilder zu einzelnen Suchworten wiederfinden. Wenn Sie etwa eine Serie von Bildern einer Hochzeit importieren, sollten Sie eine möglichst aussagekräftige Beschriftung vorsehen: „Hochzeit 2007 Februar Anna Tom Müller Familie Herrenhausen Hannover" wäre vielleicht eine solche – also eine Folge von Ereignisbeschreibung, Jahreszahl, Monat, Namen, Kategorie der Abgebildeten und dem Aufnahmeort. Der Vorteil dieser zunächst aufwendig erscheinenden Vergabe wird sich später erschließen: Eine Suche nach „Anna" bringt unter anderem auch die Bilder dieser Hochzeit zutage, und wenn Sie später einmal nach Bildern aus Herrenhausen suchen, ebenso. Einzelnen Bildern können Sie mit Hilfe der gedrückten Strg-Taste auch mehrere Beschriftungen hinzufügen.

- **Aufnahmedatum:** Windows-Fotogalerie sortiert die Bilder zusätzlich anhand des Aufnahmedatums. Das ist nicht zu verwechseln mit dem Datum des Abspeicherns auf der Festplatte. Jeder moderne digitale Fotoapparat sichert mittlerweile in der einzelnen Bilddatei zahlreiche weitere Informationen mit – so auch das Aufnahmedatum. Sie können sich diese Informationen einmal mit einem Rechtsklick auf ein Bild und der Auswahl des Menüpunktes „Eigenschaften" aufrufen. Im Registerreiter „Details" finden sich unter anderem Informationen über den Kamerahersteller, die Blendenzahl, die Brennweite und die Stichworte (Vista nennt das an dieser Stelle der Software leider etwas anders: „Markierungen"). Vorteil: Auf einen Blick bekommen Sie die Bilder eines Jahres, Monats oder Tages aus der Vergangenheit angezeigt.

- **Bewertungen:** Mit Hilfe von 0 bis 5 Sternen können Sie einzelne Bilder bewerten. „Kein Stern" bedeutet dabei „noch nicht bewertet". Klicken Sie dazu in der Windows-Fotogalerie einfach ein Bild an und anschließend auf die gewünschte Sterneanzahl, von links gezählt. Später können Sie im Menü links auswählen, dass beispielsweise nur Bilder mit fünf Sternen über alle Verzeichnisse hinweg angezeigt werden sollen.

- **Ordner:** Diese Sichtweise eröffnet eine vom Windows Explorer bekannte Ansicht auf die einzelnen Dateien. Sie beschränkt sich auf Dateien in den Ordnern „Bilder", Videos, öffentliche Bilder und öffentliche Videos. Mit einem Rechtsklick auf „Ordner" können Sie dieser Ansicht weitere Verzeichnisse hinzufügen: „Ordner der Galerie hinzufügen…" eröffnet die Möglichkeit, ein zusätzliches Speicherverzeichnis an dieser Stelle darzustellen.

Das Menü am Kopf von Windows-Fotogalerie bietet umfangreiche Möglichkeiten zur Weiterverarbeitung der Bilder. Die wichtigsten:

- **Menü Datei:** Neben Funktionen zum Löschen und Umbenennen einzelner Dateien können Sie von hier aus über den Menüpunkt „Bildschirmschonereinstellungen" zum Bildschirmschoner wechseln, um beispielsweise Ihre privaten Bilder im zufälligen Rhythmus auf dem Monitor anzeigen zu lassen, wenn Sie ihn gerade nicht benutzen. „An Geräte freigeben…" bedeutet, dass Sie die Bilder- und Videoordner für andere Geräte in Ihrem Hausnetz freischalten können – vorausgesetzt, die Computer sind miteinander vernetzt. Auch eine Xbox 360 kann dabei als Empfänger

eingestellt werden, sofern diese Spielkonsole ans Hausnetz angeschlossen ist. Eine interessante Einstellung zeigt Datei > Optionen: Dort ist festgelegt, was beim Bearbeiten von Fotos geschehen soll. Windows Vista speichert als Voreinstellung immer eine Kopie des Originals ab. So können Sie nach Herzenslust Bilder manipulieren und haben dennoch immer das Original in der Hinterhand. Das kostet auf Dauer natürlich Speicherplatz. Wenn Sie die Originaldateien automatisch löschen wollen, können Sie dafür einen Zeitpunkt festlegen – beispielsweise „einen Monat" nach dem Zeitpunkt der Bearbeitung (Datei > Optionen > Registerreiter Allgemein > Ori-

ginalbilder > Originale in den Paperkorb verschieben nach: > Einem Monat. Im Registerreiter Importieren können Sie zudem klarstellen, wie und wohin Bilder von der Kamera, von CD oder DVD oder von einem Scanner auf den Computer geladen werden sollen – und ob sie anschließend von der Kamera gelöscht werden sollen. Vista ist so in der Lage, beim Importieren ein sinnvoll bezeichnetes Verzeichnis für die neuen Bilder anzulegen, zum Beispiel „2007-02-02 Himalaya". Dieses Datum kann der Tag des Importierens sein, per Voreinstellung aber auch das Aufnahmedatum oder ein Zeitraum zwischen zwei Aufnahmedaten.

- **Reparieren:** Die notwendigsten Schritte für eine einfache Bildbearbeitung liegen hinter diesem Menüpunkt. Einfach ein Bild

oder (mit gedrückter Strg-Taste) mehrere Bilder markieren, schon können Sie die Farbgebung automatisch anpassen lassen, die Belichtung heller oder dunkler einstellen, den Kontrast erhöhen oder verringern, die Farbtemperatur, den Farbton und die Sättigung des Fotos justieren.

Auch ein geänderter Bildausschnitt ist möglich, und wenn beim Blitzen mit der Digitalkamera hässliche rote Augen entstanden sind, können Sie dies nachträglich korrigieren. Keine Sorge vor ungewollten Veränderungen: Unten rechts bietet Ihnen die Soft

ware an, den letzten Bearbeitungsschritt rückgängig zu machen – und sogar weitere frühere Bearbeitungsschritte zurückzunehmen.

An dieser Stelle haben Sie zudem die Möglichkeit, die Originalaufnahme wiederherzustellen. Vorausgesetzt, Sie haben diese Option eingeschaltet gelassen (siehe vorangeganger Punkt „Menü Datei").

„Speichern" bietet Ihnen das Programm nun nicht mehr an – gehen Sie einfach über den Pfeil oben links zurück zur Galerie, die Änderungen sind automatisch übernommen. Die einzelnen Bear beitungsschritte können Sie nach der Rückkehr zur Galerieansicht dann allerdings nicht mehr rückgängig machen – sondern höchstens noch das Original wiederherstellen.

- **Info:** Sie erhalten rechts neben dem Bild die wichtigsten Informationen über das Bild eingeblendet – Dateiname, Aufnahmedatum, Dateigröße, Pixelgröße, eine einfach anklickbare Bewertung mittels Sternen sowie die Möglichkeit der Beschriftung. Übrigens sind in jedem Bild noch mehr Informationen hinterlegt. Mit einem Rechtsklick auf das Bild und der Auswahl von „Eigenschaften" erhalten Sie weitere Details, etwa zur verwendeten Kamera und zur Brennweite. Einige dieser Informationen können Sie im Eigenschaften-Fenster auch ändern – zum Beispiel wenn das Aufnahmedatum falsch ist oder Sie einen Copyright-Vermerk hinterlegen wollen. Ausgewertet wird ein Teil dieser Informationen bei der Suchenfunktion von Windows Vista.

- **Drucken:** Dieses Menü bringt Ihre Bilder nicht nur auf dem heimischen Drucker zu Papier. Angeschlossen sind mehrere professionelle Fotolabore – zum Beispiel Foto Quelle, MediaMarkt und Saturn sowie Schlecker und dm. Markieren Sie in der Galerie die gewünschten Bilder, wählen Sie über Drucken > „Abzüge bestellen ..." den Fotodruckdienst Ihrer, Wahl und registrieren Sie sich anschließend mit Ihren Adressdaten bei diesem Fotodruckdienst. Dabei vergeben Sie sich selbst ein Kennwort und eine selbst ausgedachte Sicherheitsfrage (beispielsweise „Wie lautet der Geburtsort von Onkel Hans?"),

für den Fall, dass Sie dieses Kennwort vergessen. Danach wählen Sie das gewünschte Format für jedes Foto, die Anzahl der Abzüge je Aufnahme und eventuell die Händlerfiliale, in der Sie Ihre Fotos später abholen möchten. Manche Dienste bieten auch den Versand per Post an.

Die Drucken-Funktion für den heimischen Drucker ist übrigens ebenfalls mit deutlich mehr Intelligenz ausgestattet als in früheren Druckverfahren von Windows. So bietet Ihnen Vista an, die Aufnahmen sinnvoll auf einer DIN-A4-Seite zu verteilen. Das senkt den Papierverbrauch.

- **E-Mail:** Wenn Sie eine Auswahl von Bildern per E-Mail verschicken möchten, bietet Ihnen Vista unter diesem Menüpunkt an, die Aufnahmen zu verkleinern. So verschicken Sie keine Megabyte an Daten, sondern handliche Kilobyte-Pakete. Nützlich wäre hier indes noch eine Zip-Funktion, die aber leider fehlt.

- **Brennen:** Große Bildermengen brennen Sie über diesen Menüpunkt auf CD oder DVD. Markieren Sie die gewünschten Bilder, wählen Sie Brennen > Daten-CD, und vergeben Sie einen Titel für die CD. Unter „Formatierungsoptionen" können Sie die CD so brennen, dass Sie auch später noch Bilder hinzufügen können („Livedateisystem" genannt). Alternativ können Sie hier den Modus „Mastered" wählen – dann wird die CD in einem Rutsch erstellt und ist nach dem einmaligen Brennvorgang nicht mehr ergänzbar. Auch eine Daten-DVD können Sie über Brennen > Daten-CD brennen – der Menüpunkt müsste an dieser Stelle eigentlich Brennen > „Daten-CD/-DVD" heißen. Als Ergebnis erhalten Sie eine Speicherscheibe, auf der die Dateien wie in einem Archiv abgespeichert sind. Im Gegensatz dazu steht das Menü Brennen > Video-DVD: Dann überträgt Vista die ausgewählten Bilder in das Programm „Windows DVD Maker". Damit erstellen Sie eine abspielbare DVD, die nicht nur am Computer, sondern auch in einem DVD-Spieler am Fernseher laufen sollte und dort ein nach Ihrem Geschmack gestaltetes Abspielmenü anzeigt. Sogar eine Mischung aus einfacher Diaschau mitsamt hinterlegter Musik und digitalen Videos ist auf diese Weise möglich (siehe Kapitel 22, Seite 153).

- **Film erstellen:** Die eben genannten Möglichkeiten zum Brennen von CD oder DVD lassen sich mit diesem Menüpunkt noch stark verfeinern. Ihre markierten Bilder und Videos überführt „Film erstellen" in das Programm Windows Movie Maker. Das ist ein kleines, feines Filmstudio, in dem Sie Ihre Bilder und Videos schneiden und zusammenführen können. Mehr dazu in Kapitel 22, Seite 153.

- Öffnen: bietet die Möglichkeit, ausgewählte Bilder und Videos an andere Programme zu überführen.

Mit Windows Vista können Sie übrigens auch Bildschirmfotos machen: Das sind Aufnahmen von Ihrem Computerbildschirm, wie sie auch in diesem Buch zur Illustration vorkommen. Über Start > Alle Programme > Zubehör > „Snipping Tool" starten Sie das entsprechende Programm. Damit können Sie einzelne Fenster, rechteckige Bereiche oder auch freihändig mit der Maus umschlossene Teile des Monitorbildes als Datei abspeichern. Nützlich kann das sein, wenn Sie einen Fehler in einem Programm dokumentieren wollen. Die dabei stets entstehende rote Umrahmung können Sie im Snipping Tool über Extras > Optionen ausschalten. Als Speicherformate sind JPEG, PNG, GIF möglich sowie ein spezielles Format MHT, das im Webbrowser Internet Explorer angezeigt werden kann.

Alternativen

Neben Windows-Fotogalerie gibt es eine Reihe weiterer nützlicher Programme für die Bildverwaltung – viele davon kostenlos, wie beispielsweise Picasa von Google. Die Software ermöglicht ebenfalls eine komfortable Archivierung Ihrer Bilder auf der Festplatte und bietet zudem die Möglichkeit, jede neu abgespeicherte Aufnahme automatisch in die Datenbank einzufügen. Per Menüpunkten kann man sich zudem online Papierabzüge bestellen, einen Bildschirmhintergrund aus einem Motiv einrichten, ein Poster ausdrucken und vieles mehr. Äußerst praktisch ist auch die Anbindung ans Internet: Als Google-Software bietet Picasa die Möglichkeit, Aufnahmen aus dem Programm heraus in ein Weblog der Google-eigenen Seite Blogger (www.blogger.com) einzubinden. Außerdem können Sie sich bequem ein Webalbum einrichten: Picasa Online stellt Ihnen gratis 250 MB auf einem Internetserver zur Verfügung. So können Sie zumindest einen Teil Ihrer Aufnahmen online veröffentlichen – wahlweise für jedermann einsehbar oder aber nur für solche Freunde oder Bekannte, denen Sie zuvor ein Kennwort mitgeteilt haben. Download unter http://picasa.google.de

22. Movie Maker: So brennen Sie CDs und DVDs von Videos und Bildern

Der Movie Maker steht unter Vista Business und Enterprise nicht zur Verfügung. Unter Vista Home Basic kommt er nur mit normalauflösenden Filmen klar, nicht mit hochauflösendem (HD-)Filmmaterial.

Mit dem Windows Movie Maker bietet Vista ein leicht zu bedienendes Programm, mit dem Sie aus Ihren Videoclips einen abendfüllenden Film mit ziemlich professionellen Übergängen sowie Bild- und Toneffekten erstellen können. Dazu können Sie Filme von einer digitalen Videokamera direkt in den Movie Maker importieren. Sie können die Anwendung aber auch dazu verwenden, eine Diaschau Ihrer Fotos zu erstellen, bei der Sie die Musik punktgenau auf die Bilder abstimmen wollen.

MOVIEMK

- **Filmmaterial einlesen:** Zu Beginn müssen Sie erst einmal die gewünschten Video-, Foto- und Audiodateien importieren. Das erfolgt entweder nach Dateiformat getrennt über die Befehle in der Aufgabenleiste am linken Rand oder über den Punkt „Medien importieren" in der Symbolleiste. Letzterer hat den Vorteil,

dass Sie – sofern die Dateien alle in einem Ordner liegen – Fotos, Videos und Musikdateien in einem Arbeitsgang importieren können. Um Filme von Ihrer digitalen Videokamera zu importieren, müssen Sie das Gerät via Firewire- (auch IEEE 1394) oder USB-Verbindung an den Rechner anschließen. Sie können nur Videos von digitalen Kameras importieren, mit analogen Aufnahmegeräten funktioniert das nicht.

Schalten Sie die Kamera in den Wiedergabemodus, es öffnet sich der Videoimport-Assistent, in dem Sie „Videoimport" anklicken.

Geben Sie der Datei einen Titel, und wählen Sie in der Liste „Importieren nach" einen Speicherort aus, an dem die Datei abgelegt werden soll. In der Liste „Format" müssen Sie dann noch festlegen, ob das Video in dem Format gespeichert werden soll, dass standardmäßig von der Video-Kamera verwendet wird (etwa AVI, dazu wählen Sie die Option Audio-Video-Interleaved) oder ob es in das Windows-Media-Video-Format (WMV) umgewandert werden soll. Beim WMV-Format haben Sie zudem die Auswahl, ob das gesamte Band als eine einzelne Datei oder jede Szene als einzelner Clip importiert werden soll.

Klicken Sie dann auf „Gesamtes Band auf den Computer importieren" > Weiter > „Videoimport starten", wenn Sie alle aufgenommenen Video in einem Arbeitsgang auf den Rechner kopieren wollen. Oder Sie klicken auf „Nur Teile des Bandes auf den Computer importieren" > Weiter. Sie können dann mit den Steuerungselementen des Videoimport-Assistenten die gewünschten Szenen auswählen, indem Sie auf „Videoimport starten" klicken. Ist das Ende der gewünschten Sequenz erreicht, klicken Sie auf „Videoimport beenden".

Die importierten Mediendateien werden dann im mittleren Fenster des Movie Makers angezeigt.

• **Zeitleiste:** Um aus den einzelnen Clips einen kompletten Film zu machen, brauchen Sie die Videos nur in der gewünschten Reihenfolge auf die Zeitleiste ziehen (das ist das Fenster am unteren Rand). Diese Zeitleiste ist in mehrere Bereiche eingeteilt. Im obersten können Video- und Fotodateien abgelegt werden. Sie können die Position der Videos im Nachhinein ändern, indem Sie die Clips einfach bei gedrückter Maustaste verschieben. Sie können die Videos auch schneiden: Lassen Sie sich den auf der Zeitleiste abgelegten Film im Vorschaufenster auf der rechten Seite anzeigen. Haben Sie den Schnittpunkt erreicht, drücken Sie die

Pausetaste. Um möglichst genau zu schneiden, können Sie den Film im Pausenmodus in Einzelbildschritten vor- und zurückspulen, drehen Sie dazu einfach am Mausrad.

Haben Sie den exakten Schnittpunkt erreicht, klicken Sie im Steuerungsbereich der Vorschau auf „Teilen". Sie können dann die beiden Clipteile einzeln verschieben oder sie löschen, das geht via Rechtsklick > Entfernen. Mittels Rechtsklick > Effekte können die Filmclips noch weiter bearbeitet werden. Sie können die Videos drehen, ihnen das Aussehen eines alten Schwarz-Weiß-Films verleihen oder sie ein- beziehungsweise ausblenden.

• **Übergänge:** Zwischen den einzelnen Clips können Sie zudem Übergangseffekte einfügen. Klicken Sie dazu auf das Pluszeichen, das auf der linken Seite der Zeitleiste angezeigt wird, da-

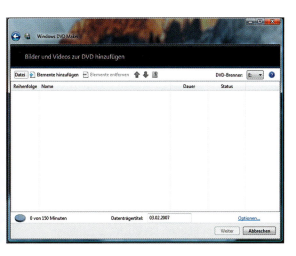

durch werden die Übergangs- und eine zusätzliche Audioleiste angezeigt. Um Übergänge zwischen den Clips einzufügen, wählen Sie in der Aufgabenleiste auf der linken Seite den Eintrag „Übergänge". Anstelle der gesammelten Mediendateien werden im mittleren Bereich des Movie Makers die unterschiedlichen Überblendeffekte ange-

zeigt. Ziehen Sie das Symbol des gewünschten Effekts einfach auf die Zeitliste. Effekte können nur zwischen den Videos platziert werden.

- **Musik oder Kommentar hinterlegen:** Unter der Übergangsleiste befindet sich eine der beiden Audiospuren. Die oberste beinhaltet den Originalton des Films. Über das Rechtsklick-Menü können Sie den Ton ein- oder ausblenden und die Lautstärke

festlegen. Wenn Sie den Film mit Musik unterlegen wollen, arbeiten Sie dazu auf der darunterliegenden zweiten Audiospur, auf der Sie Musikdateien ablegen können. Via Rechtsklick können auch diese bearbeitet werden. Sie brauchen aber nicht einen gesamten Titel ablaufen zu lassen: Bewegen Sie den Mauszeiger zum Anfang des Titels, und drücken Sie die rechte Taste. Wenn Sie die Maus nach rechts bewegen, wird der Titel am Anfang beschnitten (dasselbe klappt natürlich auch am Ende des Musikstücks). Und das Ganze funktioniert nicht nur mit Musik: Wenn Sie ein Mikrofon an Ihren Rechner angeschlossen haben, können Sie den Film auch mit einem Audiokommentar unterlegen. Der geht sehr einfach über Extras > Zeitachse mit einem Audiokommentar versehen. Ob nun Musik oder Audiokommentar: Schauen Sie sich den fertigen Film einmal an, und achten Sie darauf, ob die Lautstärke richtig eingestellt ist, also ob nicht etwa die Originalgeräusche des Film lauter sind als der Audikommentar. Die Lautstärke können Sie über das Rechtsklickmenü der beiden Audiospuren anpassen.

- **Vorspann, Abspann:** Ein richtiger Film muss natürlich auch einen professionellen Vor- und Abspann haben. Nichts leichter als das: Klicken Sie in der Aufgabenleiste auf „Titel und Nachspann". Im Folgefenster wählen Sie „Titel am Anfang" oder „Nachspann am Ende". Außerdem können Sie auch Texteinblendungen vor den einzelnen Clips einfügen. Es ist auch möglich, Texte in das Videobild einzublenden (diese platzieren Sie dann im Bereich „Titelüberblendung" der Zeitleiste). Für die Einblendungen stehen Ihnen auf der folgenden Seite zwei Eingabefenster zur Verfügung. Das obere Fenster ist für den Filmtitel oder

Überschriften vorgesehen, das darunter eignet sich für weiterführende Texte. Über „Titelanimation ändern" können Sie die optischen Effekte festlegen – der Movie Maker bietet eine große Auswahl. Im Vorschaufenster bekommen Sie sofort angezeigt, wie ihr Vor- oder Abspann aussehen wird. Zwischendurch sollten Sie übrigens über Datei > „Projekt speichern" immer mal wieder Ihre Fortschritte sichern.

- **Veröffentlichen:** Haben Sie Ihren Film geschnitten, vertont und mit jeder Menge Effekte versehen, müssen Sie ihn jetzt nur noch als Videodatei auf Ihre Festplatte bannen. Klicken Sie dazu in der Symbolleiste auf „Filmveröffentlichung". Sie müssen einen Veröffentlichungsort wählen (das geht auch direkt über die Aufgabenleiste), Movie Maker bietet etwa an, den Film per Mail zu versenden, für das Brennen auf eine DVD vorzubereiten oder einfach auf der Festplatte abzulegen. Dabei ermöglicht Movie Maker auch unter-

schiedliche Qualitätsstufen, je nachdem, ob Sie den Film auf dem Fernseher sehen wollen (dafür sollten Sie eine höhere Qualitätsstufe wählen) oder ob der Film nur für die Wiedergabe auf einem kleinen Handybildschirm oder auf einer Webseite gedacht ist.

So brennen Sie Filme auf CD und DVD

Eine rudimentäre Brennfunktion hatte bereits Windows XP an Bord. Unter Vista wird das ganze nun komfortabler – zumindest für Fotos und Videos. Ein vollwertiger Ersatz für Brennmeister wie Nero oder Win on CD ist der Windows DVD Maker von Microsoft nicht. Die Konkurrenten ermöglichen umfangreiche detaillierte Fein-

DVDMaker

einstellungen und brennen bei guter Bildqualität bis zu vier Stunden Film auf eine DVD. Der Windows DVD Maker bringt es da nur auf zweieinhalb Stunden – und ist spartanischer in der Bedienung.

- **Filmmaterial laden:** Gestartet wird der Windows DVD Maker wahlweise über Start > Alle Programme > „Windows DVD Maker" oder indem Sie einfach eine leere DVD in den Brenner einlegen und in dem sich kurz darauf öffnenden Fenster „DVD-Videodatenträger brennen mit Windows DVD Maker" anklicken. Importieren Sie als Erstes alle Videos, die auf DVD gebrannt werden sollen. Dazu klicken Sie auf die Schaltfläche „Elemente hinzufügen", die Sie im Programmfenster oben links finden. Es öffnet sich ein neues Fenster, indem sie einfach alle gewünschten Videodateien auswählen. Wollen Sie weitere Videos aus einem anderen Ordner

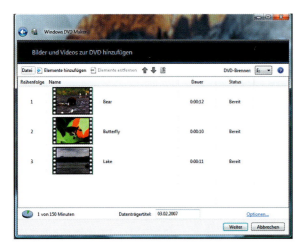

hinzufügen, wiederholen Sie den Vorgang. Windows DVD Maker blendet unten links ein kleines Tortendiagramm ein, das Auskunft über den freien Speicherplatz auf der DVD gibt. Achten Sie darauf, dass Sie nicht mehr Videos auswählen, als auf die DVD passen: Der DVD Maker verteilt die Filme nicht automatisch auf mehrere DVDs.

- **Filmmaterial sortieren:** Alle Filme beisammen? Dann können Sie die Reihenfolge der Video festlegen. Dazu markieren Sie die gewünschte Datei und verschieben diese dann mit den beiden Pfeil-Icons in der Symbolleiste nach oben oder nach unten. Sie können die Dateien aber auch einfach markieren, die Maustaste gedrückt halten und die Videos dann an den gewünschten Platz verschieben. Wenn alle Videos an der richtigen Stelle stehen, sollten Sie sich noch kurz mit den DVD-Einstellungen befassen. Klicken Sie dazu im Programmfenster des DVD Makers auf „Optionen" (direkt über den Schaltflächen „Weiter" und „Abbrechen"). Im oberen Bereich legen Sie fest, ob die DVD mit einem

Menü ausgestattet werden soll. Ist dieser Punkt aktiviert, bekommen Sie auf Ihrem Abspielgerät eine animierte Vorschau der Filme angezeigt. Das hilft nicht nur bei der Orientierung, es ist auch wirklich schick – Microsoft hat sich an dieser Stelle richtig Mühe gegeben. Wählen Sie die darunterliegende Option, wird das Video direkt nach dem Einlegen der DVD abgespielt; das Menü wird Ihnen erst angezeigt, wenn die DVD am Ende angelangt ist. Bei der dritten Einstellungsmöglichkeit indes wird gar kein Menü angezeigt, das Video wiederholt sich stattdessen in einer Endlosschleife.

- **Feineinstellungen:** Das DVD-Seitenverhältnis brauchen Sie eigentlich nur anzupassen, wenn Sie vorhaben, die Filme auf einem 16:9-Fernseher wiederzugeben. Die Videos werden dann entsprechend bearbeitet. Anderenfalls sollten Sie es einfach beim 4:3-Format belassen. Zuletzt legen Sie noch das Videoformat fest. PAL ist das in Europa übliche Format – viele DVD-Spieler kommen aber auch mit dem amerikanischen NTSC-Format zurecht. Gilt das auch für Ihren Player, haben Sie an dieser Stelle die freie Wahl. Schließlich können Sie noch die Geschwindigkeit des DVD-Brenners festlegen – dort brauchen Sie aber nur

Änderungen vorzunehmen, wenn beim Brennen der Silberlinge Probleme auftreten.

- **DVD-Menü erstellen:** Sind die Optionen angepasst, klicken Sie auf „OK" und im Hauptfenster des DVD Makers auf „Weiter". Nun können Sie festlegen, wie das Menü aussehen soll. Der DVD Maker bietet dazu in der Auswahlleiste rechts einige Menüstile an. Entscheiden Sie sich für eines davon, indem Sie es per Mausklick aktivieren. Als Nächstes können Sie über die Symbolleiste weitere Feineinstellungen ändern: Über „Menütext ändern" können Sie sicherstellen, dass die Videos auch mit dem richtigen Namen in der Vorschau zu sehen sind, außerdem besteht die Möglichkeit, die Texte der Menü-Schaltflächen anzupassen. Über „Menü anpassen" können Sie das gesamte Menü Ihren Wünschen entsprechend anpassen – es kann etwa eine Audiodatei ausgewählt werden, die im Hintergrund abgespielt werden soll.

Videos

- **Brennen:** Die Option „Vorschau" der Symbolleiste ermöglicht Ihnen, sich das Menü noch einmal in aller Ruhe anzuschauen, bevor Sie die DVD dann tatsächlich brennen – damit beginnt der DVD Maker, sobald Sie die entsprechende Schaltfläche angeklickt haben.

Erstellen Sie aus Ihren Fotos eine DVD-Diashow

Ebenso einfach, wie Sie Filme auf DVD brennen können, geht das auch

mit Fotos. Bevor Sie damit starten, sollten Sie sich aber vergewissern, dass alle zu verwendenden Fotos auch eingeordnet sind: Bei digitalen Fotos wird nicht nur der Bildinhalt gespeichert, sondern je nach Qualität der Kamera auch die Information Hoch- oder Querformat. Fehlt dieser Eintrag, wird ein Bild standardmäßig als Querformat angezeigt. Das ist beispielsweise ärgerlich, wenn das Foto den schiefen Turm von Pisa zeigt – und der nun plötzlich komplett auf der Seite liegt. Aber das lässt sich ändern:

- Öffnen Sie den Ordner, in dem Ihrer Fotos gespeichert sind und lassen Sie sich eine Kleinbildvorschau anzeigen (Symbolleiste > Ansicht > kleine bis große Symbole). Haben Sie ein falsch ausgerichtetes Bild entdeckt, führen Sie einen Rechtsklick darauf aus, und wählen Sie aus, ob das Bild im oder gegen den Uhrzeigersinn gedreht werden soll. Um mehrere Bilder in einem Arbeitsgang zu drehen, halten Sie bei der Auswahl der Fotos die Strg-Taste gedrückt.

- Sind alle Bilder in Reih und Glied gebracht, starten Sie wie im vorigen Abschnitt beschrieben den Windows DVD Maker und gehen Sie beim Hinzufügen der Dateien auf dieselbe Weise vor, wie bei Filmen beschrieben. Die Fotos werden auf der DVD alle in einem Ordner gesammelt, den Sie mit einem Doppelklick öffnen können. Wie auch bei den Filmen ändern Sie die Reihenfolge der Bilder durch verschieben oder

indem Sie die Pfeilsymbole benutzen. Haben Sie alles sortiert, klicken Sie auf „Weiter".

- Auch für die Diashow können Sie sich ein schickes Menü aussuchen und es ebenso wie bei den Filmen bearbeiten. Für Fotos steht Ihnen in der Symbolleiste aber noch die Funktion „Diashow" zur Verfügung. In diesem Bereich können Sie die Bildvorführung mit Musik unterlegen. Klicken Sie dazu auf „Musik hinzufügen" und suchen Sie auf Ihrer Festplatte nach den gewünschten Titeln. Unter dem Fenster, das die ausgewählten Titel anzeigt, können Sie festlegen, dass der DVD Maker die Bildershow an die Länge der Musik anpasst – so haben sie die gesamte Zeit Untermalung. Aber Vorsicht: Wenn die ausgewählte Musik nur fünf Minuten dauert, Sie aber 300 Fotos eingeplant haben, wird jedes Bild nur eine Sekunde lang angezeigt – das ist reich-

lich hektisch. Wenn Sie diese Option auswählen, sollten Sie also auch ausreichend Titel hinterlegen – aber auch wieder nicht zu viel, sonst werden die Bilder zu lange angezeigt. Wie viel Zeit jedes Bild zu sehen sein wird, zeigt der DVD Maker aber an, wenn die entsprechende Option ausgewählt wird. Soll die Diashow indes nicht an die Musikklänge angepasst werden, können Sie von Hand einstellen, wie lange jedes Foto zu sehen sein wird.

- Unter den Musik- und Zeiteinstellungen kann außerdem noch festgelegt werden, wie der Übergang zwischen den einzelnen Bilder aussehen soll. Der DVD Maker bietet einige Möglichkeiten zur Auswahl, vom Überblenden bis zum Seitenumblättern. Wer sich nicht entscheiden kann, stellt dort einfach „Zufällig" ein, dann wird eine bunte Mischung der unterschiedlichen Überblendeffekte benutzt. Haben Sie alle Einstellungen vorgenommen, klicken Sie auf „OK" und im Hauptfenster auf „Brennen".

23. Hier spielt die Musik! Der Windows Media Player

Der Windows Media Player steht in allen Vista-Editionen außer der speziellen Ausgaben „N" zur Verfügung. Das Windows Media Center gibt es nur in Vista Home Premium und Ultimate.

Optisch auf Hochglanz poliert und mit vielen neuen Funktionen ausgestattet, präsentiert sich der Windows Media Player 11. Erstmals können mit dem Programm jetzt auch Bilder als Filmsequenzen angezeigt werden. Im Handumdrehen wird so aus den eigenen Fotos eine schicke Diashow – bei der es bislang leider nicht möglich ist, sie auch gleich noch mit Musik zu unterlegen. Im Großen und Ganzen ist Microsoft aber ein deutlicher Schritt nach vorn gelungen: Das Programm hat sich zu einer vollwertigen Medienzentrale entwickelt, mit der sich dank der einfachen Navigation und der übersichtlichen Gliederung Fotos, Musikdateien und Videos komfortabel verwalten lassen. In gewisser Konkurrenz steht der Media Player zum Media Center: Der Media Player ist für den PC gedacht, das Media Center für einen Fernseher.

Wie unter Vista üblich ist die klassische Menüleiste verschwunden. Die Navigation erfolgt über sechs Registerkarten, die einen schnellen Wechsel zwischen den unterschiedlichen Funktionsbereichen des Programms ermöglichen. Hinter den Registerkarten verbergen sich zudem Options-

menüs, die den direkten Zugriff auf häufig benötigte Player-Einstellungen ermöglichen. Die Menüs können durch einen gezielten Klick auf den Pfeil nach unten geöffnet werden, wahlweise auch durch einen Rechtsklick oder einen Doppelklick auf die entsprechende Karte. Wer sich damit gar nicht anfreunden mag, kann aber auch zum gewohnten Erscheinungsbild zurückkehren. Klicken Sie dazu mit der rechten Maustaste auf den Rahmen des Players, und wählen Sie dann die Option „Klassische Menüs wiederherstellen". Es ist aber durchaus sinnvoll, sich mit der neuen Navigation vertraut zu machen: Schon nach kurzer Eingewöhnungszeit entpuppt sich die Steuerung als zweckmäßig. Vereinfacht wird die Navigation unter anderem durch die Schaltflächen „Vorwärts" und „Rückwärts", die bereits vom Internet Explorer oder der normalen Ordneransicht bekannt sind. Über die Pfeilsymbole kann jetzt ganz einfach in der Navigation vor- und zurückgeblättert werden. Wer sich in der Medienbibliothek zum Beispiel gerade die Detailanzeige eines Album angeschaut hat, gelangt mit einem Klick auf die „Rückwärts"-Schaltfläche wieder in den zuvor angezeigten Bereich des Media Players.

Die Medienbibliothek

Eine Menge getan hat sich in der Medienbibliothek. Fotos, Videos und Musikdateien habe jetzt jeweils eine eigene Bibliothek, was dabei hilft, auch bei einer großen Sammlung den Überblick zu behalten. Der Wechsel zwischen den einzelnen Dateitypen geht am schnellsten über das kleine Symbol, das unterhalb der Navigationspfeile erscheint. Wenn Sie

bereits in der Medienbibliothek sind (Sie erreichen sie über einen Klick auf die entsprechende Registerkarte), sehen Sie je nach Dateityp unterschiedliche Symbole. Musik etwa wird mit einer kleinen Note angezeigt. Klicken Sie auf dieses Symbol, und wählen Sie den gewünschten Dateitypen aus.

Die tristen Listen, mit denen in der Vorgängerversion die Dateien in der Medienbibliothek angezeigt wurden, gehören der Vergangenheit an: Bilder und Videos werden mit einer Thumbnail-Vorschau (also einer Kleinbildvorschau) aufgelistet, für Musikdateien sucht der Media Player im Internet nach dem passenden Albumcover. In der Genreansicht werden die einzelnen Titel zu kleinen Medienstapeln angehäuft. Das macht die Suche deutlich einfacher, ebenso wie die unterschiedlichen Sortierungen: Musikdateien können nach Interpreten angeordnet werden, aber auch nach den Titeln der Alben, der Songs oder nach den einzelnen Genres. Fotos indes werden etwa nach Schlüsselwörtern oder dem Aufnahmedatum sortiert gelistet. Wer trotzdem nicht auf Anhieb das Gewünschte findet, wird die neue Suchfunktion des Media Players sehr zu schätzen wissen. Geben Sie dazu einfach in dem Textfeld den gesuchten Song- oder Albumtitel, den Namen des Interpreten oder ein anderes Schlüsselwort ein. Schon nach den ersten Buchstaben beginnt der Media Player damit, passende Treffer anzuzeigen. Je genauer die Eingabe wird, desto mehr grenzt das Programm die Ergebnisse ein.

Mediendateien hinzufügen

Zuerst einmal müssen der Bibliothek Mediendateien hinzugefügt werden. Das geht ganz einfach – und auf Wunsch fast vollautomatisch: Der Media Player überwacht, wenn gewünscht, ausgewählte Ordner. Entdeckt er dort neue Mediendateien, werden sie automatisch der Bibliothek hinzugefügt. Um einen Ordner zu überwachen, öffnen Sie die Optionsanzeige der Registerkarte „Medienbibliothek", und wählen Sie „Zur Bibliothek hinzufügen". Wenn Sie in dem Fenster auf „Erweiterte Optionen" klicken, zeigt der Media Player an, welche Ordner aktuell überwacht werden, außerdem können Sie dort auch Ordner entfernen, deren Inhalt nicht in der Medienbibliothek angezeigt werden soll.

Es können aber auch einzelne Dateien aus der Bibliothek verbannt werden. Dazu markieren Sie die entsprechende Datei und drücken auf Ihrer

Tastatur die „Entfernen"-Taste. Der Media Player erkundigt sich dann, ob die Datei nur aus der Bibliothek oder komplett von der Festplatte gelöscht werden soll. Damit Dateien, die Sie lediglich aus der Bibliothek verbannt haben, beim nächsten Start des Media Players nicht wieder angezeigt werden, rufen Sie wie oben beschrieben den Dialog zum Hinzufügen eines weiteren überwachten Ordners auf. Entfernen Sie in den „Erweiterten Optionen" das Häkchen vor „Hinzufügen zuvor gelöschter Dateien".

Musik von CD kopieren

Mit dem Media Player können Sie auch Ihre eigenen Audio-CDs auf den Computer kopieren. Sofern eine Verbindung zum Internet besteht, sucht die Anwendung nach dem Einlegen der CD automatisch in einer Microsoft-Datenbank Informationen über Titel und Interpreten der CD. Um

Musik auf Ihren Computer zu kopieren, klicken Sie auf die Registerkarte „Vom Medium kopieren", und wählen Sie gegebenenfalls das richtige CD-Laufwerk aus. Sie sollten nun alle Titel des Silberlings angezeigt bekommen. Wenn Sie sich sofort ans Kopieren machen, landen die Dateien im Windows Media Audioformat (WMA) auf Ihrer Festplatte. Schlecht ist das nicht, denn WMA-Dateien benötigen wenig Speicherplatz und haben – je nach Qualitätseinstellung – einen recht guten Klang. Wenn Sie aber vorhaben, die kopierten Dateien auf einem MP3- oder einem DVD-Player abzuspielen, sollten Sie sich zuvor vergewissern, welche Formate Ihr Gerät unterstützt. Preisgünstige DVD-Player können mit WMA-Dateien in der Regel nichts anfangen, während das MP3-Format zum Standard gehört. Um das Format zu ändern, klicken Sie erneut auf die Registerkarte „Vom Medium kopieren", und führen Sie den Mauszeiger über den Eintrag „Format". Dort können sie zwischen unterschiedlichen Dateitypen wählen. In den Standardeinstellungen fertigt der Media Player MP3s mit einer Bitrate von 128 kBit/s (Kilobit pro Sekunde) an. Das reicht für den Hausgebrauch gemeinhin aus.

Wem der Klang nicht gut genug ist, der kann über „Vom Medium kopieren" und „Bitrate" die Qualität verbessern. Je höher die Kilobitzahl pro Sekunde, desto näher am CD-Klang ist die kopierte Datei – allerdings benötigt sie dann auch mehr Speicherplatz.

Die fertigen MP3-Dateien landen anschließend im Ordner „Eigene Musik". Möchten Sie den Speicherort ändern, rufen Sie dazu über die Registerkarte „Vom Medium kopieren" die „Erweiterten Optionen" auf, dort können Sie den Ordner festlegen. Anschließend müssen Sie nur die Titel auswählen, die kopiert werden sollen. Dazu setzen Sie entweder einzeln vor jedes gewünschte Lied ein Häkchen. Wenn die komplette CD kopiert werden soll, setzen Sie im Listenbereich einfach ein Häkchen hinter der Anzeige „Album". Dann brauchen Sie nur noch auf „Kopieren starten" zu klicken.

Das Album erscheint anschließend in Ihrer Medienbibliothek. Sollte sich bei den Medieninformationen ein Fehler eingeschlichen haben oder das entsprechende Cover nicht angezeigt werden, können Sie das dort noch ändern. Lassen Sie sich die Musikdateien nach Alben sortiert anzeigen,

führen Sie einen Rechtsklick auf die entsprechende CD durch und wählen Sie „Albuminformationen suchen". Der Media Player sucht in einer Internetdatenbank nach passenden Ergebnissen und dem Coverbild. Sollte er nicht fündig werden, können Sie die fehlenden Informationen per Hand einfügen. Um ein Cover hinzuzufügen, suchen Sie einfach im Internet nach einem passenden Bild, das Sie dann auf der Festplatte speichern. Sie brauchen nun die Bilddatei nur noch auf das Coversymbol im Media Player zu ziehen. Hat der Media Player indes die fehlenden Daten im Internet gefunden, können Sie sie direkt übernehmen. Führen Sie anschließend einen weiteren Rechtsklick auf das Album aus, und wählen Sie „Albuminformationen aktualisieren", dann wird das Cover angezeigt.

So funktionieren MP3-Dateien

MP3 ist ein Kompressionsverfahren, mit dem der Speicherbedarf von Tonaufnahmen drastisch reduziert wird. Es wurde vom Fraunhofer Institut in Erlangen entwickelt. Stark vereinfacht gesagt, arbeiten MP3s mit einem simplen Trick: Das menschliche Gehör nimmt in der Regel ohnehin nicht alles wahr. Auf einer regulären Musik-CD werden aber auch nicht hörbare Frequenzbereiche aufgezeichnet und verschlingen eine Menge Speicherplatz. Beim MP3-Format indes werden sie herausgefiltert. Dank des somit geringeren Speicherbedarfs lassen sich die Dateien besonders schnell über das Internet verbreiten. Diese Entwicklung hat das Musikgeschäft revolutioniert: Erst gab es zahlreiche illegale Tauschbörsen im Internet, jetzt finden sich dort immer mehr legale Download-angebote wie iTunes oder Napster.

Mediendateien abspielen

Kräftig durcheinandergewirbelt hat Microsoft auch die Steuerungsleiste des Media Players – dort ist kaum ein Bedienelement an der Stelle, an der es beim Vorgänger zu finden war. Eine kurze Orientierungshilfe (wir beginnen auf der linken Seite):

Statusbereich: Dort zeigt der Media Player in einer Miniaturansicht auf Wunsch das Albumcover des gerade laufenden Liedes, die Equali-zereinstellungen oder das Symbol der Wiedergabesteuerung. Gewech-selt wird die Ansicht durch einen Mausklick in den Statusbereich. Mehr, als nett anzuschauen, sind die dort gezeigten Symbole allerdings nicht.

Titelinformationen: An dieser Stelle zeigt der Media Player an, wel-che Datei denn gerade wiedergegeben wird. Bei Musik wechselt die An-sicht zwischen Interpret, Lied- und Albumtitel.

Wiedergabe-Steuerelemente: Vielleicht sollte sich Microsoft einmal von Apple-Chef Steve Jobs erklären lassen, wie man Produkte sexy be-nennt. Wiedergabe-Steuerelemente je-denfalls klingt ver-dächtig nach „geflü-gelter Jahresendfi-gur" – auch wenn es den ovalen Bereich in der Mitte der Steuerungslei-ste ganz treffend beschreibt. Das erste Symbol (wiederum von links) dient zum Einschalten der Zufälligen Wiedergabe – der Media Player sucht sich also selbsttätig aus, welcher Titel aus der Wiedergabeliste als Nächster gespielt wird. Der kreisende Pfeil daneben aktiviert und deak-tiviert die Wiederholfunktion. Ist sie eingeschaltet, wird die aktuelle Wiedergabeliste immer wieder abgespielt. Daneben folgt das Symbol zum Beenden der Wiedergabe, gefolgt von der Zurücktaste, mit der in der Wiedergabeliste einen Schritt zurückgesprungen werden kann. Als Nächste folgt die Wiedergabe/Pause-Taste, mit der das Abspielen ge-startet beziehungsweise unterbrochen werden kann. Zwei Funktionen hat auch die nächste Taste: Mit ihr wird in der Wiedergabeliste vorwärts navigiert, also der nächste Titel aufgerufen. Wird die Taste nicht nur

kurz angeklickt, sondern gehalten, setzt der schnelle Vorlauf ein. Das funktioniert auch mit der bereits erwähnten Zurück-Taste, allerdings wird das Zurückspulen via Tastendruck – aus welchen Gründen auch immer – nur für Videodateien angeboten. Bei Musik funktioniert es nicht. Das nächste Symbol dient dazu, den Media Player stumm zu schalten, daneben folgt dann der Lautstärkeregler.

Vollbildmodus: Ganz rechts folgen in der Steuerungsleiste noch zwei weitere Symbole. Das obere der beiden dient dazu, in den Vollbildmodus zu schalten. Das Anzeigefenster des Media Players erstreckt sich

dann über den gesamten Bildschirm – das ist praktisch, um Filme zu schauen. Die steuerungsleiste wird im Vollbildmodus ausgeblendet, sie verschwindet am unteren Bildrand. Um sie angezeigt zu bekommen, müssen Sie die Maus nur an den Bildrand bewegen. Der Vollbildmodus ist übrigens schnell zu erreichen, wenn Sie im Anzeigefenster des Media Players einen Doppelklick ausführen. Auf demselben Weg können Sie den Vollbildmodus dann auch wieder verlassen.

Designmodus: Das untere Symbol ganz rechts ativiert den Designmodus, in dem der Media Player platzsparend und kompakt angezeigt wird. In der Standardeinstellung schrumpft das Programmfenster auf einen Bruchteil seiner Größe zusammen. Das ist nicht gar so aufregend. Über Rechtsklick auf die Steuerungsleister > Extras > Herunterladen > Designs können Sie aber weitere Alternativen herunterladen und den Media Player etwa in ein Quietscheentchen samt Badewanne verwandeln.

Wiedergabelisten erstellen

Wenn Sie sich eines der Alben aus Ihrer Medienbibliothek anhören wollen, klicken Sie in der Alben- oder Interpretenansicht einfach das Cover doppelt an. In der Detailansicht des Albums startet dann ein weiterer

Doppelklick auf das Cover die Wiedergabe. Immer nur komplette Alben anzuhören, ist auf die Dauer langweilig. Aber Sie können sich ganz leicht eine eigene Wiedergabeliste mit Ihren Lieblingsliedern erstellen.

Den Listenbereich finden Sie in der Regel auf der rechten Seite des Players. Ist dort nichts zu entdecken, klicken Sie auf den kleinen blauen Pfeil neben dem Suchfenster. Ziehen Sie die gewünschten Titel einfach bei gedrückter Maustaste aus Ihrer Medienbibliothek in die Wiedergabeliste. Sie können Dateien auch aus dem Explorer heraus der Liste hinzufügen (wenn die Titel etwa noch nicht in der Medienbibliothek erfasst wurden): Rechtsklick > Zur Windows Media Player Wiedergabeliste hinzufügen. Zum Abschluss können Sie der Liste noch einen Titel geben, damit Sie sie später schnell wiederfinden. Klicken Sie dazu um oberen Bereich der Liste auf den Pfeil neben dem Titel „Unbenannte Wiedergabeliste" > Wiedergabe umbenennen. Die Wiedergabelisten werden anschließend auf der linke Seite des Media Players aufgelistet und können später jederzeit wieder aufgerufen werden. Sie können den Inhalt und auch die Reihenfolge der Titel in den Listen später immer wieder ändern.

Musik auf CD brennen

Mit dem Media Player können Musik-, Video- und Fotodateien nicht nur wiedergegeben, sondern auch auf CD oder DVD gebrannt werden. Wenn Sie Musik auf einen Silberling kopieren möchten, haben Sie die Wahl zwischen einer normalen Audio-CD, die in so ziemlich jedem Abspielgerät wiedergegeben werden kann, oder einer Daten-CD beziehungsweise -DVD zum Beispiel im MP3-Format. Die kann in den meisten DVD-Playern abgespielt werden. Der Vorteil einer Daten-CD: Es passen mehrere Stunden Musik auf einen CD-Rohling, mit einer Daten-DVD können Sie mehrere Tage lang ununterbrochen Musik hören.

Legen Sie eine beschreibbare CD in das Brennerlaufwerk. Bevor Sie mit dem Kopieren beginnen, wechseln Sie in die Medienbibliothek und führen Sie dann einen Doppelklick auf die Registerkarte „Brennen" aus. In den Optionen können Sie den CD-Typen festlegen. Auf der rechten Seite des Media Players erscheint nun eine Brennliste. Suchen Sie in Ihrer Medienliste nach Audiodateien, die Sie auf die CD kopieren wollen. Dazu brauchen Sie den gewünschten Titel nur mit gedrückter Maustaste in die Brennliste zu ziehen, das können Sie auch mit kompletten Alben machen. Haben Sie alle Titel versammelt, brauchen Sie nur noch auf „Brennen starten" zu klicken.

Im oberen Bereich der Brennliste zeigt Ihnen der Media Player übrigens an, wie viel freier Platz auf der CD noch zur Verfügung steht. Haben Sie mehr Dateien auf die Brennliste gesetzt, als auf den Rohling passen, verteilt der Media Player sie auf mehrere Datenträger. Auf dem gleichen Weg können Sie auch Ihre Fotos oder Videos auf CD brennen.

Einen MP3-Spieler mit dem Media Player synchronisieren

Sie können den Media Player auch dazu benutzen, um ihren mobilen MP3-Spieler mit Musik zu bestücken. Schließen Sie ihn dazu an den Rechner an, starten Sie den Media Player, und klicken Sie auf die Registerkarte „Synchronisieren". Der Media Player erkennt das angeschlossene Gerät automatisch. Sollten darauf bereits Dateien vorhanden sein, bietet das Programm an, erst einmal Platz zu schaffen. Vorsicht: Dabei werden alle Dateien auf dem angeschlossenen Gerät gelöscht. Kommt Ihnen das ungelegen, beschränkt sich der Media Player auf Wunsch aber auch auf den noch vorhandenen Speicherplatz. Als Nächstes können Sie dem angeschlossenen Gerät dann einen Namen geben.

Um den MP3-Spieler per Hand zu synchronisieren, ziehen Sie die gewünschten Dateien, Alben oder Wiedergabelisten einfach in den Listenbereich auf der rechten Seite des Media Players. Im oberen Bereich wird Ihnen angezeigt, wie viel freier Speicherplatz auf Ihrem Gerät verbleibt. Haben Sie alle Lieblingslieder beisammen, klicken Sie im unteren Listenbereich auf synchronisieren. Das Programm überträgt dann die Dateien auf das mobile Gerät.

Der Media Player kann das Synchronisieren aber auch ganz automatisch übernehmen. Alles was Sie dann noch zu tun haben, ist das mobile Gerät an den Rechner anzuschließen. Doppelklicken Sie den Reiter „Synchronisieren", und wählen Sie dann MP3-Player > Synchronisierung einrichten. Setzen Sie ein Häkchen vor „Gerät automatisch synchronisieren". Im linken Fenster bekommen Sie nun eine Wiedergabelisten ange zeigt, die Sie markieren und dann über „Hinzufügen" für die Synchronisierung nutzen können. Zur Wahl stehen zum Beispiel auch alle Songs, die Sie in der vergangenen Zeit besonders häufig gehört haben. Aus den Wiedergabelisten, für die Sie sich entschieden haben, sucht der Media Player dann Dateien für die Synchronisierung aus. Wenn Sie nun noch ein Häkchen vor „Synchronisierbare Medien mischen" setzen, werden die Dateien in zufälliger Reihenfolge auf den MP3-Player übertragen. Der Zufall spielt auch bei der Frage eine Rolle, welche Dateien überhaupt auf das mobile Gerät übertragen werden. Der Media Player überträgt aus den zur Verfügung stehenden Dateien eine beliebige Mischung – bis der Speicherplatz ausgereizt ist oder alle Titel übertragen sind.

So wird der Media Player zum Radio

Wie in der Vorgängerversion kann der Media Player auch zum Internetradiohören genutzt werden. Eine Vorauswahl an Sendern liefert das Programm auf der Medienseite gleich mit. Die erreichen Sie durch einen Klick auf die Registerkarte „Media Guide" – sofern eine Internetverbindung besteht. Von dieser Seite aus können Sie zu einigen Download-

shops gelangen, oder Sie lassen sich die Übersicht mit einigen Hundert Radiostationen anzeigen. Klicken Sie dazu auf den Link „Radio Tuner".

Auf der folgenden Seite können Sie sich entscheiden, ob Sie die Radiosender nach Genre sortiert angezeigt bekommen wollen, oder Sie durchforsten das Angebot anhand eines eigenen Suchbegriffs, den Sie in das Eingabefeld tippen. Haben Sie einen interessanten Sender gefunden oder möchten Sie sich einfach nur weitere Informationen zu der Station anzeigen lassen, klicken Sie einfach auf den Namen des Senders. Um das aktuelle Programm hören zu können, reicht in den meisten Fällen ein einfacher Klick auf „Wiedergabe". Einige Sender setzen aber voraus, dass Sie zum

Anhören deren Internetseite besuchen. Das kann mitunter zu Komplikationen führen: Wenn Sie auf den Link „Zur Wiedergabe Webseite besuchen" klicken, schaltet sich unter Umständen der Popup-Blocker dazwischen. Das ist ärgerlich, denn das Popup-Fenster, das gerade geblockt wird, ist just die Seite, auf die Sie eigentlich gelangen wollten. Im oberen Bereich der Medienseite blendet der Media Player einen Hinweis auf das geblockte Fenster an. Wenn Sie darauf klicken, können Sie ihm mitteilen, Popups vorübergehend zuzulassen. Das macht er aber nicht auf Anhieb, stattdessen lädt er die Medienseite einmal neu. Wenn Sie nun den Radiosender wiedergefunden haben und erneut auf den Link klicken, öffnet sich die Internetseite. Das klappt nun mit allen Links – bis Sie den Windows Media Player das nächste Mal neu aufrufen. Damit das Spiel dann nicht von vorn beginnt, können Sie in den Popup-Einstellungen auch festlegen, dass es der Medienseite künftig immer erlaubt ist, Fenster zu öffnen.

So machen Sie Ihren Computer zum DVD-Spieler

Rein theoretisch können Sie sich mit dem Media Player auch DVDs anschauen – die passenden Steuerungselemente bringt die Software gleich mit. In der Praxis fehlt es indes am Wesentlichen: dem passenden Codec. Codecs sind Software, mit der Videodaten komprimiert werden können – sie werden also speichersparend zusammengefasst. Um nun eine komprimierte Videodatei auf dem Rechner zum Laufen zu bekommen, benötigt der Rechner einen Codec, der ihm mitteilt, wie der Film denn zu entpacken und wiederzugeben ist. Ohne den passenden Codec kann der Media Player die Dateien nicht abspielen. Um DVDs anschauen zu können, wird nun ein MPEG-2 Codec benötigt (den braucht übrigens auch das Media Center zur Wiedergabe eigener Fernsehaufnahmen). Für diesen Codec müssen allerdings Lizenzabgaben entrichtet werden, die sich Microsoft anscheinend sparen wollte: Der Media Player wird leider auch in der aktuellen Version ohne MPEG-2 Codec ausgeliefert. Das ist ärgerlich, denn auf Anwender kommen unter Umständen zusätzliche Kosten zu: Verfügen Sie über ein Programm zum Abspielen von DVDs, beinhaltet das in der Regel auch den benötigten Codec (der aber nicht zwangsläufig auch mit dem Media Center kompatibel sein muss). Er wird zusammen mit dem DVD-Programm auf Ihrem Rechner installiert. Haben Sie kein solches Programm, bleibt Ihnen keine andere Möglichkeit, als einen Codec zu kaufen – oder auf die DVD-Wiedergabe zu verzichten.

Zwar kursieren im Internet zahlreiche kostenfreie Codec-Packs, also Codec-Sammlungen, mit denen sich das Problem beheben lassen soll. Eine

Installation solcher Pakete ist aber nicht empfehlenswert: Die Codec sind oft veraltet, zum Teil Raubkopien, überdies ist es schwer, die installierten Codecs wieder loszuwerden. Schlimmstenfalls gefährden Sie mit fehlerhaft programmierten Codecs die Stabilität Ihres Systems oder ruinieren es sogar vollends. Kaufen Sie es sich stattdessen lieber bei einem namhaften Anbieter wie Elecard (www.elecard.com), Cyberlink (www.cyberlink.de) oder Nvidia (www.nvidia.de). Kosten: um die 15 Euro.

Weiter Codecs installieren

Für viele andere Dateiformate bringt der Media Player aber bereits passende Codecs mit. Sollte doch einmal einer fehlen, vermeldet die Software, dass es mit der Datei ein Problem gibt. Klicken Sie in einem solchen Fall auf die angebotene Webhilfe. Im Browser wird – bei bestehender Internetverbindung – eine englischsprachige Seite angezeigt, auf der Sie im Idealfall Hinweise bekommen, was fehlt und woher Sie es bekommen können. Bei gedrückter Alt-Taste können Sie aber auch über Extras > Optionen den Media Player so konfigurieren, dass er fehlende Codecs automatisch aus dem Internet lädt – sofern er sie denn finden kann. Wählen Sie dazu in der Registerkarte „Player" in den automatischen Aktualisierungen die Option „Codecs automatisch herunterladen". So sollten die meisten Dateien fehlerfrei abgespielt werden. Zumindest theoretisch. In der Praxis kommt der Codec, den der Media Player für die gängigen DivX-Dateien aus dem Netz lädt, mit dem Format nicht so richtig klar: Der Ton wird zwar abgespielt, aber kein Bild angezeigt. In diesem Fall müssen Sie den korrekten Codec per Hand von der Internetseite www.divx.com herunterladen. Kommt der Media Player mit irgendeiner Datei überhaupt nicht klar, ist es mühselig, herauszubekommen, welcher Codec denn gerade fehlt. Zwar gibt es zu diesem Zweck das Freeware-Programme gspot (www.videolan.org/vlc/), das allerdings ist für Otto Normalanwender ein bisschen kompliziert zu bedienen. Einfacher ist es da, im Fall der Fälle eine alternative Mediensoftware zu installieren, empfehlenswert ist der kostenlose VLC Media Player, der mit nahezu allen erdenklichen Codecs gerüstet auf die Festplatte kommt (www.videolan.org/vlc/).

Musik kaufen mit dem Media Player

Neben reichlich Radiosendern bringt der Media Player auch eine Auswahl an Onlineshops mit, zurzeit sind es fünf, es sollen allerdings noch mehr werden. Um die Webshops angezeigt zu bekommen, führen Sie auf den Reiter „Media Guide" einen rechten Mausklick aus, und wählen die Option „Alle Onlineshops durchsuchen." Mit Ausnahme von Staytuned haben alle derzeit verfügbaren Shops ein nahezu identisches Angebot, auch die Preise unterscheiden sich kaum. Exemplarisch sei deshalb MSN Music von Microsoft herausgegriffen. Über diesen Anbieter können Sie zum einen Titel online erwerben. Die Songs landen dann als Windows-Media-Audio-Dateien (WMA) auf Ihrem Rechner. Sie kön-

nen die Lieder direkt vom Rechner aus hören oder auf eine Audio-CD brennen, die in den meisten gängigen Abspielgeräten benutzt werden kann.

Allerdings können Sie Ihre gekauften Musikdateien nicht ohne Weiteres auf einen x-beliebigen anderen Rechner kopieren. Denn die Lieder sind mit dem sogenannten Digital-Rights-Management (DRM) versehen. Das ist ein Kopierschutz und heißt auf Deutsch „Digitale Rechteverwaltung". Wer eine solche DRM-geschützte Datei kauft, lädt nicht nur die Musik auf seinen Rechner, sondern auch eine Lizenz, in der festgelegt ist, was Sie mit der Datei machen dürfen. So ist bei einigen Titel etwa festgelegt, dass sie nur einige Male auf CD gebrannt werden dürfen. Kopieren Sie nun einfach die Musikdatei auf einen anderen Rechner, wird sie dort nicht abgespielt, da auf diesem Gerät die entsprechende Lizenz fehlt. Auf diesem Weg will sich die Musikindustrie davor schützen, dass diese Dateien in illegalen Tauschbörsen kostenlos angeboten werden. Wer sich ein solches DRM-geschütztes Lied in einer Tauschbörse herunterlädt, hat anschließend zwar die Datei auf seinem Computer, kann Sie aber nicht wiedergeben.

Wenn Sie sich einen neuen Computer kaufen, ist Ihre DRM-geschützte Sammlung nicht wertlos, denn Sie können auch auf dem neuen Gerät die entsprechenden Lizenzen freischalten. Das ist in der Regel aber nur wenige Male möglich. Haben Sie Ihre Musikdateien auf den neuen Rechner kopiert und versuchen, diese abzuspielen, wird der Media Player eine Fehlermeldung mit dem Hinweis auf die vermisste Lizenz ausgeben. Gleichzeitig bekommen Sie aber auch die Internetseite des Anbieters angezeigt, bei dem Sie den Titel erworben haben. Dort können Sie die Wiedergaberechte dann erneut herunterladen, in der Regel ist das kostenlos. Der Media Player zeigt Ihnen eine Internetseite an, in der Sie die Lizenzen wiederherstellen können. Dazu müssen Sie sich bei dem Onlineshop mit Ihrem Benutzernamen und Kennwort anmelden und in den persönlichen Einstellungen Ihre bislang heruntergeladenen Dateien anzeigen lassen – das geschieht im Internet Explorer, in dem die Seite aufgerufen wird. In der Anzeige der Downloads machen Sie sich dann auf die Suche nach dem entsprechenden Titel, dessen Lizenz Sie wiederherstellen wollen. Nachdem die neue Lizenz heruntergeladen worden ist, können Sie den Titel wie gewohnt hören. Haben Sie allerdings alle erlaubten Lizenzerneuerungen verbraucht, sind Ihre Dateien wertlos. Sie können Ihre gekaufte Musik aber auch ganz legal von den DRM-Fesseln befreien (siehe Kapitel 24, Seite 180). Oder Sie benutzen einen Onlineshop, der ungeschützte Musik im MP3-Format anbietet, wie etwa www.finetunes.de. Dort werden Sie allerdings zahlreiche namhafte Interpreten vergebens suchen, deren Titel die Musikindustrie nur kopiergeschützt anbietet.

Musik mit Verfallsdatum

Wer seine Lieblingsmusik am Computer hören möchte, braucht inzwischen aber nicht mehr jeden Titel einzeln zu kaufen. MSN und diverse andere Anbieter haben inzwischen auch ein Abomodell. Gegen eine monatliche Gebühr haben Sie Zugriff auf das komplette Programm des Musikdienstes. Bei MSN (http://unterhaltung.de.msn.com/musik) können Sie sich alle Lieder als Streams (Datenströme) über das Internet anhören. Die Titel werden also nicht dauerhaft auf Ihrem Rechner gespeichert, sondern nur bei Bedarf vom Server das Anbieters abgerufen. Einen solchen Service bieten alle der Shops, die derzeit im Media Player angepriesen werden. Einer von Ihnen, Staytuned (www.staytuned.de) , erlaubt es sogar, dass die Leihlieder auf die eigene Festplatte heruntergeladen werden. Bei der Leihmusik kommt ebenfalls das DRM zum Einsatz. In diesem Fall bekommt der Benutzer über die Lizenzen nur eingeschränkte Rechte eingeräumt: Die Leihmusik kann zwar so oft abgespielt werden, wie man möchte. Wer jedoch versucht, diese Dateien auf eine Audio-CD zu brennen, bekommt eine Fehlermeldung angezeigt: „Diese Dateien können nicht gebrannt werden, weil die entsprechenden Rechte fehlen." Dafür können die Dateien aber auf bis zu drei tragbare MP3-Player übertragen werden, die allerdings WMA-Dateien und DRM unterstützen müssen. Die Lieder sind überdies mit einem Haltbarkeitsdatum verse-

hen. Denn das Abspielen funktioniert nur so lange, wie der Benutzer auch Kunde des Abodienstes ist. Läuft das Abonnement aus, enden auch die Lizenzen, die Musikdateien werden unbrauchbar.

Das Angebot ist dennoch praktisch: Schließlich können Abonnenten bei Staytuned auch dann ihre Lieblingsmusik hören, wenn gerade keine Internetverbindung besteht. Außerdem entsteht nicht mit jedem Hören der Lieder neuerlicher Datenverkehr – wichtig für Benutzer, die bei ihrem Internetprovider keine Flatrate, sondern einen Volumentarif gebucht haben.

Weitere Musikshops im Internet

Napster: Neben den Onlinemusikdiensten, die in den Media Player eingebunden sind, gibt es im Internet noch einige weitere Anbieter, bei denen sich ein Besuch durchaus lohnen kann – zum Beispiel bei Napster. Früher stand der Name für eine kostenlose, aber auch illegale Musiktauschbörse. Diese Zeiten sind aber schon lange vorbei. Napster hat inzwischen einen neuen Eigentümer, und das Angebot ist nicht nur kostenpflichtig, sondern auch legal. Wie Staytuned bietet auch Napster eine Musikflatrate an, bei der die Titel auf die Festplatte heruntergeladen werden können, die Dateien sind ebenfalls DRM-geschützt. Im Standardabo können die Titel nur auf dem PC gehört werden, für eine leicht erhöhte Monatsgebühr bietet Napster aber eine „To Go"-Flatrate an: Wer die benutzt, darf seine Lieder auch auf einem portablen MP3-Player hören. Der muss allerdings ebenfalls mit DRM-geschützten WMA-Dateien umgehen können. Musik gibt es bei Napster aber nicht nur leihweise: Die Titel können auch gekauft werden, dann ist es auch möglich, sie auf eine Audio-CD zu brennen.

Um Zugriff auf die mehr als drei Millionen Songs zu bekommen, muss eine spezielle Napster-Software installiert werden, die auf dem Media Player aufsetzt. Über die Napster-Software wird die Musik gesucht, ge-

streamt, heruntergeladen und bei Bedarf auf mobile Spieler übertragen oder auf CD gebrannt. Die Software allerdings ist bislang der große Schwachpunkt des Musikdienstes: Sie ist unter Vista noch absturzanfällig und nervt allgemein beim Herunterladen der Lieder gern mit einer abwechslungsreichen Mischung an Fehlermeldungen. Überdies ist das Napster-Angebot teilweise schlecht gepflegt: Es landen immer wieder defekte und falsch benannte Lieder im Onlineshop – das gilt aber auch bei manchen Konkurrenten. Wer online Lieder kaufen möchte, sollte daher in die Titel reinhören, um zu überprüfen, dass es sich auch wirklich um die gewünschte Musik handelt.

iTunes: Mit iTunes hatte der Computerhersteller Apple eine musikalische Revolution im Internet losgetreten. Schon eine Woche nach dem

Start des iTunes Music Stores hatte Apple nach eigenen Angaben mehr als eine Million Songs verkauft. Seit Juni 2004 steht der Internetshop auch Nutzern aus Deutschland offen. Nicht nur die klar strukturierten Preise (99 Cent pro Song, 9,99 Euro pro Album) machen den Erfolg von iTunes aus, sondern das Zusammenspiel von innovativer Technik wie dem Abspielgerät iPod, das Kultstatus genießt, und einer übersichtlichen, einfach zu bedienenden Software. Über die erfolgt der Zugang zu dem Onlineshop, das Programm kann unter www.itunes.de kostenlos heruntergeladen werden. iTunes stellt eine gute Alternative zum Media Player dar. Das Programm ist sehr übersichtlich gestaltet und lässt sich intuitiv bedienen. Mit ihm kann Musik nicht nur abgespielt und übersichtlich sortiert werden, es ermöglicht auch, CDs auf den Computer zu kopieren und umfasst ein Brennprogramm, mit dem Audio- und MP3-CDs beziehungsweise -DVDs erstellt werden können. Außerdem können mit der Software Podcasts abonniert werden.

Podcasts sind Radio- und Fernsehsendungen, die in den meisten Fällen kostenlos über das Internet vertrieben werden. Neben den Podcasts pro-

fessioneller Anbieter, wie zum Beispiel den öffentlich-rechtlichen Rundfunksendern, gibt es auch zahlreiche Privatleute, die zu allen erdenklichen Themen Sendungen produzieren. Die Podcasts können zum einen als Streams angehört werden, sie lassen sich mit iTunes aber auch auf den Computer herunterladen. Außerdem ermöglicht die Software, Sendungen zu abonnieren – iTunes sucht dann automatisch online nach neuen Folgen.

Um mit iTunes Podcasts zu hören oder zu sehen, wechseln Sie nach der Installation und der Anmeldung in den iTunes Store. Direkt neben der Werbung für die aktuellen Neuerscheinungen finden Sie auf der linken Seite eine Auflistung der einzelnen Kategorien des Shops, denn neben Musik bietet iTunes auch zahlreiche Spiele und Videos zum Download an. Klicken Sie in der Übersicht auf Podcasts. Auf der folgenden Seite werden die einzelnen Podcasts dann thematisch sortiert angezeigt. Haben Sie einen interessanten gefunden, klicken Sie einfach darauf. Auf der Detailseite werden Ihnen die einzelnen Episoden angezeigt. Per

Doppelklick starten Sie die Wiedergabe der einzelnen Sendungen. Über einen Klick auf „Episode holen" laden Sie diese auf Ihren Computer herunter. Sie finden Sie auf Ihrer Festplatte unter den „Eigenen Dateien" des jeweiligen Benutzers, dort im Ordner „Musik", Unterordner „iTunes", „iTune Music", „Podcasts".

Audio-Podcasts werden in der Regeln im MP3-Format vertrieben. Bei den Musiktiteln indes setzt iTunes auf das Advanced Audio Coding-Format (AAC), die Dateien sind mit einem Kopierschutz (DRM) namens „Fair Play" versehen. Sie können aus diesen Dateien zwar eine reguläre Audio-CD brennen, die auf jedem gängigen Abspielgerät benutzt werden kann. Die kopiergeschützten AAC-Dateien an sich können aber nur mit iTunes, iPods sowie dem iTunes-Handy von Motorola abgespielt werden. Allerdings können Sie auch diesen Kopierschutz auf legale Weise loswerden. Mehr dazu im nächsten Kapitel.

24. Du sollst keinen Kopierschutz knacken: Das neue Urheberrecht

Die liebsten Lieder der eigenen CD-Sammlung für unterwegs auf einen MP3-Player zu kopieren, sollte eigentlich keine große Herausforderung sein: CD ins Laufwerk legen, Kopierprogramm starten, die Songs auslesen und auf die Festplatte kopieren, fertig. So einfach könnte es sein – wären da nicht ein paar störrische CDs, die sich einfach nicht auslesen lassen wollen – sie sind kopiergeschützt. Die Musikindustrie will auf diesem Weg ihre Produkte schützen, sie sollen nicht sofort nach Erscheinen in illegalen Internettauschbörsen angeboten werden. Denn der Onlinetausch, so sehen es zumindest die Plattenfirmen, trägt Schuld an den enormen Umsatzeinbußen, die sie seit Jahren beim CD-Verkauf zu verkraften haben. Gebracht hat der Kopierschutz bislang wenig – von genervten Kunden einmal abgesehen. Denn für den Verbraucher sind derart geschützte CDs einfach nur lästig. Zumal einige so gut geschützt sind, dass sie selbst in normalen Abspielgeräten, bevorzugt in Autoradios, gar nicht erst laufen. Mit Aufkommen der geschützten CDs entwickelte sich ein neuer Volkssport: Kopierschutzknacken. Eine ganze Industrie lebte davon. Kaum war ein neuer Schutzmechanismus auf dem Markt, gab es auch schon das passende Knackwerkzeug.

Diesem Wettlauf wurde mit der Novelle des Urheberrechts im Juli 2003 zumindest in Deutschland ein Riegel vorgeschoben. Knackprogramme sind seitdem verboten. Wer heute noch einen Kopierschutz austrickst – und sei es nur, um sich eine Kopie einer gekauften CD fürs Autoradio zu erstellen – muss im schlimmsten Fall zivilrechtliche Unterlassungs- und Schadensersatzforderungen der Rechteinhaber fürchten. Strafrechtlich verfolgt wird das rein private Kopierschutzknacken indes nicht.

Was ist überhaupt noch erlaubt?

Was aber heute noch erlaubt und was verboten ist, ist so klar nicht. Denn das Gesetz zum Urheberrecht ist recht schwammig formuliert. „Wirksame technische Maßnahmen" zum Kopierschutz dürfen nicht umgangen werden, heißt es darin. Nur wann ist ein Kopierschutz als technisch wirksam anzusehen? Diese Frage wird im Gesetzestext nicht abschließend beantwortet. Nach Auffassung des Bundesjustizministeriums ist ein Kopierschutz dann nicht wirksam, wenn er von dem CD- oder DVD-Brenner gar nicht als solcher erkannt wird. Von technisch wirksamen Maßnahmen kann auch dann nicht gesprochen werden, wenn der Kopierschutz nur unter bestimmten Betriebssystemen funktioniert, sprich: Verhindert der Schutz das Kopieren nur unter Windows, nicht aber unter Linux oder auf einem Mac, dann ist er nicht als wirksam zu betrachten. Wer allerdings einen Windows-Rechner besitzt, darf selbst einen solchen Schutz nicht aushebeln – denn auf dem System funktioniert er ja.

CDs ohne Kopierschutz können zu privaten Zwecken ohne Bedenken am Computer kopiert werden. Wer also gar nicht erst in Versuchung geraten möchte, sollte geschützte CDs gleich an der Ladenkasse aussortieren. Denn bereits auf dem Cover der CD muss auf die Kopiersperre hingewiesen werden. Gern sind diese Hinweise klein und schwer leserlich auf der Rückseite versteckt. Die CDs dürfen aber in jedem Fall nur für private Zwecke vervielfältigt werden. Wer also seinem besten Freund ein Album kopiert, wird sich deswegen nicht vor dem Kadi wiederfinden. Dort landet aber ziemlich schnell, wer eine solche kopierte CD bei einer Internetauktion zum Verkauf anbietet.

Das Urheberrechtsgesetz legt auch fest, dass die Vorlage, die zum Kopieren dient, eine „legale Quelle" sein muss. Wer also die Original-CD im Regal stehen hat, darf sich die Lieder dennoch nicht aus einer Tauschbörse herunterladen – denn das ist eine illegale Quelle. Es geht aber auch noch ein bisschen komplizierter: Bis 2003 war es nicht verboten, den Kopierschutz zu knacken. Wer seinerzeit eine geschützte CD kopiert hat und nun meint, von dem Replikat beliebig Kopien erstellen zu können, weil dazu ja kein Schutzmechanismus umgegangen werden muss (denn der ist beim ersten Kopieren ja verloren gegangen), der irrt. Ein solches Replikat stellt nach Auffassung des Gesetzgebers keine legale Quelle dar.

Nicht strafbar ist weiterhin der Besitz von Antikopierschutzprogrammen. Sie dürfen sogar benutzt werden – aber eben nicht zum Kopierschutzknacken. Verboten indes ist der Handel mit derlei Programmen, das gilt auch für Privatleute. Wer entsprechende Software etwa bei Ebay anbietet, macht sich strafbar. Ebay-Verkäufer, die Software-CDs aus alten Computerzeitschriften anbieten, sollten deshalb genau überprüfen, welche Programme auf der CD versammelt sind. Ist ein Knackprogramm dabei, sollte die CD auf keinen Fall zum Verkauf angeboten werden, denn das kann teuer werden.

Das Urheberrecht gilt natürlich nicht nur für Musik-CDs: Auch DVDs und Daten-CDs dürfen keinesfalls vervielfältigt werden, wenn sie kopiergeschützt sind. Für Computerspiele und Betriebssysteme gilt überdies, dass lediglich eine Sicherungskopie erlaubt ist, die auch nicht im Freundeskreis verteilt werden darf, sondern ausschließlich die zukünftige Nutzung der Software sichern sollen, falls der Original-CD etwas zustößt.

So werden Sie die DRM-Fesseln los

Nicht nur das Knacken des CD-Kopierschutzes ist verboten, auch das Digital-Rights-Management online gekaufter Musikdateien darf nicht einfach ausgehebelt werden. Das galt lange Zeit ohnehin als unmöglich, jüngst machte jedoch die Nachricht die Runde, dass der DRM-Schutz geknackt worden sei. Für den Hausgebrauch sind derlei Kunstfertigkeiten aber gar nicht notwendig – ganz abgesehen davon, dass sie verboten sind. Ihre Musikdateien können Sie aber auch von den DRM-Fesseln befreien. Brennen Sie mit diesen Liedern einfach eine Audio-CD. Dabei geht der Kopierschutz verloren. Wenn Sie die CD nun zurück auf Ihre Festplatte kopieren, haben Sie DRM-freie Dateien. Das ist legal: Schließlich haben Sie beim Onlinekauf auch das Recht erworben, die Dateien auf eine Audio-CD zu brennen. Es handelt sich also folglich um eine legale Quelle. Da zum Auslesen dieser CD kein technisch wirksamer Schutz umgangen werden muss, ist auch das Kopieren nach Meinung vieler Experten legal. Um Ihren Geldbeutel zu schonen, benutzen Sie dazu am besten einen wiederbeschreibbaren Rohling, den Sie anschließend wiederverwenden können.

Die Lücke im Kopierschutz

Wie bei jedem Kopierschutz gibt es auch in Gesetzen immer wieder einmal eine Lücke, und in diesem Fall haben Kopierschutz und Gesetz sogar eine gemeinsame: die analoge Lücke. Der Kopierschutz von CDs verhindert ja nur, dass die CD am Computer digital ausgelesen und kopiert werden kann. Auf einem regulären Abspielgerät läuft sie indes im Idealfall reibungsfrei. Folglich liegt nichts näher, als die CD auf einem normalen CD-Player abzuspielen, der zuvor mit dem Computer verbunden worden ist. Mit einer kostenlosen Software wie dem No23-Recorder (www.no23.de) lässt sich die Musik dann ganz einfach am Rechner auf-

nehmen. Älteren Semestern wird das bekannt vorkommen: Es funktioniert genauso wie seinerzeit mit dem Kassettenrecorder und dem Radio – worüber die Musikindustrie schon damals nicht glücklich war. Auf demselben Weg können natürlich auch DRM-geschützte Musikdateien aufgenommen werden. Sie werden einfach auf dem Rechner abgespielt und im selben Arbeitsgang aufgenommen. Diese analoge Lücke wird sich auch nicht ohne Weiteres schließen lassen – es sei denn, die Wiedergabe der Lieder auf dem Rechner wird komplett unterbunden. Das wäre aber kein Erfolg versprechendes Geschäftskonzept.

Juristisch ist allerdings strittig, ob dieser Weg legal ist. Nach Ansicht des Bundesjustizministeriums ist er es nicht. Die Frage sei zwar gerichtlich noch nicht geklärt, aber die analoge Kopie sei, wenn auch kein Knacken des Kopierschutzes, so doch immerhin ein Umgehen, heißt es auf der von der Behörde betriebenen Internetseite www.kopien-brauchen-originale.de. Das Landgericht Frankfurt hat die Situation allerdings jüngst anders bewertet (Az.: 2-06 O 288/06). In dem Fall ging es um ein Softwareunternehmen, das ein Programm vertrieben hatte, mit dem die DRM-geschützte Leihmusik des Onlineshops Napster analog kopiert werden konnten. Das Gericht entschied, dass dieser Vorgang keinen Verstoß gegen das Urheberrecht darstelle. Das DRM sei schließlich keine wirksame technische Maßnahme, mit der analoge Kopien verhindert werden könnten. Allerdings wurde das Programm, das den Begriff Napster im Titel führte, dennoch verboten – aus einem anderen Grund: Es sei eine gezielte Behinderung des Musikverleihers, da es den Kunden ermögliche, die Kopien der Musikdateien auch nach dem Vertragsende zu nutzen. Außerdem seien Napster-Kunden in der Werbung für das Produkt direkt zum Vertragsbruch aufgerufen worden, denn der Musikverleiher verbietet in seinen Geschäftsbedingungen ausdrücklich das analoge Mitschneiden.

Erlaubt ist bislang indes das Programm „unCDcopy", das der hannoversche Heise-Verlag herausgegeben hat. Es ermöglicht auf komfortable Weise, analoge Mitschnitte von kopiergeschützten CDs herzustellen und ist kostenlos unter www.uncdcopy.de zu bekommen.

25. Auf den Schirm! So machen Sie Ihren Vista-PC zur Medienzentrale

Das Windows Media Center gibt es nur in Vista Home, Premium und Ultimate.

Videorecorder, DVD-Player und Stereoanlagen haben im Grunde ausgedient. Denn was diese Geräte gemeinsam können, kann ein entsprechend ausgerüsteter Computer schon lange – und zum Teil viel besser. Besonders einfach und komfortabel geht das mit einer auf Medienwiedergabe und -verwaltung spezialisierten Software. Die Vista-Editionen Home Premium und Ultimate bringen eine solche Anwendung gleich mit, das Windows Media Center.

DVD-RW-Laufwerk (H:)

Das Windows Media Center

Das Media Center ist die zentrale Anlaufstelle, um am Rechner fernzu-

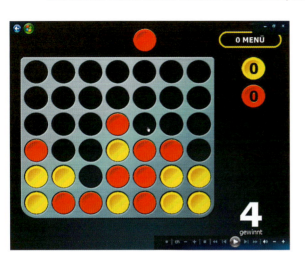

sehen, Filme aufzunehmen, DVDs oder CDs abzuspielen oder zu brennen, Ihre auf der Festplatte gespeicherten Musikdateien zu hören und Bilder zu betrachten. Das ist zunächst einmal nichts, was nicht auch „normal" am PC ginge – doch ist das Media Center speziell darauf ausgerichtet, an einem TV-Bildschirm und vom Sofa aus bedient werden zu können. Mehrere Szenarien sind denkbar:

- Ihr Computer steht ohnehin im Wohnzimmer, dann starten Sie einfach die Media-Center-Software und nutzen das Monitorbild als TV-Ausgang. Bedienen können Sie das Center dann mittels Tastatur vom Sofa aus, sofern die Tastatur per Funk an den Computer angebunden ist. Von Microsoft gibt es außerdem eine speziell aufs Media Center ausgelegte Funktastatur, die auch einen Mausersatz in Form eines Mini-Joysticks enthält.

- Von einer im Computer eingebauten TV-Karte aus können Sie auch ein Kabel zum Fernseher verlegen, vorausgesetzt, die TV-Karte hat einen entsprechenden Ausgang („TV out"). Dann könnte die Fernbedienung allerdings schwierig werden, sofern sich Computer und Fernseher nicht im gleichen Zimmer befinden.

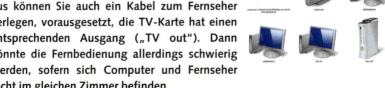

- Sie nutzen einen sogenannten Media-Center-Extender: Das ist ein Abspielgerät wie die Spielkonsole XBox 360. Die Spielkonsole und den Computer vernetzen Sie zu einem Heimnetz – beispielsweise per Funk, Ethernet-Kabel oder über Stromadapter.

Die Spielkonsole zeigt anschließend auf dem Fernseher die Media-Center-Software Ihres PCs. Dann können Sie mit Hilfe einer Xbox-Fernbedienung Ihren PC nebenan im Arbeitszimmer steuern und zum Beispiel in dessen Fotos und Videos blättern, Musik abspielen, TV empfangen, den PC als Videorecoder einsetzen und zeitversetzt fernsehen.

Auch einige Spiele können im Media-Center aufgerufen werden. Voraussetzung ist eine entsprechende Ausstattung Ihres Rechners, die einen DVD-Brenner, eine TV-Karte, eine Soundkarte (möglichst mit Surround-Unterstüzung) und eine Grafikkarte umfassen sollte. Achten Sie beim Kauf Ihrer Grafikkarte darauf, dass sie zum Media Center kompatibel ist – das sind nicht alle Modelle. Ihre Grafikkarte sollte zudem einen TV-Ausgang haben, dann können Sie Ihren Rechner an den Fernseher anschließen, schließlich wollen Sie Ihre Filme ja bequem vom Sofa aus betrachten und nicht ungemütlich am Schreibtisch über den Monitor. Wenn Sie sich überdies noch eine spezielle Fernbedienung für das Media Center gönnen, können Sie das Programm auch bequem vom Sofa aus steuern – andernfalls geht es aber auch über Maus und Tastatur.

Das Media Center ist für die Anzeige am Fernseher optimiert, die Schrift ist besonders groß, sodass sie auch bei der geringeren Auflösung des TV-Geräts gut zu entziffern ist. Etwas gewöhnungsbedürftig ist die Navigation, vor allem bei der Verwendung mit Maus und Tastatur: Sie wurde so strukturiert, dass das Media Center möglichst leicht über eine Fernbedienung gesteuert werden kann. Die wichtigsten Elemente sind dabei die Pfeiltasten der Fernbedienung, denn die einzelnen Menüpunkte lassen sich mit den vertikalen Pfeiltaste durch Nach-oben- und Nach-unten-Scrollen erreichen. Unterpunkte befinden sich jeweils rechts und links davon und werden über die entsprechenden Pfeiltasten angesteu-

ert. Aufgerufen werden die Funktionen dann mit der Entertaste. Wenn Sie keine Fernbedienung für Ihren Computer haben sollten, schauen Sie sich doch einmal die Bedienungsanleitung Ihres Mobiltelefons an. Einige Handys, die mit Bluetooth ausgestattet sind, können auch als Fernbedienung für den PC genutzt werden.

Das Media Center einrichten

Bevor Sie alle Funktionen des Media Centers nutzen können, müssen Sie einmalig den Setup-Prozess durchlaufen. Der startet automatisch, wenn Sie die Anwendung das erste Mal aufrufen. Zustimmen sollten Sie beim

Einrichten der Option, dass das Media Center bei Bedarf Coverbilder für CDs und DVDs sowie Musik- und Filminformationen aus dem Internet abruft. Diese Funktion erleichtert es später, in der eigenen Mediensammlung den Überblick zu behalten. Allerdings werden bei diesem Vorgang jedes Mal Daten an Microsoft geschickt. Wer dem Unternehmen gegenüber Vorbehalte hat und das lieber nicht möchte, kann diese Funktion bedenkenlos deaktivieren – muss dann seine Coverbilder aber mühsam per Hand einpflegen.

Im Setup nehmen Sie auch das Feintuning der einzelnen Zubehörteile und Anzeigemöglichkeiten vor. Wenn Sie Ihre TV-Karte einrichten, können Sie das Media Center auch gleich damit beauftragen, immer das aktuelle Fernsehprogramm herunterzuladen. Wenn Sie in der digitalen

Fernsehzeitung eine interessante Sendung finden, reicht ein Klick, um sich die Übertragung anzuschauen oder sie aufzunehmen. Auch die Bildschirmdarstellung können Sie vom Media Center aus optimieren. Je nachdem, ob Sie vorhaben, das Media Center hauptsächlich über Ihren Fernseher, einen Beamer oder den Monitor zu betrachten, können Sie die Einstellungen entsprechend anpassen. Sie können in diesem Bereich des Setups unter anderem festlegen, in welchem Bildschirmformat Sie Ihre Filme sehen wollen. Außerdem unterstützt Sie das Media Center dabei, Helligkeit, Kontrast und Farbeinstellung Ihres Fernsehers optimal einzustellen.

Der letzte Schritt des Setups ist einer der wichtigsten: An dieser Stelle versorgen Sie das Media Center mit Inhalten. Das geht fast von allein: Sie brauchen lediglich festzulegen, welche Ordner das Media Center auf neue Musik-, Bild- und Video-Dateien überwachen soll. Die darin gefundenen Dateien listet das Programm dann in Ihrer Bibliothek auf, sodass Sie jederzeit schnellen Zugriff darauf haben, ohne lange auf der Festplatte suchen zu müssen. Speichern Sie in einem der überwachten

Ordner beispielsweise neue Musikdateien, fügt das Media Center sie automatisch der Bibliothek hinzu – diese bleibt somit immer auf dem aktuellen Stand. Sie können im Nachhinein immer noch weitere Ordner auswählen, die überwacht werden sollen, oder Ordner wieder entfernen. Bewegen Sie sich dazu im Hauptmenü zu dem Punkt „Aufgaben".

Rufen Sie die „Einstellungen" auf, die sich links davon befinden. Wählen Sie im nächsten Fenster den Punkt „Bibliothek-Setup" und wählen Sie „Hinzufügen" oder „Entfernen". Sie können entweder Ordner des eigenen Rechners hinzufügen oder freigegebene Ordner eines über ein Netzwerk angebundenen Computers. Um einen Ordner hinzuzufügen, setzen Sie in der Übersicht einfach ein Häkchen davor.

So navigieren Sie durch Ihre Mediensammlung

Ob nun Bilder, Videos oder Musikdateien – im Grunde ist die Bedienung im Media Center gleich, wenn auch den Wiedergabemöglichkeiten der unterschiedlichen Dateiformate angepasst. Jedes Format ist in einer eigenen Medienbibliothek untergebracht. Wir beschreiben beispielhaft den Umgang mit Audiodateien. Steuern Sie dazu wie oben beschrieben die Musikbibliothek an. Dort haben Sie diverse Möglichkeiten, sich die Musikdateien anzeigen zu lassen, etwa nach Interpret, Album oder Komponist sortiert. In der Albenansicht bekommen Sie im Idealfall alle Alben mit einer Coveransicht zu sehen. Vorausgesetzt Sie haben im Setup zugestimmt, dass das Media Center die Bilder aus dem Internet abrufen darf und dass Microsoft zu dem entsprechenden Album auch ein Cover findet. Letzeres ist der Knackpunkt, denn es ist erstaunlich, wie viele CDs dort zurzeit noch unbekannt sind. Wundersamerweise werden auch nicht die bereits im Media Player per Hand eingepflegten Cover übernommen – unerquicklich.

Haben Sie ein interessantes Album entdeckt, klicken Sie einfach darauf. Sie landen dann in der Detailansicht. Auf der linken Seite finden Sie einige Optionen, so können Sie das Album etwa gleich wiedergeben oder auf die Warteliste setzen – es wird dann abgespielt, sobald das Ende der aktuellen Wiedergabeliste erreicht ist. Möchten Sie einen einzelnen Titel

hören, wählen Sie ihn durch Anklicken aus. Sie bekommen dann ebenfalls Wiedergabeoptionen eingeblendet, die sich nun aber nur auf den Titel beziehen.

Wollen Sie gezielt nach einem Titel suchen, so scrollen Sie im Hauptmenü des Media Centers bis zur Musikbibliothek hinab und bewegen sich dann nach rechts bis zum Eintrag „Suchen". Im darauffolgenden Fenster tippen Sie den gewünschten Titel ein. Wie beim Media Player werden bereits während der Eingabe die ersten Ergebnisse geliefert, je genauer die Eingabe wird,

desto enger werden die Treffer eingegrenzt. Sie können sich aber auch die gesamte Suche sparen und dem Media Center die Verantwortung für die musikalische Unterhaltung übertragen. Steuern Sie dazu im Hauptmenü die Musikbibliothek an, und wählen Sie dann rechts davon „Alles wiedergeben". Das Media Center spielt dann in zufälliger Reihenfolge die gesamte Musikbibliothek ab.

Während der Wiedergabe werden rechts unten Steuerungselemente eingeblendet, die allerdings nach kurzer Zeit wieder verschwinden. Um sie erneut zu sehen zu bekommen, bewegen Sie einfach die Maus in deren Richtung. Die Steuerlemente sind selbsterklärend – wie an Ihrer Stereoanlage. Eine Besonderheit hat das Media Center allerdings zu bieten: Wie auch im Media Player funktioniert die Rückspultaste nur bei Videos, nicht aber bei Musikdateien. Mag sein, dass sich Microsoft dabei etwas gedacht haben mag – es sieht aber eher nach Programmierpfusch aus.

Fernsehen mit dem Media Center

Einrichten
Sollten Sie Ihre TV-Karte oder eine andere Hardware für den Fernsehempfang an Ihrem PC noch nicht beim Setup eingerichtet haben, dann müssen Sie dies vor dem ersten Zappen durchs Fernsehprogramm tun. Dazu wählen Sie im Menü des Media Centers Einstellungen > TV > TV-Signal einrichten. Nun müssen Sie zunächst die Region einstellen, in der Sie und Ihr PC sich befinden. Voreingestellt sein sollte Deutschland. Im

Folgenden fragt Sie das Media Center nun noch nach der Art Ihres TV-Empfangs (DVB-T, Kabel oder Satellit), nach Ihrer Postleitzahl (das ist für die Empfangseinstellungen unter anderem von DVB-T wichtig) und danach, ob das Media Center das TV-Programm laden soll. Dabei greift das Programm regelmäßig auf das Internet zu, um Ihnen eine Art digitaler Programmzeitschrift zusammenzustellen. Sie können dann am Bildschirm durch die Übersicht scrollen und per Mausklick oder per Fernbedienung das Programm oder die Sendung auswählen, die Ihnen gefällt. Das ist ungeheuer praktisch, aber es muss eben auch eine Internetverbindung dafür vorhanden sein.

Fernsehen

Um nun mit dem Media Center fernzusehen, wählen Sie im Hauptmenü die Funktion „TV" aus. Sofern der PC ein Programm empfangen kann, wird er es Ihnen in der dann folgenden Liste anzeigen, und auch – sofern aus dem Internet geladen – gleich die Daten aus dem elektronischen Programm Guide (EPG), also der digitalen Fernsehzeitung, mit dazu. Nun müssen Sie sich nur noch für eine Sendung entscheiden und per Mausklick bestätigen.

Aufzeichnen

Möchten Sie die Sendung aufnehmen, können Sie dies am einfachsten mit einem Klick auf die rote „Record"-Taste am unteren Rand des Fen-

sters. Am Ende der Sendung müssen Sie selbst jedoch daran denken, die Aufnahme zu stoppen. Die Daten sichert das Media Center im Ordner „Aufzeichnungen" auf Ihrer Festplatte. Wollen Sie eine Sendung zeitgesteuert aufnehmen, dann können Sie dies über den Menüpunkt Aufzeichnungen > Aufzeichnung hinzufügen > TV-Programm. Nun landen Sie im elektronischen Programmführer (sofern dieser aus dem Internet geladen wurde) und müssen sich nur noch durch das Programm wühlen. Mit einem Klick auf die gewünschte Sendung erhalten Sie ein Fenster mit den Einzelheiten dazu. Klicken Sie nun links auf „Aufzeichnen", und die Sendung ist markiert. Sie wird dann – vorausgesetzt Ihr PC ist zu dieser Zeit eingeschaltet – aufgenommen. Wollen Sie mehrere Beiträge aufnehmen, wählen Sie nun im Programmführer einfach die nächste Sendung.

Sie können auch eine Serie komplett aufnehmen. Sind Sie zum Beispiel „Friends"-Anhänger, dann klicken Sie statt auf „Aufzeichnen" auf den nächsten Menüpunkt auf „Serie aufzeichnen". Das Media Center bietet Ihnen an, auch alle folgenden Teile für Sie auf Festplatte zu speichern, sobald sie ausgestrahlt werden. Immer vorausgesetzt Ihr PC ist dann eingeschaltet. Wann eventuelle weitere Ausstrahlungstermine einer Sendung angesetzt sind, erfahren Sie durch einen Klick auf „Weitere Sendetermine".

Gehen Sie mit dem Media Center online

Das Media Center ist darüber hinaus mit einigen Onlineinhalten gespickt. Diese finden Sie im Hauptmenü unter Onlinemedien, wobei „Shoppingcenter" auch ganz gut passen würde: Bei den Internetseiten, die im Media Center voreingestellt sind handelt es sich überwiegend im Einkaufsmöglichkeit – vom Versandhaus über den Onlinemusikhändler bis zur Internetvideothek. Die Seiten sind mit besonders größer Schriftart gestaltet worden, sodass sie sich auch zur Anzeige auf dem Fernsehbildschirm eignen.

Fans der Deutschen Bahn kommen dort allerdings voll auf Ihre Kosten: Sie empfangen mit dem Media Center die Onlineübertragungen von BahnTV. Gesendet werden jede Menge Dokumentationen und Berichte über das Unternehmen Bahn. Viele Videos können vom Benutzer auch „On Demand" – also auf Wunsch – abgerufen werden, und das vollkommen kostenlos. Des weiteren plant Microsoft eine Kooperation mit dem Fernsehsender Premiere, sodass Sie über das Media Center auch Bezahlprogramme empfangen können.

Von dem Anbieter Funspot werden zudem bei den Onlinemedien noch ein paar kurzweilige Spiele bereitgestellt, zum Beispiel der Klassiker „Vier gewinnt". Gespielt werden kann im Media Center aber auch ohne Internetverbindung. Die Spiele verbergen sich unter dem Menüpunkt „Programme", der in der Hauptauswahl links der Onlinemedien angeordnet ist.

Zusammenspiel mit der Xbox 360

Wer über eine Spielkonsole Xbox 360 verfügt, kann sich freuen: Das Windows Media Center und die Xbox 360 sind nahezu perfekt aufeinander abgestimmt – schließlich stammen beide vom selben Hersteller. Auch über die Kinderkrankheiten neuer Technik ist die Software inzwischen hinaus. Das Media Center gab es auch schon unter Windows XP. Die Xbox sorgt letztendlich dafür,

dass die Software nahezu 1:1 am Fernsehbildschirm angezeigt wird. Bedient wird sie mit Hilfe einer Xbox-Fernbedienung. Anschließend hat man auf der dem Gerät sämtliche Mediendateien zur Verfügung, die am PC dafür freigegeben wurden – einschließlich der TV-Karte, sodass Sie über die Xbox den PC als digitalen Videorecorder einsetzen können. In der Praxis ist es übrigens weitgehend unproblematisch, den Computer weiter zu benutzen, während er nebenher als Abspielstation für die Xbox arbeitet. Man sollte ihn bloß nicht ausschalten oder zusätzlich auf einem anderen Kanal auf dem PC-Monitor fernsehen wollen.

So ist es im Grunde nur eine Frage, wie man beide Geräte miteinander vernetzt. Die Anforderungen an die Datengeschwindigkeit sind besonders

ders bei der Übertragung von Videos recht hoch. Bei der Vernetzung per Funk kann es daher beim Abspielen von Videos zu Fehlern kommen. Sie sollten bei einer Funkanbindung einen schnellen Übertragungsstandard mit mindestens 54 Mbps einsetzen. Falls Sie vor der Wahl stehen, sollten Sie eine Verkabelung per Ethernet-Kabel oder übers Stromnetz mit Hilfe schneller Stromadapter bevorzugen. Vorsicht: Es gibt auch ältere langsame Stromadapter.

Um am Fernsehgerät via Xbox den Computer aufrufen zu können, müssen Sie den PC nicht extra von Hand einschalten. Vorausgesetzt, der

Computer ist im Standby-Modus, können Sie ihn von der Xbox aus hochfahren. Die Media-Center-Software sucht beim ersten Installieren von der Xbox aus nach freigegebenen Bildern und Videos auf dem PC. Sollen nicht sämtliche Inhalte vom Computer am TV-Gerät aufrufbar sein, klicken Sie in der Systemsteuerung auf Netzwerk und Internet > Netzwerkcomputer und -geräte anzeigen und dann doppelt auf die angezeigte Xbox. Unter „Einstellungen" können Sie dann festlegen, dass beispielsweise nur Medien mit mindestens zwei Sternen als Bewertung angezeigt werden sollen. Gezielt können Sie auch einzelne Verzeichnisse hinzufügen oder ausschließen. Das geschieht am PC im Windows Media Player (also nicht im Media Center), im Menü Medienbibliothek > Zur Medienbibliothek hinzufügen > Erweiterte Optionen.

26. So synchronisieren Sie einen Taschencomputer mit dem PC

ActiveSync hieß bisher die Software, die man unter Windows XP brauchte, um die Daten eines Taschencomputers (Persönlicher Digitaler Assistent, PDA) mit dem PC abzugleichen. Eingebürgert hat sich auch der Begriff PocketPC für diese Minigeräte, und manche PocketPCs ermöglichen inzwischen auch Telefonate – deswegen ist auf den Illustrationen zu diesem Kapitel häufiger von einem Handy die Rede. Der Vorteil der Synchronisation ist, dass Sie auch unterwegs Ihre wichtigen Daten parat haben – seien es Telefonnummern, Termine, Notizen oder Musik. Des

Weiteren nutzen Sie durch die Synchronisation den PC als Sicherheits-kopie, für den Fall, dass Sie Ihren PocketPC oder das Handy verlieren. Microsoft hat ActiveSync grundlegend überarbeitet – und jetzt als „Windows Mobile Gerätecenter" in Vista eingebaut. Damit wird es möglich,

- Bilder, Musik und Videos vom und zum Taschencomputer oder auch zu einem MP3-Spieler zu überspielen
- auf die Speicherkarte(n) des Taschencomputers zuzugreifen
- sämtliche Kontaktdaten, Kalenderdaten, E-Mails, Aufgaben und Notizen mit dem PC abzugleichen.

Möglich ist das allerdings nur mit PocketPCs, auf denen das Betriebs-system Windows Mobile 5 installiert ist. Außerdem benötigen Sie für

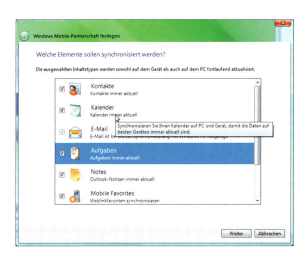

den Abgleich von Kon-takt- und Kalenderdaten sowie E-Mails, Aufgaben und Notizen das Micro-soft-Programm Outlook, und zwar in einer Versi-on 2002 SP3 oder neuer.

Synchronisieren nennt man den wichtigsten Vorgang, den das Gerä-tecenter ermöglicht. Da-bei wird eine Datei an zwei Speicherorten vor-gehalten; verändert sich die eine Datei, etwa weil Sie sie am PC bearbei-ten, gilt die Datei am zweiten Ort als veraltet und wird bei der nächsten Synchronisation durch die neuere Version ersetzt.

Verbinden lassen sich der PocketPC und der Hauptrechner per Kabel, Bluetooth oder Infrarot. Nach dem ersten Anschließen des PocketPCs werden Sie vom Mobile-Gerätecenter aufgefordert, eine Partnerschaft festzulegen – damit Vista beim nächsten Kontakt mit dem Gerät weiß, dass es automatisch Daten synchronisieren soll und welche Daten das sein sollen. Das Mobile-Gerätecenter ist schnell erklärt:

- Unter **Programme und Dienste** wird zunächst ein Internet-link zur Seite http://www.microsoft.com/windowsmobile/default.mspx angeboten – tatsächlich findet man seine vom PC aus auf den PocketPC übertragenen Programme über den Button „Weitere" und dann „Software". In diesem Fenster kann man einzelne Programme durch Wegklicken des Hakens davor deinstallieren.

- **Bilder, Musik und Videos** ermöglicht es, Aufnahmen vom PocketPC auf den Computer zu übertragen. Der Importassistent

von Windows Vista bietet dabei eine Beschriftung der neuen Dateien an. Des Weiteren finden Sie hier einen Querverweis zum Windows Media Player: In ihm können Sie festlegen, welche Medien auf den PocketPC überspielt werden sollen. Unter Bilder-/Videoimporteinstellungen können

Sie außerdem einstellen, dass nach dem Import die Originale vom Kleincomputer gelöscht werden sollen.

- **Dateiverwaltung** öffnet den Windows Explorer und zeigt den Inhalt der Speicherkarte(n) Ihres PocketPCs. Sie können darauf wie auf eine Festplatte zugreifen, Dateien löschen, verschieben, umbenennen und so weiter.

- **Einstellungen des Mobilgeräts** schließlich erlaubt Festlegungen, was synchroni-

siert werden soll. Kontakte, Kalender, E-Mails, Aufgaben und Notizen sind die gängigen Informationen, man findet Sie dann in Outlook wieder – vorausgesetzt natürlich, Sie besitzen das kostenpflichtige Programm. Schön wäre natürlich eine Synchronisation mit den neuen Vista-Programmen Kalender, Kontakte und Mail gewesen – doch scheint es so, als ob Microsoft noch eine Weile Outlook verkaufen möchte. Weiterhin synchronisieren können Sie „mobile Favoriten", also die Lesezeichen des Internet Explorers auf dem Pocket-PC. Auf dem Hauptrechner tauchen diese Informationen dann in einem Unterordner der Favoriten des großen Internet Explorers auf. Auch beliebige einzelne Dateien lassen sich zwischen PC und PocketPC synchron halten: Dafür legt Vista auf dem Desktop einen Verweis auf den neuen Ordner „Dokumentation für Ihr Mobilgerät" an. Wenn Sie hier eine Datei hineinkopieren, wird sie beim nächsten Synchronisieren auf den PocketPC übertragen.

Leider funktioniert das Gerätecenter von Vista nicht mit jedem Pocket-PC, Handy oder MP3-Spieler. Notfalls werden Sie die Software benutzen müssen, die dem jeweiligen Gerät beiliegt. Ob das jeweilige Programm dann den Abgleich mit Outlook schafft, steht auf einem anderen Blatt. Nutzer des Musikspielers iPod von Apple schwören ohnehin auf eine andere Abgleichsoftware: iTunes kann nicht nur den iPod komfortabel mit Musik und Videos versorgen, sondern nebenbei noch die gesamte persönliche Musik- und Videosammlung am PC ver-

walten. Man braucht dafür keinen Apple-Computer. Die Software steht in klarer Konkurrenz zum Windows Media Player und zu diesem Mobile-Gerätecenter. Gratis im Internet unter: http://www.apple.com/de/itunes/overview/.

27. Schluss mit dem Kabelsalat: Bluetooth und Infrarot

Könnte die Arbeit am PC nicht viel angenehmer sein, wenn der ganze Kabelsalat unter dem Schreibtisch verschwunden wäre? So schwer ist das im Grunde nicht. Mit Bluetooth und Infrarot

stehen zwei Übertragungsmöglichkeiten zur Verfügung, über die sich Hardware auch kabellos mit einem Computer verbinden lässt. Viele kennen das vor allem von einer Freisprechanlage im Auto, denn Mobiltelefone sind inzwischen in der Regel mit einer Bluetooth-Vorrichtung ausgerüstet, immer öfter auch mobile Navigationsgeräte und Headsets.

Aber auch Drucker, Tastaturen, Kopfhörer, Mäuse und andere Hardware können Sie mitunter auf diese Weise mit dem Rechner verbinden. Notwendig ist ein kleiner Bluetooth-USB-Stick, den es in der Regel schon ab rund zehn bis 15 Euro in jedem Technikgeschäft gibt. Einige Laptops oder PCs sind standardmäßig für Bluetooth ausgerüstet, sodass bei ihnen die Notwendigkeit eines USB-Sticks entfällt.

Bluetooth ermöglicht die drahtlose Kommunikation über eine Distanz von bis zu 100 Metern – erreicht wird diese Entfernung allerdings nur im Freien. Zu Hause müssen Sie aufgrund von Wänden, Decken oder anderen Störquellen mit einer deutlich geringeren Reichweite rechnen. Zudem gilt dieser Standard als relativ leicht zu hacken, was vor allem bei

Mobiltelefonen für die Verwendung eines ausreichend langen Sicherheitsschlüssels spricht. Entwickelt wurde Bluetooth in den neunziger Jahren von mehreren Hardwareunternehmen unter Federführung des schwedischen Handyherstellers Ericsson. Der Name erinnert an den im zehnten Jahrhundert lebenden dänischen Wikingerkönig Harald Blauzahn (englisch Bluetooth), der Skandinavien weitgehend christianisiert und vereint haben soll. Die Tatsache, dass Bluetooth zwar keine Menschen, aber immerhin Geräte vereint sowie die skandinavische Heimat von Ericsson sollen dann wohl ausschlaggebend gewesen sein für die Namensgebung.

Infrarot gilt als Vorgänger von Bluetooth, wird aber bis heute noch vor allem in einigen Mobiltelefonen als Möglichkeit der drahtlosen Kommunikation von Hardware angeboten. Der klare Nachteil von Infrarot gegenüber Bluetooth: Bei Infrarot müssen die Geräte in „Sichtweite" liegen, und dies in maximal rund drei Metern Entfernung. Bluetooth-Geräte benötigen dagegen keinen sichtbare Verbindung. Insofern gilt Infrarot bei PCs als Auslaufmodell und wird im Grunde bei PCs nur noch bei der Fernbedienung

für eine TV-Karte genutzt. Dabei wird der entsprechende Treiber mit Ihrer TV-Karte installiert.

Ein Bluetooth-Gerät an den PC anschließen

Damit ein externes Gerät drahtlos via Bluetooth mit Ihrem PC kommunizieren kann, müssen Sie es zunächst darauf vorbereiten. Dies geschieht in der Regel entweder über eine kleine Taste am Gerät oder – wie bei Mobiltelefonen – über die Menüeinstellungen. In der Standardeinstellung ist Bluetooth im Allgemeinen ausgeschaltet – schon damit niemand Unbefugtes auf Ihr Telefon zugreifen kann. Sie müssen diese Einstellung nun aktivieren. Bei einem SonyEricsson-Handy geht dies beispielsweise über Einstellungen > Verbindungen > Bluetooth. Bei älteren Nokia-Modellen ist es derselbe Weg.

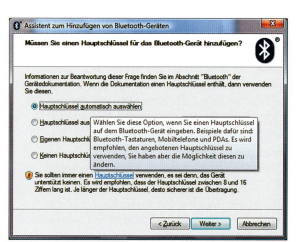

Zudem müssen Sie natürlich Ihren Bluetooth-Stick an den PC angeschlossen und installiert haben. In der Regel sollte Windows Vista diesen erkennen und selbstständig installieren. Geschieht dies nicht, folgen Sie der Anleitung, die dem Stick beiliegen sollte. Dann kann es notwendig sein, zunächst einen entsprechenden Treiber zu installieren.

In der Taskleiste sollten Sie nun rechts unten das ovale blaue Bluetooth-Symbol sehen. Ein Rechtsklick darauf öffnet ein kleines Menü, in dem Sie „Bluetooth-Einstellungen öffnen" auswählen. Dasselbe Menü erreichen Sie über Start > Systemsteuerung > Netzwerk und Internet > Bluetooth-Geräte. Im sich nun öffnenden Fenster klicken Sie auf den Registerreiter „Geräte". Dort wird Hardware angezeigt, die derzeit per Bluetooth mit dem PC verbunden ist. In der Regel sollte dort nach der Installation erstmal kein Hardwaregerät angezeigt werden. Über den Knopf „Hinzufügen" können Sie jedoch Geräte drahtlos anbinden.

- Es öffnet sich ein weiteres Fenster, in dem Sie gefragt werden, ob Sie das Gerät auch eingeschaltet haben, das Sie gern anschließen möchten. Setzen Sie einen Haken in das Feld „Gerät ist einge-richtet und kann erkannt werden" und klicken Sie auf „Weiter".

- Der PC sucht nun nach der Hardware. Er listet alle erreichbaren Bluetooth-Geräte auf. Klicken Sie das gewünschte an und be-stätigen Sie mit „Weiter".

- Nun geht es um die Sicherheit: Bluetooth-Geräte verlangen einen Code – genannt „Hauptschlüssel" –, um sich mit untereinander zu verbinden. Sie haben dabei mehrere Möglichkeiten, von de-nen Sie sich eine aussuchen und mit „Weiter" bestätigen:

  - Hauptschlüssel automatisch auswählen: Unter dieser Funkti-on denkt sich Windows Vista einen Code für Sie aus, den Sie dann in das anzuschließende Gerät eingeben.

  - Hauptschlüssel aus der Dokumentation verwenden: Diese Möglichkeit ist vor allem für solche Geräte gedacht, bei de-nen sich mangels Tasten kein Code eingeben lässt. Sie ver-wenden in diesem Fall den Hauptschlüssel, den der Hersteller in der Regel in seinem Handbuch mitgeliefert hat.

  - Eigenen Hauptschlüssel auswählen: Sie denken sich selbst ei-nen Code aus, den Sie anschließend in das entsprechende Gerät eingeben.

  - Keinen Hauptschlüssel verwenden: Die Verbindung wird un-geschützt aufgebaut – vor allem bei Mobiltelefonen keines-falls zu empfehlen, jedoch bei mancher Hardware wie eini-gen Druckern oder Mäusen üblich.

- Nun versucht Ihr PC, sich mit dem gewünschten Gerät per Blue-tooth zu verbinden. Achten Sie dabei – sofern vorhanden – auf das Display der entsprechenden Hardware. Mobiltelefone bei-spielsweise werden Sie nun darauf hinweisen, dass versucht wird, eine Verbindung aufzubauen. Haben Sie sich für einen Hauptschlüssel entschieden, müssen Sie diesen dann in der Re-gel in das Gerät eingeben. Fertig!

Ein Bluetooth-Gerät abmelden

Ganz einfach: Gehen Sie wie oben beschrieben in das Bluetooth-Menü (Rechtsklick auf das Bluetooth-Symbol in der Taskleiste), und wählen Sie im Reiter „Geräte" die abzumeldende Hardware aus. Nun klicken Sie auf „Entfernen" – und das war's.

Eine Infrarotverbindung aktivieren

Etwas anders funktioniert das Aktivieren einer Infrarotverbindung. Sofern eine möglicherweise von Ihrem Gerätehersteller mitgelieferte Software nicht ohnehin ganz komfortabel alles erledigt (das tun beispielsweise die meisten Handy-Verwaltungsprogramme), müssen Sie Ihre Infrarotschnittstelle folgendermaßen aktivieren.

*   Öffnen Sie den Geräte-Manager: Systemsteuerung > Hardware und Sound > Geräte-Manager. Die möglicherweise auftauchende Sicherheitswarnung von Windows Vista bestätigen Sie.

*   Doppelklick auf Infrarotgeräte. Diese Zeile wird nur angezeigt, sofern Sie auch eine entsprechende Möglichkeit am PC oder Laptop besitzen. Heutzutage verfügen oftmals nicht mal mehr Laptops über eine solche Schnittstelle.

*   Mit der rechten Maustaste auf das gewünschte Gerät klicken und „Aktivieren" wählen. Um es zu deaktivieren, wählen Sie an selber Stelle später „Deaktivieren".

Mittels Bluetooth können Sie letztlich recht komfortabel Geräte miteinander verkoppeln. Der Laptop kann zum Beispiel das Handy als Zugang zum Internet benutzen. Wenn Sie die Verkoppelung der beiden Geräte einmalig erfolgreich vorgenommen haben, entfällt künftig der Konfigurationsaufwand. „Man kennt sich" wäre eine treffende Beschreibung. Allerdings sind bei Weitem nicht alle Bluetooth-Geräte zueinander kompatibel. Eine hilfreiche Über-

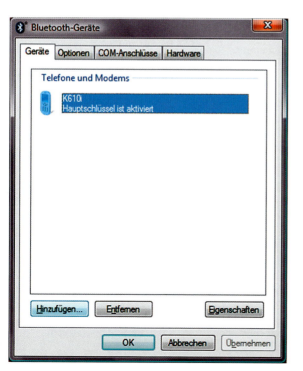

sicht nennt die Heise-Bluetooth-Datenbank im Internet unter http://www.heise.de/mobil/bluetooth/db/ – sie gibt Aufschluss darüber, welche Gerätschaften „miteinander können" und welche nicht.

28. Zu Papier gebracht: So verschicken und empfangen Sie Faxe

Das Programm Windows-Fax und -Scan steht nur in den Vista-Editionen Business, Enterprise und Ultimate zur Verfügung.

Das Telefax (kurz: Fax) war so etwas wie der technologische Höhepunkt der siebziger und achtziger Jahre. Es verhalf dem Telex zu einem recht

zügigen Aus, doch inzwischen wird die „Fernkopie" selbst mehr und mehr abgelöst: von der E-Mail. Während Faxgeräte oder entsprechend konfigurierte Modems eine Zeitlang auch in vielen Privathaushalten vorzufinden waren, sind es heute vor allem Firmen, die diese Möglichkeit der Kommunikation nutzen – was unter anderem mit der fehlenden Rechtsverbindlichkeit einer regulären E-Mail zu erklären sein dürfte. Die sichtbare Unterschrift auf einem Fax ist für viele mehr wert.

Microsoft hat in Windows Vista eine Möglichkeit integriert, vom PC aus Faxe zu versenden – wie bereits bei Windows XP. Voraussetzung ist, dass Sie über ein Modem oder eine ISDN-Karte verfügen oder aber – zum Beispiel in einem größeren Unternehmen – an ein Netzwerk mit Faxkonsole angebunden sind. Wenn Sie komfortabel fertige Papiervorlagen faxen möchten wie bei einem regulären Faxgerät, dann benötigen Sie zudem einen Scanner. Ansonsten können Sie aber auch problemlos Text- oder Bilddateien vom PC anhängen. Oder Sie schreiben selbst einen Text – ganz so wie in einer E-Mail. Sie finden das Programm Windows-Fax und -Scan über Start > Alle Programme > Windows-Fax und -Scan.

Faxkonto einrichten

Um mit Windows Vista ein Fax verschicken oder empfangen zu können, müssen Sie zunächst das Programm für Ihren Anschluss konfigurieren – sprich: ein entsprechendes Benutzerkonto einrichten. Öffnen Sie in der Menüleiste den Punkt Extras > Faxkonten. Nach dem ersten Start dürften Sie im nun geöffneten Fenster auf eine leere Liste stoßen. Über das Feld „Hinzufügen" können Sie nun Ihre Hardware einrichten. Sie haben die Möglichkeit, Ihr Modem oder aber eine Faxfunktion über ein Netzwerk zu nutzen – sofern Sie denn beispielsweise mit ihrem PC in ein Netzwerk integriert sind, das die Option des Faxversands bietet. Das dürfte in aller Regel nur in großen Firmen so sein. In diesem Fall müssen Sie Namen und Netzwerkadresse des entsprechenden Servers eingeben. Die genauen Daten sollten Sie von Ihrem Administrator erhalten.

Die übliche Variante dürfte die des Modems (Analog oder ISDN) sein. Hier benötigt Windows-Fax ebenfalls einige Angaben von Ihnen – zunächst erst einmal einen Namen, unter dem die Verbindung zum Mo-

dem später in Ihrer Liste der Faxkonten auftauchen soll. Theoretisch können Sie nämlich mehrere Modems dort auflisten – beispielsweise eine ISDN-Karte und ein möglicherweise vorhandenes Kombi-Druck-Fax-Gerät. Nun müssen Sie auswählen, wie das Programm auf eingehende Anrufe reagieren soll. Standardeinstellung ist die automatische Annahme eines Faxes nach fünfmaligem Klingeln. Sie können aber auch auswählen, dass Sie zunächst benachrichtigt werden möchten, wenn ein Anruf eingeht. Ihr PC „klingelt" dann, sobald eine Verbindung aufgebaut werden soll. Bestätigen Sie dann einen Anruf nicht, erhalten Sie jedoch auch das entsprechende Fax nicht – nicht sehr sinnvoll. Sofern Ihr Modem vom System erkannt wurde, sind Sie nun startbereit. Sollte es Probleme beim

Erkennen des Modems geben, werden Sie aufgefordert, es manuell einzurichten.

Absenderinformationen eingeben

Möchten Sie, dass auf einem Deckblatt für künftig von Ihnen versandte Faxe Ihr Absender auftaucht, können Sie diesen unter Extras > Absenderinformationen eingeben. Unter Extras > „Persönliche Deckblätter" haben Sie auch die Möglichkeit, selbst einen Entwurf anzufertigen. So können Sie beispielsweise Ihr Firmen- oder Vereinslogo einbinden.

Ein Fax verschicken

Um ein Fax zu versenden, klicken Sie in der Menüleiste auf „Neues Fax". Es öffnet sich ein Fenster, das dem eines E-Mail-Programms ähnelt, wenn Sie dort eine neue Mail schreiben. Hier können Sie zunächst auswählen, ob und welches Deckblatt verwendet werden soll. In das zweite Feld geben Sie die Faxnummer des Empfängers ein – oder Sie klicken auf das links daneben stehende Feld „An", um eine bereits unter „Windows-Kontakte" (Kapitel 10, Seite 68) gespeicherte Nummer zu wählen. Es besteht auch die Möglichkeit, gleich mehrere Nummern einzutragen,

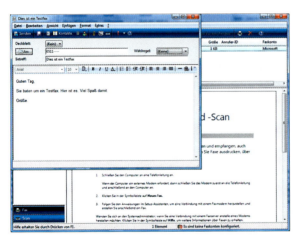

falls das Fax an mehrere Empfänger gehen soll. In den darunterliegenden Feldern können Sie nun eine Betreffzeile und schließlich einen Text eingeben – ebenfalls ganz so wie in einem E-Mail-Programm, auch mit den entsprechenden Möglichkeiten der Textformatierung. Über das Scannersymbol in der Menüleiste dieses Fenster haben Sie zudem die Möglichkeit, ein Bild oder ein anderes gescanntes Dokument anfügen. Fertig? Dann klicken Sie auf „Senden", links oben in der Menüleiste.

Sollten Sie zum ersten Mal ein Fax mit diesem Programm verschicken, werden Sie nun aufgefordert, Einzelheiten zu Ihrem Anschluss einzugeben: Land, Vorwahl sowie gegebenenfalls eine Amtskennziffer (falls Sie eine Telefonanlage nutzen, bei der man sich beispielsweise über die „0" erst eine freie Leitung besorgen muss). Außerdem müssen Sie zwischen Impuls- oder Tonwahlverfahren auswählen. In aller Regel verfügen Telefonanschlüsse heutzutage über das Tonwahlverfahren.

Ist die Leitung besetzt, versucht es Windows-Fax erneut. Wie oft, können Sie unter „Extras" > „Faxeinstellungen" im Register „Erweitert" eingeben. Drei Wählversuche sind es in der Standardeinstellung. Hat es dann mit der Übertragung immer noch nicht geklappt, speichert das Programm Ihr Fax im „Ausgangsfach" – verloren geht es nicht. Nach erfolgreicher Übertragung finden Sie eine Kopie im Ordner „Gesendete Elemente".

Auch aus anderen Programmen heraus können Sie mit Windows Vista Faxe verschicken: Das System richtet die Verbindung zu Ihrem Modem als eine Art Druckertreiber ein. So können Sie über die Druckfunktion eines jeden Programms (oder einfach über Strg-P auf Ihrer Tastatur) das Faxmodul starten. Dazu wählen Sie im sich dann öffnenden Druckerfenster das Symbol „Fax" aus und bestätigen über das Feld „Drucken". Windows-Fax öffnet dann ein Fenster, in dem Sie nur noch den Empfänger wie oben beschrieben auswählen müssen.

Ein Fax empfangen

Ein Fax auf dem PC zu empfangen funktioniert ähnlich einfach wie der Versand. Bedenken Sie jedoch, dass Sie für eine ständige Empfangsbereitschaft Ihren PC samt Modem auch dauerhaft in Betrieb haben müs-

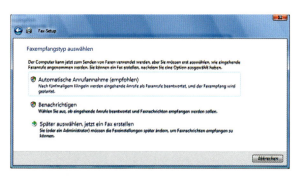

sen. Öffnen Sie dazu das Fenster „Extras" > „Faxeinstellung", und wählen Sie im Register „Allgemein" Ihr Faxmodem aus sowie per Häkchen, ob dieses nur senden oder auch empfangen können soll. Beim Empfang haben Sie zudem die Wahl zwischen „Manueller Anrufannahme" oder „Automatischer Anrufannahme". Automatisch bedeutet, dass Sie sich um nichts mehr kümmern müssen. Beim manuellen Empfang werden Sie vor dem Annehmen eines jeden Faxes gefragt, ob Sie dies auch wirklich erhalten möchten.

Ein Bild scannen

In aller Regel versendet man über ein Faxgerät fertige Vorlagen – sei es eine Rechnung, ein Zeitungsausschnitt oder die Anmeldung für ein Seminar. Solche Vorlagen können Sie per Knopfdruck scannen, um Sie dann wie oben beschrieben an ein Fax anzuhängen. Drücken Sie dazu im Menü des Hauptfensters die Taste „Neuer Scan" – damit wird Ihr Scanner in Gang gesetzt, sofern Sie ihn zuvor korrekt in Windows Vista installiert haben. Speichern Sie das Bild – und fügen Sie es dann an ein Fax an.

Faxen ohne Modem

Wenn Sie weder über ein Modem noch über eine ISDN-Karte verfügen, dann können Sie auch über das Internet Faxe versenden. Eine Reihe von Free-Mail-Diensten wie beispielsweise GMX (www.gmx.de) bietet für angemeldete Nutzer eine virtuelle Telefonnummer an, über die dann auch Faxe empfangen und versendet werden können. Zudem gilt diese Nummer als Anrufbeantworter. Eingehende Faxe werden Ihnen per E-Mail als Bilddatei zugesandt. Dieser Dienst ist jedoch in aller Regel nicht kostenlos. Dafür können Sie Ihre virtuelle Telefonnummer mitunter auch zum Telefonieren über das Internet (Voice over IP, VoIP) nutzen. Und dies ist vor allem dann deutlich günstiger als ein Festnetzanschluss, wenn Sie mit einem anderen Teilnehmer aus demselben Netz telefonieren – nämlich meist kostenlos. Auch Gespräche zu anderen Telefonanschlüssen sind über diesen Weg in der Regel nicht teuer.

29. Spiel und Spaß: Computer daddeln unter Vista

Eine Anlaufstelle für alle Spiele

Eine Neuerung unter Vista ist der sogenannte Spieleexplorer. Darin versammelt Vista alle Spiele, die auf dem System installiert werden – sofern es denn tatsächlich erkennt, dass ein gerade installiertes Programm ein Spiel

Gespeicherte Spiele

ist. Bei älteren Anwendungen hat Vista damit so seine Probleme, und der Benutzer muss ihm auf die Sprünge helfen.

Das geht aber ganz einfach: Öffnen Sie den Spieleexplorer (über das Startmenü und den Eintrag „Spiele"). Anschließend suchen Sie im Start-

menü unter „Alle Programme" nach dem neu installierten Spiel. Dann müssen Sie nur noch das Programmsymbol finden, mit dem das Spiel aufgerufen wird. Klicken Sie mit der linken Maustaste darauf, und halten Sie die Maustaste gedrückt. Jetzt ziehen Sie das Symbol einfach in den Spieleexplorer, der Eintrag wird kopiert. Falls Sie einmal ein falsches Symbol erwischen, ist das kein Beinbruch. Sie können die Einträge auch ganz einfach wieder löschen: Führen Sie einen Rechtsklick auf das unerwünschte Symbol im Spieleexplorer aus, und klicken Sie im Auswahlmenü einfach auf „Aus der Liste entfernen". Schon ist es wieder weg.

Alte Bekannte und nagelneue Vista-Spiele

Zu Beginn enthält der Ordner nur die Spiele, die standardmäßig mit Vi-

sta installiert werden. Darunter befinden sich einige bereits von den Vista-Vorgängern bekannte Spiele wie „Minesweeper" und „Solitär". Diesen Veteranen der Spaßkultur à la Microsoft wurde jedoch eine Frischzellenkur verpasst: Die Grafik

Schach-Giganten

Überprüfen Sie die Spielleistung für diesen Computer:

Empfohlene Spielbewertung: **2,0**

Erforderliche Spielbewertung: **1,0**

Aktuelle Systembewertung: **3,7**

Weitere Informationen erhalten Sie unter Leistungsinformationen und - tools.

 Ohne Altersbeschränkung

wurde aufgepeppt, Ton- und Animationseffekte wurden hinzugefügt. Wer eine Partie „Solitär" gewonnen hat, kann zum Beispiel den Karten dabei zuschauen, wie sie lustig über den Bildschirm flattern und am unteren Rand des Fensters in unzählige Teilchen zersplittern.

Zu den neu hinzugekommen Spielen gehört auch ein Schachspiel. Das kommt mit einer gefälligen 3D-Grafik daher – und mit nervigen Toneffekten, die sich allerdings in den Optionen abschalten lassen (klicken Sie auf Spiel > Optionen, und entfernen Sie dann das Häkchen vor „Sounds wiedergeben"). Schick: Wer während einer Partie das Schachbrett einmal aus einer anderen Perspektive betrachten möchte, hält einfach die rechte Maustaste gedrückt und kann mit der Maus das Spielbrett drehen und wenden.

Auch neu ist das Spiel „Inkball". Bälle unterschiedlicher Farben müssen in Löcher mit der entsprechenden Farbe bugsiert werden. Gesteuert werden sie, indem mit einem virtuellen Füller Linien gezeichnet werden, an denen die Bälle abprallen. Wer einen Ball in einem Loch mit der falschen Farbe versenkt, verliert.

Etwas anspruchsvoller ist das Spiel „Mahjong-Giganten", eine Version des beliebten chinesischen Brettspiels. Die Regeln sind einfach: Sie müssen Spielsteine suchen, die mit den gleichen Symbolen und Buchstaben beziehungsweise Zahlen versehen sind. Klicken Sie die Steine nacheinander an, dann verschwinden sie. Damit das auch klappt, müssen die Spielsteine frei liegen, sie dürfen also nicht zwischen anderen eingemauert sein. Sind alle Spielsteine abgeräumt, haben Sie das

Spiel gewonnen. Eine genaue Anleitung erhalten Sie, wenn Sie während des Spiels die F1-Taste drücken.

Ebenfalls neu ist das „Li-La-Land", eine quietschbunte kleine Spielesammlung für sehr junge Computerbenutzer. Sie können ihr Glück bei

einer leichten Memory-Variante namens „Doppelmoppel" versuchen, in einer Tortenbäckerei aushelfen und den knuffigen Bewohnern des Li-La-Landes neue Gesichter verpassen. Wie die Spiele genau funktionieren, erklären die Li-La-Landsleute bei jeder neuen Partie.

Erweiterte Funktionen des Spielexplorers

Der Spieleexplorer soll aber nicht nur eine zentrale Anlaufstelle bieten, von der aus alle Zeitvertreiber bequem angesteuert werden können.

Microsoft hat dem Ordner auch ein paar zusätzliche Funktionen gegönnt. Bei aktuellen Spielen zeigt Vista an, ob der Rechner fit genug ist, das Programm ohne Probleme auszuführen. Vista bewertet die Leistung des Systems und vergibt dafür eine Gesamtnote. Anders als in der Schule sollte die Note allerdings so hoch wie möglich sein: Eine Sechs ist also deutlich besser als eine Eins.

Das Spiel „Hearts" verlangt zum Beispiel eine bescheidene Systemleistung von mindestens 1,0. Um in den vollen Spielgenuss zu kommen, sollte der Rechner eine Wertung von wenigstens 2,0 erhalten haben. Hat Vista dem Rechner nur eine 1,5 gegeben, werden die Karten folglich nicht so schwungvoll durch die virtuelle Luft flattern, wie bei einem Computer mit einer glatten Drei. Der Benutzer kann also auf den ersten Blick erkennen, ob sein System für das gewünschte Spiel überhaupt ausreichend gut bestückt ist (mehr dazu im Kapitel 1, Seite 9).

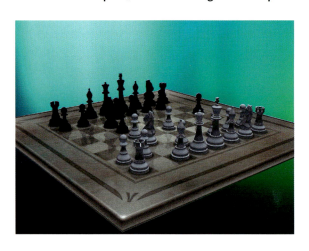

Im Idealfall werden die entsprechenden Informationen im Spieleexplorer auf der rechten Seiten angezeigt, sobald Sie eines der Spiele mit einem Mausklick markiert haben. Sie sehen dort dann eine vergrößerte Darstellung des Programmsymbols. Darunter werden die empfohlene und die minimale Systemleistung sowie die aktuelle Höchstleistung angezeigt, die Ihr Computer erbringen kann.

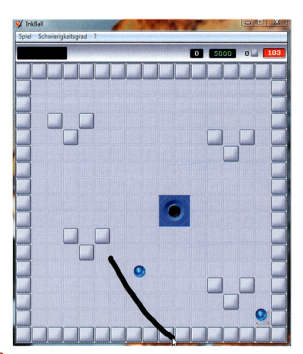

Neben den Leistungsinformationen verrät Vista auch gleich noch, ab welchem Alter die Spiele freigegeben sind. Es richtet sich dabei nach den Angaben der Unterhaltungssoftware Selbstkontrolle (USK). „Hearts" zum Beispiel unterliegt keinerlei Einschränkungen und ist für jedes Alter freigegeben. Die meisten Ego-Shooter („Killerspiele") sind indes erst ab 18 Jahren freigegeben. Über die Jugendschutzeinstellungen kann nun festgelegt werden, welche Benutzer welche Spiele aufrufen dürfen. Ist der Jugendschutz entsprechend eingerichtet, werden ungeeignete Spiele automatisch ausgeblendet und tauchen im Spieleexplorer gar nicht erst auf. Auch auf dem Umweg über den „Programme"-Ordner lassen sich die gesperrten Inhalte nicht aufrufen, Vista blockiert den Zugriff.

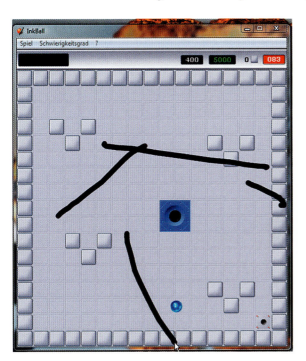

Aber Vorsicht: Bei einigen älteren Spielen werden keine Leistungsinformationen und Altersempfehlungen angezeigt. Einige dieser Programme werden in den Jugendschutzeinstellungen auch nicht als Spiel aufgeführt. Diese Spiele werden folglich auch nicht automatisch ausgeblendet, wenn für ein Benutzerkonto entsprechende Alterseinstellungen vorgegeben wurden. Sie können sie aber manuell sperren, denn Vista ermöglicht es, für jeden Benutzer strikt festzulegen, auf welche Programme er zugreifen darf. Überdies können Eltern festlegen, zu welchen Zeiten der Nachwuchs den Computer nutzen darf – und wie lange (mehr dazu finden Sie im Kapitel 18, Seite 126).

V. SYSTEMPFLEGE IM DETAIL: UNTER DER MOTORHAUBE VON WINDOWS VISTA

30. Hilfe zur Selbsthilfe: So finden Sie Ratschlag bei Vista-Problemen

Wenn Sie bei einem PC-Problem mal nicht mehr weiterwissen: Nicht verzagen, das kommt in den besten Familien vor. Und deswegen gibt es eine Menge Möglichkeiten, einfache oder mitunter auch komplizierte auftauchende Fragen über Betriebssystem, PC oder einzelne Programme relativ schnell zu lösen. Zum Beispiel dieses Buch. Aber auch Ihr Betriebssystem oder das Internet können Sie bei Bedarf recht einfach konsultieren. Und zwar auf folgende Weise:

Die F1-Taste

Eine Taste, die zum Standardrepertoire gehört: F1. Mit einem Klick darauf starten Sie in nahezu jedem Programm und auch im Betriebssystem

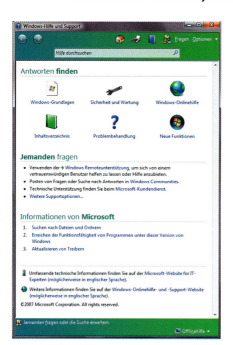

die Hilfsfunktion. In der Regel öffnet sich dann ein Fenster, das alle wichtigen Schritte erklärt oder ein Stichwortverzeichnis anzeigt, mit dem Sie sich Ihrer Frage und auch einer Antwort darauf nähern können. Manche Programme greifen dazu aber auch auf das Internet zurück. Beachten Sie beim Betätigen der F1-Taste, in welchem Programm Sie sich befinden. Haben Sie gerade das Browser-Fenster aktiv, startet die Hilfe zum Browser. Um die Windows-Hilfe zu öffnen, sollten Sie einmal auf eine freie Stelle auf dem Desktop klicken.

Unter Windows Vista öffnet sich mit F1 das Fenster „Hilfe und Support" (auch unter Startmenü > „Hilfe und Support" zu finden), das sich in drei Bereiche gliedert:

Antworten finden

Hier stellt Microsoft eine ganze Reihe von Hilfsmöglichkeiten zur Verfügung.

- Unter dem Symbol „Windows-Grundlagen" können Sie einen Schnellkursus im Betriebssystem absolvieren. In kurzen Texten erklären die Microsoft-Autoren die wichtigsten Schritte, um mit dem PC einfache Aufgaben zu erledigen.
- „Sicherheit und Wartung" gibt Aufschluss über Funktionen wie die Firewall oder den Jugendschutz.
- Das Symbol „Windows-Onlinehilfe" startet den Internet Explorer und ruft bei bestehender Internetverbindung eine Onlinehilfeseite von Microsoft auf.
- Das „Inhaltsverzeichnis" führt sie stichwortartig durch alle vorhandenen Hilfetexte.
- Die „Problembehandlung" sucht Lösung anhand beschriebener häufig vorkommender Probleme. Sie können aber im Prinzip auch gleich oben im Fenster der F1-Hilfe einen Suchbegriff eingeben – das Ergebnis ist dasselbe.
- Unter „Neue Funktionen" finden Sie schließlich eine Übersicht über die wichtigsten Neuerungen bei Windows Vista.

Jemanden fragen

Wenn Sie keine Antwort gefunden haben, dann findet vielleicht jemand anderes eine. Fragen Sie einfach – und zwar so:

- Windows Remoteunterstützung: Eine Art Fernunterstützung, bei der zwei Computer miteinander verbunden werden, sofern Sie und der Benutzer des anderen PCs dies ausdrücklich so gestatten. So können Sie etwa einem Bekannten erlauben, direkt an Ihrem PC etwas einzustellen. Notwendig ist eine Internetverbindung. Mehr in Kapitel 22, Seite 153.
- Windows Communities: Eine Art Newsgroup von Microsoft-Nutzern, also ein Forum, in dem Sie Fragen stellen können in der Hoffnung, dass Ihnen jemand darauf antwortet. Oder Sie helfen selbst jemandem, wenn Sie eine Lösung für ein Problem haben. Dieser Link verweist auf die entsprechende Microsoft-Seite im Internet, deshalb benötigen Sie dafür eine Verbindung ins Netz.

- Microsoft-Kundendienst: Ebenfalls ein Verweis aufs Internet. Hier landen Sie auf der Seite des technischen Supports von Microsoft.

Informationen von Microsoft:

Noch zwei weitere Möglichkeiten, auf Microsoft-Seiten im Internet nach einer Lösung zu recherchieren. Wobei Sie, wenn Sie schon dabei sind, gleich auf folgende Seite schauen sollten, die nicht direkt verlinkt ist:

Microsoft Hilfe und Support

Unter http://support.microsoft.com bietet der Hersteller von Windows Vista seine wichtigste Übersicht über sämtliche verfügbaren Hilfen, wenn es am Computer hakt.

Microsoft Knowledge Base

In dieser Datenbank versammelt Microsoft bekannte Probleme und Lösungen für seine Programme und Betriebssysteme. Unter der Internetadresse http://support.microsoft.com/default.aspx?scid=fh;DE;kbinfo finden Sie eine Suchmaske, in der Sie sowohl in der deutschen als auch im englischsprachigen Archiv suchen können. Wählen Sie aus, in welcher Sprache Sie Ihre Ergebnisse haben möchten, ebenso das Programm, zu dem Sie eine Frage haben, und geben Sie dann einen oder mehrere Suchbegriffe zu Ihrem Problem ein. Enthalten sind in der Datenbank rund 250.000 Artikel von Technikern des Softwarehauses. Insofern sollten Sie Ihre Suchbegriffe mit Bedacht wählen, um nicht von der Anzahl der Treffer erschlagen zu werden.

Das Fragezeichen

In vielen Fenstern von Windows Vista – etwa in der Systemsteuerung – finden Sie in der oberen rechten Ecke einen runden Punkt mit einem weißen Fragezeichen. Auch hier naht Hilfe. Wenn Sie auf das Fragezeichen klicken, öffnet sich ein weiteres Fenster mit der Hilfefunktion. Darin wird in der Regel gleich das entsprechende Kapitel angezeigt, in dem Sie Erläuterungen zu möglichen Problemen finden.

Immer noch keine Lösung?

Wenn all dies nicht geholfen hat, dann bleibt noch die Möglichkeit der gezielten Onlinerecherche: Versuchen Sie es beispielsweise im HAZ-Leserforum (http://www.haz.de/forum), in dem Sie sich nach einer kostenlosen Anmeldung selbst mit einem Beitrag Rat holen können. Andere Teilnehmer – auch Redakteure der HAZ gehören dazu – haben vielleicht eine Antwort auf Ihre dort gestellte Frage. Oder Sie suchen bei einer Internetsuchmaschine wie Google (www.google.de) per Stichwort nach Ihrem Problem. Näheres dazu in Kapitel 9, Seite 64.

31. Hilfe aus der Ferne: Remoteunterstützung

Die Remoteunterstützung läuft unter Vista Home Basic und Home Premium nur im Kundenmodus: Nutzer dieser Vista-Editionen können sich also nur aus der Ferne helfen lassen, nicht aber anderen helfen.

Wenn Vista hakt: Freunde per Remoteunterstützung um Hilfe bitten

Wenn der Rechner einmal nicht so will, wie er eigentlich sollte, ist es immer gut, fachkundige Bekannte oder Verwandte zu haben, die man um Hilfe bitten kann. Telefonisch ist das aber nicht ganz einfach: Manche Fehler lassen sich nur schwer beschreiben, von den Problemlösungen ganz zu schweigen. Leichter wird es, wenn der Helfer einen Blick auf den Monitor des Problemrechners werfen kann. Das ist unter Vista ganz einfach – selbst wenn der hilfreiche Freund am anderen Ende der Welt wohnt. Was er braucht, sind ein Computer, auf dem mindestens Windows XP läuft, und eine Internetverbindung. Dann kann zwischen den beiden Computern eine Verbindung zur Remoteunterstützung hergestellt werden, also eine Fernunterstützung. Der Helfer kann sich das Problem von seinem Computer aus anschauen und – wenn Sie es ihm erlauben – auch die Kontrolle über Ihren Rechner übernehmen und den Fehler zu beheben versuchen.

So schicken Sie Ihrem Helfer eine Einladung

Um eine Remoteunterstützung herzustellen, müssen Sie Ihrem Bekannten eine Einladung schicken, mit der die Verbindung zwischen den beiden Rechnern hergestellt wird. Bedenken Sie: Der Helfer bekommt –

wenn Sie es ihm erlauben – Zugriff auf alle Ihre Dateien. Sie sollten deshalb nicht jeden x-beliebigen Computerfachmann einladen, sondern nur Personen, denen Sie vertrauen können. Bevor Sie die Einladung verschicken, sollten Sie sich zum Beispiel per E-Mail oder telefonisch mit dem Helfer verabreden, schließlich müssen Sie beide zeitgleich vor Ihren Rechnern sitzen, wenn es an die Problembehebung geht.

Haben Sie sich für eine Vertrauensperson entschieden und mit ihr verabredet, öffnen Sie das Startmenü, und wählen Sie dort unter „Alle Programme anzeigen" den Ordner „Wartung". Rufen Sie das Programm „Remoteunterstützung" auf. Wählen Sie „Jemanden um Hilfe bitten". Anschließend haben Sie zwei unterschiedliche Möglichkeiten, die Einladung per E-Mail zu versenden. Wählen Sie die erste Option „Einladung über E-Mail senden", wenn Sie die Einladung mit ihrer Standard-Mailanwendung verschicken wollen. Benutzen Sie indes einen Online-Maildienst wie etwa GMX oder Web.de, wählen Sie die Option „Die Einladung als Datei speichern". In diesem Fall müssen Sie noch festlegen, wo die Datei gespeichert werden soll, die Sie Ihrem Helfer später als Anhang einer E-Mail schicken. In beiden Fällen müssen Sie ein Kennwort für die Verbin-

dung eingeben, das Sie Ihrem Helfer telefonisch oder per E-Mail mitteilen. Wenn Sie das Kennwort per E-Mail verschicken, sollten Sie dazu keinesfalls dieselbe E-Mail benutzen, mit der Sie die Einladung verschicken. Landet diese Nachricht durch einen Tippfehler beim falschen Empfänger, laufen Sie ansonsten Gefahr, dass jemand ganz anderes die Einladung nutzt und auf Ihren Rechner zugreift.

Nach Eingabe des Kennworts klicken Sie auf „Fertigstellen". Verschicken Sie die Einladung mit Ihrem Standardmailprogramm, öffnet

sich nun eine neue E-Mail, in der Sie nur noch die Adresse des Helfers einzufügen brauchen, bevor Sie sie verschicken. Die Einladung ist automatisch als Anhang beigefügt worden. Benutzen Sie einen Webmailer, müssen Sie die gespeicherte Einladungsdatei suchen und per Mail verschicken.

Passen Sie die Remoteunterstützung Ihrer Verbindungsgeschwindigkeit an

Unabhängig davon, welche Übertragung der Einladung Sie gewählt haben, öffnet sich nun das Programm zur Remoteunterstützung. Das wartet darauf, dass Ihr Helfer die Verbindung herstellt. Dazu muss er das Programm ausführen, das Sie ihm gerade per E-Mail gesendet haben.

Während Sie darauf warten, dass der Helfer an Ihrem Rechner andockt, sollten Sie die Einstellungen des Programms aufrufen. Dort können Sie unter anderem festlegen, in welcher Bildqualität der Helfer Ihren Bildschirm angezeigt bekommt. Bei der vorgewählten Einstellung der Bandbreitenverwendung von „Mittelhoch" sieht der Helfer alles so, wie Sie es sehen. Lediglich der Inhalt von Fenstern wird ausgeblendet, wenn sie verschoben werden. Für diese Einstellung sollten beide Seiten mit einer schnellen DSL-Verbindung im Internet unterwegs sein. Ansonsten wird Ihr Helfer die Geschehnisse auf Ihrem Computer nur mit erheblicher Zeitverzögerung angezeigt bekommen. Wenn Sie die Qualität auf „Mittel" reduzieren, wird das Hintergrundbild deaktiviert, bei der Auswahl „Niedrig" wird überdies die Farbqualität reduziert. Sind Sie via ISDN mit dem Internet verbunden, sollten Sie die niedrigste Stufe wählen.

Behalten Sie die Kontrolle, wenn Ihr Helfer den Computer steuert

Achten Sie darauf, dass in den Einstellungen die Option „ESC-Taste zur Freigabesteuerung verwenden" ausgewählt ist. Denn oft ist es sinnvoll, wenn der Helfer die Steuerung über Ihren Rechner übernimmt. Er kann

dann von seinem Computer aus Ihren Rechner fernsteuern – die Maus bewegt sich dann wie von Geisterhand über Ihren Monitor. Sie müssen dem Helfer zuvor allerdings erst gestatten, dass er die Steuerung übernimmt. Sie können an Ihrem Monitor dann verfolgen, was passiert. Sollte Ihr Helfer etwas unternehmen, das keineswegs Ihre Zustimmung findet, können Sie ihm über einen Druck

auf die Esc-Taste (Esc=Escape, zu Deutsch: Entkommen oder Rettung) die Steuerung wieder entziehen. Die Sitzung wird dann umgehend beendet.

Hat Ihr Helfer die Einladung angenommen und aufgerufen, wird zwischen den beiden Rechnern eine verschlüsselte Verbindung hergestellt. Bevor die aber zustande kommt, meldet sich Vista noch einmal bei Ihnen und fragt nach, ob die Verbindung tatsächlich zugelassen werden soll. Während der Remoteunterstützung können Sie sich mit Ihrem Helfer über eine Chatfunktion des Programms unterhalten. In der Regel ist es aber hilfreicher, wenn Sie während des Vorgangs miteinander telefonieren – so können Sie sich im Zweifelsfall schneller verständigen.

Ihr Helfer wird während der Remoteunterstützung wahrscheinlich Administratorrechte benötigen. Die müssen Sie ihm allerdings erst später einräumen – an entsprechender Stelle erscheint ein Kontrollkästchen, über das Sie Ihre Zustimmung erteilen können. Voraussetzung ist allerdings, dass Sie selbst mit Administratorrechten angemeldet sind oder zumindest Benutzername und Kennwort eines Administrators kennen.

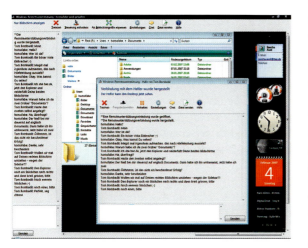

Sie können diese Daten unbesorgt während der Sitzung eingeben, Ihrem Helfer werden Sie nicht angezeigt.

Sie brauchen sich überdies keine Sorgen zu machen, dass jemand über die Remoteunterstützung die Kontrolle über Ihren Rechner übernehmen kann, ohne dass Sie davon etwas mitbekommen.

Bevor die Steuerung übertragen wird, holt Vista sich bei Ihnen die Genehmigung dazu ein. In den Standardeinstellungen haben Einladungen eine Gültigkeit von maximal sechs Stunden. Ist diese Frist abgelaufen, lässt sich mit der Einladung keine Remoteverbindung mehr herstellen. Sie können die Gültigkeitsdauer aber auch ändern. Rufen Sie dazu die Systemsteuerung auf und wählen Sie dort den Eintrag „System und Wartung", und klicken Sie anschließend auf „System". Im nächsten Fenster finden Sie unter „Aufgaben" auch eine Verknüpfung zu den Remoteeinstellungen. Klicken Sie in den Einstellungen auf „Erweitert", anschließend können Sie eine Gültigkeitsdauer zwischen einer und 99 Stunden wählen.

32. Nie wieder Datenverlust: So sichern Sie vollautomatisch wichtig Dateien

Die beschriebenen Funktionen zur Sicherung per Zeitplan, zur Sicherung von Daten in einem Netzwerk und zum Synchronisieren zwischen zwei PCs („Offline-Dateien") stehen in der Vista-Edition Home Basic nicht zur Verfügung; Schattenkopien und die image-basierte Sicherung und Wiederherstellung stehen in den Vista-Editionen Home Basic und Home Premium nicht zur Verfügung.

Ein neues Windows-System zu installieren, ist nicht ungefährlich. Womöglich haben Sie viele wichtigen Daten auf der Festplatte, die bei einem gravierenden Eingriff wie der Installation eines neuen Betriebssystems durchaus gefährdet sind. Wenn Sie sich an einer Stelle verklicken, formatieren Sie womöglich versehentlich jene Partition mit sämtlichen Familienbildern der vergangenen zehn Jahre.

Dateien sichern

Daher sollten Sie vor der Installation Sicherheitskopien anlegen. Brennen Sie am besten sämtliche eigene Dateien auf CD oder DVD. Alternativ sollten Sie über die Anschaffung einer externen Festplatte nachdenken, um die wichtigen Daten dorthin zu kopieren. Diese Geräte lassen sich einfach per Kabel an den USB-Anschluss ankoppeln. An Kosten müssen Sie mit etwa 30 bis 50 Cent pro Gigabyte rechnen – für eine 100-Gigabyte-Platte also etwa 30 bis 50 Euro.

Bedenken Sie bei den Sicherheitskopien: Nicht nur die Dateien im Verzeichnis „Eigene Dateien" können einen besonderen Wert darstellen. Vielleicht haben Sie in Ihrem E-Mail-Programm eine mittlerweile umfangreiche Liste aller Ihrer Kontakte gepflegt und in Ihrem Internetbrowser eine über Jahre gewachsene Liste von Favoriten und Lesezeichen.

Bewährt hat sich folgende Vorgehensweise. Gehen Sie einmal sämtliche Programme im Start-Menü einzeln durch, starten Sie sie, und untersuchen Sie sie auf wichtige zu sichernde Daten. Beim E-Mail-Programm dürften dazu nicht nur die Kontakte, sondern eventuell auch frühere wichtige Mails sowie die grundlegenden Einstellungen für Ihr Mail-Postfach beim Provider gehören. Kurze Daten wie Einstellungen können (und sollten) Sie sich auf einem Zettel notieren. Favoriten im Internetbrowser lassen sich zumeist in eine einzelne Datei exportieren und später, nach der Installation des „frischen" Windows, wieder importieren.

Leider gibt es nicht für jede Software eine solchen Funktion zum Sichern der Einstellungen und enthaltenen Daten. Bei wichtigen E-Mails hängt es von Ihrem Mail-Programm ab, ob und wie sich die Daten sichern lassen – empfehlenswert ist eine Google-Suche nach „outlook express mails sichern", sofern Sie bisher outlook express benutzt haben. Das kann vielfach eine knifflige Angelegenheit sein, entsprechende Anleitungen für Outlook Express füllen Seiten (siehe http://oe-faq.de). Bei Thunderbird ist die Vorgehensweise ebenfalls nicht ganz einfach, es empfiehlt sich ein externes Kopierprogramm namens mozbackup (www.mozbackup.de). Wenn Ihnen das jedoch zu kompliziert erscheint, empfehlen wir eine pragmatische Lösung: Leiten Sie alle wichtigen Mails noch einmal an sich selbst weiter und rufen Sie Ihr Mail-Postfach erst im neuen System wieder ab. Oder Sie richten sich bei einem E-Mail-Anbieter wie Google Mail (mail.google.com) ein kostenloses Postfach ein, an das Sie wichtige E-Mails weiterleiten.

Mit Virtual PC arbeiten

Möglicherweise möchten Sie auch „sanft" zu Windows Vista wechseln und das neue Betriebssystem ohne Gefahr für Ihre wichtigen Daten zunächst einmal austesten. Microsoft bietet unabhängig von Windows Vista eine kostenlose Software „Virtual PC 2007" an, die bei Redaktionsschluss noch in der Testphase war, aber bereits gute Dienste leistete. Das Programm simuliert einen Computer im Computer. In einem eigenen Fenster lassen Sie einen virtuellen PC hochfahren, der sich wie vom richtigen PC gewohnt mit sogenannten BIOS-Meldungen in weiß auf schwarz meldet und dann von einer virtuellen Festplatte

oder auch von der eingelegten CD oder DVD startet. Das alles passiert in einem eigenen Fenster – als Basis haben Sie womöglich Windows XP installiert, in dem Fenster läuft ein eigener Computer mit einem eigenen Betriebssystem. Sie können auf diese Weise Vista wie auch viele andere Betriebssysteme zunächst auf dem virtuellen PC installieren.

Virtual PC 2007 eignet sich allerdings nur für fortgeschrittene Benutzer. In diesem virtuellen Modus stehen nicht sämtliche Eigenheiten von Windows Vista zur Verfügung, wie zum Beispiel die transparenten Fensterrahmen oder angeschlossene USB-Geräte. Der Vorteil aber ist, dass Sie in diesem virtuellen Betriebssystem einmal die komplette Migration, also das Überspielen aller wichtigen Daten gefahrlos testen können.

Wenn Sie Virtual PC 2007 ausprobieren möchten, müssen Sie sich unter der Internetadresse https://connect.microsoft.com (englisch) registrieren und können anschließend das rund 28 MB große Programm herunterladen. In einer eigenen Konsole verwalten Sie anschließend einen oder mehrere virtuelle PCs auf Ihrem Rechner. Sie können hier auch ältere Windows-Versionen wie Windows 98 installieren.

Daten sichern unter Windows Vista

Wenn Sie erst einmal Windows Vista installiert haben, sollten Sie es sich zu eigen machen, regelmäßig oder zumindest nach größeren Verän-

derungen im Datenbestand des Computers Sicherungen anzulegen. Vista bietet dafür ein eigenes Kopierprogramm (nicht unter Vista Starter und Vista Home Basic). Dieses Programm kann auch so eingestellt werden, dass es regelmäßig automatisch Sicherungen anlegt. Sie finden es über Start > Systemsteuerung > System und Wartung > Sichern und Wiederherstellen. Sie haben die Wahl,

- gezielt persönliche Dateien zu sichern oder
- den kompletten Computer zu sichern.

Microsoft empfiehlt, alle sechs Monate den kompletten Computer zu sichern. Für die normale Sicherheitskopie zwischendurch reicht der erste Schritt.

Vista überlässt es Ihnen festzulegen, wohin die Dateien gesichert werden sollen. Denkbar sind neben CDs und DVDs auch ein weiterer Computer im Hausnetz (zumindest für die persönlichen Dateien, nicht aber für den kompletten PC), eine externe Festplatte oder ein Bandlaufwerk. Bei schneller Anbindung ans Internet ist auch ein Speicherplatz bei einem Internetdienstleister denkbar. In jedem Fall sollten Sie die Sicherheitskopie räumlich getrennt vom ursprünglichen Computer vorsehen – falls mal ein Kurzschluss Ihren Rechner zerstört, nützt eine Sicherheitskopie auf einer zweiten eingebauten Festplatte vermutlich wenig.

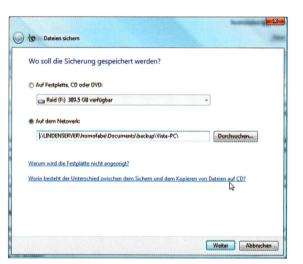

Bei den persönlichen Dateien werden folgende Dateiarten gesichert: Bilder, Musik, Videos, E-Mails, Dokumente, aufgenommene TV-Sendungen und komprimierte Dateien. Übrigens auch von anderen Benutzern Ihres Computers, nicht nur von Ihnen allein. Nicht gesichert werden dagegen das Betriebssystem und Programme. Sie können beim Einstellen des Sicherungsmechanismus festlegen, dass nur bestimmte Dateitypen gesichert werden sollen, also zum Beispiel Bilder, Musik, Dokumente und Videos, nicht aber E-Mails und TV-Sendungen. Wichtig: Es werden nur Dateien von Festplatten und Laufwerken gesichert, die mit dem Dateisystem NTFS formatiert worden sind. Herausfinden können Sie das Dateisystem eines einzelnen Laufwerks über Start > Computer >

Rechtsklick auf ein Laufwerk > Eigenschaften > Registerreiter Allgemein. Steht hier als Dateisystem etwas anderes als NTFS, müssen Sie die
Sicherung der enthaltenen Daten auf andere Weise klären – oder das

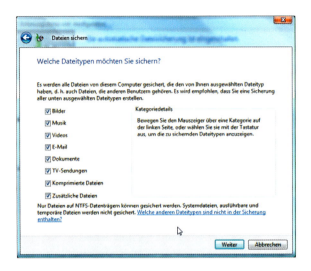

Laufwerk nach dem Leerräumen neu mit dem NTFS-Format formatieren (Rechtsklick aufs Laufwerk > Formatieren). Achtung, dabei gehen sämtliche Inhalte des Laufwerks verloren!

Der erste Durchlauf der Datensicherung dauert lange, möglicherweise Stunden. Sie können aber währenddessen weiterarbeiten. Spätere Sicherungen werden wesentlich schneller verlaufen, weil Vista dann nur die veränderten und neu hinzugekommenen Dateien ausfindig macht und nur diese extra sichert.

Äußerst nützlich ist die Möglichkeit, das Sicherungsprogramm automatisch und regelmäßig starten zu lassen. Jeden Sonntag um 19 Uhr startet dann beispielsweise die Sicherung, und Sie können die Angelegenheit getrost vergessen – Vista erledigt das für Sie. Wenn der Rechner dann ausgeschaltet ist, eben automatisch später, sobald er wieder eingeschaltet ist. Wenn Sie täglich wichtige Dokumente bearbeiten, bietet sich durchaus auch ein täglicher Sicherungsrhythmus an.

Sicherheitskopien zurückspielen

Wiederherstellen können Sie die Daten oder den gesamten Computer über Start > Systemsteuerung > System und Wartung > Sichern und Wiederherstellen. Dabei müssen Sie sich das Wiederherstellen nicht so vorstellen, dass nun die gesamte Sicherheitskopie in einem langen Ritt zurückkopiert wird. Sie können ganz gezielt aus dem angelegten Archiv eine oder mehrere einzelne Dateien oder Verzeichnisse zurückspielen. Und wenn Sie regelmäßig Sicherheitskopien anlegen, gelingt das auch mit noch früheren Versionen.

Innerhalb jeder einzelnen Datei und für jedes Verzeichnis auf Ihrem PC wird hinterlegt, ob und welche Sicherheitskopien es davon auf dem Sicherungsmedium gibt. So können Sie über das Programm „Sichern und Wiederherstellen" ganz gezielt nach einem Dateinamen suchen und die Kopie wieder zurückspielen. Sie müssen noch nicht einmal dieses Programm explizit starten, sondern können auch mit einem Rechtsklick auf die Datei oder das Verzeichnis die frühere Version wiedereinspielen. Auch versehentlich gelöschte Dokumente bekommen Sie so zurück: Klicken Sie einfach mit rechts den übergeordneten Ordner an, wählen Sie „Vorgängerversion wiederherstellen", und benennen Sie den Zeitpunkt, zu dem die Datei noch vorhanden war. Da man dies erfahrungsgemäß nicht mehr so genaus weiß, sollten Sie beim „Dateien wiederherstellen" festlegen, dass die Dateien in ein gesondertes Verzeichnis kopiert werden sollen – sonst überschreiben Sie möglicherweise versehentlich andere wichtige Dateien.

Die Möglichkeit, vorherige Versionen von nahezu jeder Datei zu einem nahezu beliebigen Zeitpunkt wiederherzustellen, entpuppt sich als ein mächtiger Mechanismus. Wenn Sie das Sicherheitskonzept von Windows Vista einmal eingestellt haben und regelmäßig beispielsweise auf eine externe Festplatte sichern, sollten nie wieder Dateien verloren gehen. Neben diesen von Ihnen angestoßenen Sicherheitskopien gibt es noch automatisch angelegte, sogenannte Schattenkopien – die legt Windows von selbst an, wenn Sie grundlegende Änderungen am Betriebssystem vornehmen. Diese automatischen Schattenkopien greifen zunächst nur für das Vista-Betriebssystem-Laufwerk (C:). Wollen Sie es auf weitere Laufwerke ausweiten, können Sie das unter Start > Systemsteuerung > System und Wartung > System > Computerschutz (im Menü links) festlegen.

Sie lernen hier die „Systemwiederherstellung" kennen – einen Mechanismus von Windows Vista, der grundlegende Änderungen am Betriebssystem wieder rückgängig machen kann. Das ist zum Beispiel

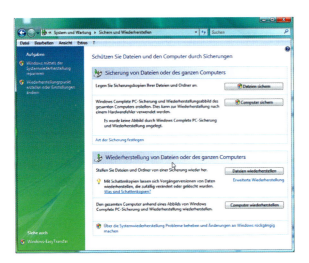

sinnvoll, wenn Sie nach der Installation eines neuen Geräts oder Treibers feststellen, dass die Neuerung nur Probleme verursacht. Es ist nicht verkehrt, in diesem Register „Computerschutz" einen „Wiederherstellungspunkt" zu erstellen, falls Sie grundlegend Neues installieren wollen. Notfalls können Sie später über den Button „Systemwiederherstellung" in diesem Fenster zum vorherigen

Zustand zurückkehren. Vista legt von sich aus automatisch täglich Wiederherstellungspunkte an, wenn der Computer angeschaltet ist.

Eine andere nützliche Methode zum regelmäßigen Sichern einzelner Verzeichnisse verbirgt sich im Synchronisierungscenter (Start > Systemsteuerung > Netzwerk und Internet > Synchronisierungscenter). Unter der Voraussetzung, dass Sie in einem Heimnetz einen weiteren Computer angeschlossen haben, können Sie ein dortiges Speicherverzeichnis als „offline verfügbar" einstellen. Wenn Sie dann Ihre Dateien regelmäßig auf dem fremden Computer sichern, stellt Vista sicher, dass Sie an Ihrem PC immer eine Kopie des gesamten Ordners behalten. Selbst wenn die Netzwerkverbindung zu dem anderen Computer gestört sein sollte, können Sie an den Dateien auf dem fremden Rechner weiterarbeiten – Sie arbeiten dann mit der Kopie auf Ihrem PC. Steht die Verbindung wieder, gleicht Vista die Dateien ab. Falls zwischenzeitlich von anderer Stelle aus die Datei verändert wurde, meldet das Synchronisierungscenter einen Konflikt, und Sie erhalten dann zwei Dokumente, die Sie manuell zusammenführen müssen.

33. Defragmentieren: Großreinemachen auf der Festplatte

Hat sich auf der Festplatte erst einmal ein riesiger Datenberg angesammelt, kommt irgendwann der Tag, an dem der Rechner beim Aufrufen einer großen Datei – etwa eines Videos – zwar tüchtig röhrt und rattert, sich ansonsten aber wenig Erkennbares tut. Grund dafür ist in den meisten Fällen eine völlig fragmentierte (von Fragment, Bruchstück) Festplatte. Das klingt nach einem ernsthaften Problem, ist es aber zum Glück nicht. Denn genau genommen ist nicht die Festplatte fragmentiert, sondern die auf ihr gespeicherten Daten.

Warum das so ist, ist leicht erklärt: Während der normalen Arbeit mit dem Rechner werden gemeinhin auch jede Menge Daten gespeichert – und einige davon im Laufe der Zeit auch wieder gelöscht. Anfangs werden die Dateien einfach in der Reihenfolge auf die Festplatte geschrieben, in der sie dort ankommen. Dann wird im vielleicht vorderen Teil ein bisschen was nicht mehr benötigt und gelöscht, etwas später im Mittelteil, dann ganz hinten und so geht das weiter, bis irgendwann eine mächtig große Datei gespeichert werden soll. Für die ist am Stück aber nicht mehr genügend Speicherplatz verfügbar. Also wird sie aufgeteilt: Ein bisschen was wird am Anfang gespeichert, ein bisschen was weiter hinten, der Rest passt in ein paar Lücken mittendrin. Davon bekommt der Nutzer erst gar nichts mit. Wenn aber die Festplatte dermaßen fragmentiert ist, dass eine Datei in lauter Minihäppchen in die Lücken gestopft werden muss, macht sich das später in der Geschwindigkeit bemerkbar. Denn der Rechner muss zum Ausführen der Datei mühselig alle Bröckchen suchen und zusammensetzen.

Bereits die Vorgängerversionen von Vista hatten deswegen ein Defragmentierungsprogramm an Bord, das die einzelnen Dateibruchstücke auf der Festplatte hin- und herschob, bis sie wieder zu einem großen Ganzen zusammengesetzt waren. Allerdings musste das Programm von Hand gestartet oder zumindest ein automatischer Ablauf festgelegt werden – und da waren viele Windows-Nutzer ziemlich nachlässig. Das kann allerdings nicht wirklich überraschen: Eine entsprechend große

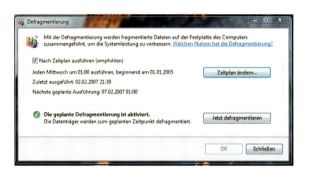

und kräftig fragmentierte Festplatte vorausgesetzt, kann das Zusammensetzen der Dateien mehrere Stunden in Anspruch nehmen, in denen der Rechner recht gut ausgelastet ist. Microsoft hat sich dieser Unannehmlichkeit angenommen und das Defragmentierungsprogramm standardmäßig mit einem Automatismus ausgestattet. Es überprüft jetzt regelmäßig den Fragmentierungsgrad der Festplatte und sortiert gegebenenfalls die Daten neu – in den meisten Fällen, ohne dass sich das auf die Rechnerleistung spürbar auswirkt.

Der Anwender kann jedoch steuernd eingreifen und den Zeitplan für die Defragmentierung festlegen: via Start > Zubehör > Systemprogramme > Defragmentierung. Anders als bei der Vorgängerversion zeigt das Programm jetzt aber keine Informationen über den Fragmentierungsgrad der Festplatte mehr an. Der Benutzer hat somit nur noch die Möglichkeit, Termine fürs Festplattenaufräumen festzulegen oder aufs Geratewohl eine Defragmentierung zu starten. Um in Erfahrung zu bringen, ob die überhaupt notwendig ist, muss man eine wenig komfortable Konsolenanwendung aufrufen (das hat nichts mit einer Spielkonsole zu tun, sondern beschreibt ein Programm, das lediglich in einem textbasierten Eingabefenster aufgerufen und über Textbefehle gesteuert wird).

• Klicken Sie dazu auf Start, und geben Sie im Suchfenster „cmd" ein. Im linken Fenster wird ein Link zu der Anwendung cmd.exe angezeigt, der über Rechtsklick > „Als Administrator ausführen" aufgerufen werden sollte.

- Im folgenden Fenster müssen Sie den Befehl „defrag Laufwerks-buchstabe: -a -v" eingeben und die Eingabetaste betätigen. Wollen Sie also die Festplatte c: überprüfen, geben Sie defrag c: -a -v ein. Damit fordern Sie eine Auskunft über den Fragmentierungs-grad der Festplatte an, ohne dass sofort eine Zusammenführung der Dateistücke begonnen wird. Bis das Ergebnis angezeigt wird, können allerdings einige Minuten vergehen.

- Über die Textkonsole haben Sie auch noch die Möglichkeit, eine Defragmentierung mit tiefer gehenden Optionen aufzurufen. Über den Befehl „defrag /?" erhalten Sie Auskunft darüber, welche Feineinstellungen mit welchen Befehlen möglich sind. Weniger versierte Computerbenutzer brauchen sich damit aber nicht unbedingt abzumühen: In der Regel reicht die reguläre Defragmentierung vollkommen aus.

Wenn Sie den Terminplan festlegen wollen, rufen Sie das Programm wie oben beschrieben über Start > Alle Programme > Zubehör > Systempro-gramme > Defragmentierung auf und klicken Sie auf „Zeitplan ändern". Im folgenden Fenster können Sie festlegen, ob die Festplatte täglich, wöchentlich oder monatlich defrag-mentiert werden soll. Wöchentlich reicht in der Regel aus – es sei denn, auf der Festplatte werden nahezu täg-lich große Da-tenmengen ge-schrieben und gelöscht. Dann kann auch eine täglich Defragmentierung

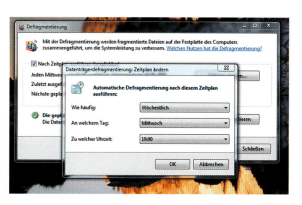

sinnvoll werden. Wer hingegen nicht so häufig Daten ablegt, kann sich auch für einen monatlichen Rhythmus entscheiden. Zudem können Tag und Uhrzeit für den Start des Defragmentierungsprozesse aufgerufen werden. Ist der Rechner zum Zeitpunkt des nächsten geplanten Festplat-tenputzes nicht eingeschaltet, wird die Reinemachaktion beim nächsten Start des Rechners nachgeholt.

34. Auf Nummer sicher: So verschlüsseln Sie Dateien und Ordner

Die Funktionen zur Verschlüsselung stehen nur in den Vista-Editionen Business, Enterprise und Ultimate zur Verfügung; die BitLocker-Laufwerkverschlüsselung nur in Enterprise und Ultimate.

Manche Dateien möchte man besonders schützen: die Steuererklärung, die Familienbilder auf dem potenziellen Raubgegenstand Laptop, die Excel-Dateien und Word-Dokumente mit den Firmengeheimnissen. Windows Vista bietet dafür einen Verschlüsselungsmechanismus an: Einzelne Ordner ebenso wie Dateien lassen sich nur dann öffnen, wenn man sich als zugelassener Besitzer identifiziert hat.

Das gelingt ganz einfach: Markieren Sie den gewünschten Ordner oder die Datei, die verschlüsselt werden soll. Klicken Sie sie mit rechts an. Unter Eigenschaften > Registerreiter Allgemein > Erweitert können Sie das Feld „Inhalt verschlüssen, um Dateien zu schützen" markieren. Windows Vista fragt nach, ob dies auch für untergeordnete Ordner und Dateien geschehen soll. Wenn Sie dies bestätigen, sind die Dateien auch für einen anderen Administrator künftig nicht mehr „ohne Weiteres" zugänglich. Im Windows Explorer werden verschlüsselte Dateien und Ordner grün dargestellt.

Windows Vista setzt dabei ein System namens Encrypting File System (EFS) ein. (EFS steht nur bei Windows Vista Ultimate und Business vollständig zur Verfügung.) Dabei werden die betreffende Datei oder der komplette Ordner in Datensalat umgewandelt – der nur mit Hilfe einer Schlüsseldatei wieder lesbar gemacht werden kann. Diese Schlüsseldatei, Microsoft nennt sie „Verschlüsselungsschlüssel" oder „Zertifikat", bedeutet die einzige Möglichkeit, die Daten wieder lesbar zu machen. In der Praxis werden Sie verschlüsselte Dateien und Ordner kaum bemerken – außer an der Farbe Grün. Ihre Dateien sind weiterhin sofort zugänglich und öffnen sich wie gewünscht – vielleicht mit einer minimalen Zeitverzögerung.

Die Verschlüsselung ist dennoch ein zweischneidiges Schwert. Unter Umständen werden Sie später vielleicht einmal dazu gezwungen sein, ein zweites Betriebssystem aufzuspielen, weil irgendetwas gehörig schiefgegangen ist. Oder Sie müssen Vista neu installieren, weil Sie sich Ihr System mit einem Virus verseucht haben. Dann werden Sie nicht ohne Weiteres auf die verschlüsselten Dateien zurückgreifen können – Sie brauchen den Schlüssel.

Wenn Sie mit verschlüsselten Ordnern oder Dateien arbeiten, legt Windows Vista den Schlüssel automatisch an. Sie sollten die entsprechende Schlüsseldatei und das passende Zertifikat in jedem Fall extra sichern, zum Beispiel auf einer gebrannten CD. Zunächst müssen Sie es aus dem System exportieren. Das gelingt über Start > Systemsteuerung > Benutzerkonten und Jugendschutz > Benutzerkonten > Dateiverschlüsselungszertifikate verwalten (im Menü links). Unter „Schlüssel und Zertifikat jetzt sichern" finden Sie den „Durchsuchen..."-Button, über den Sie den gewünschten Speicherort dieser sogenannten pfx-Datei auswählen. Zusätzlich zum Namen dieser Datei (zum Beispiel „Verschlüsselungsschlüssel-Marcus") müssen Sie ein Kennwort festlegen. Anschließend bietet Vista an, alle Laufwerke auf die von Ihnen zuvor verschlüsselte Dateien noch einmal zu untersuchen und mit diesem gerade benutzten Schlüssel zu verschlüsseln.

Die entstandene pfx-Datei ist Ihr Schlüssel zu allen grün angezeigten Ordnern und Dateien. Brennen Sie diese Datei auf CD. Wenn später einmal irgendetwas auf Ihrem PC kaputtgehen sollte, kann selbst ein professioneller Datenrettungsdienst „grüne" Ordner und Dateien nicht mehr wiederherstellen, wenn diese pfx-Datei fehlt.

Im laufenden Betrieb eines funktionstüchtigen PCs kann höchstens ein anderer Administrator Zugriff auf Ihre verschlüsselten Dateien und Ordner erlangen: indem er Ihr Windows-Kennwort neu vergibt und sich dann unter Ihrer Kennung am PC anmeldet. Dann aber wüssten Sie spätestens bei Ihrer nächsten erfolglosen Anmeldung, dass der Administrator da tief ins System eingegriffen hat. Wenn Sie auch diese theoretische Möglichkeit unterbinden wollen, empfiehlt sich Truecrypt, auf das wir gleich noch eingehen werden.

Microsoft bietet eine noch weitergehende Verschlüsselung, die das Unternehmen als Windows BitLocker bezeichnet. Dabei wird das komplette Festplattenlaufwerk verschlüsselt. Besonders für Laptops ist dies interessant: Kommt das Gerät abhanden, wird der Finder nicht einfach die Festplatte ausbauen und in einen anderen Computer einbauen können, um die enthaltenen Daten auszulesen; sämtliche Daten sind weiterhin verschlüsselt. Das betrifft dann nicht mehr nur die ursprünglich grün dargestellten sowieso verschlüsselten Ordner, sondern das komplette System. Nutzen lässt sich die Festplatte dann ausschließlich in dem Ursprungs-Laptop. Bei der Entwicklung dieser Sicherheitsmechanismen hat Microsoft mit dem US-amerikanischen Geheimdienst NSA zusammengearbeitet.

Windows BitLocker ist allerdings kaum für den Otto Normalanwender geeignet, da schwer zu installieren. Die entsprechende Anleitung bietet Microsoft im Internet unter http://go.microsoft.com/fwlink/?LinkId=53779.

Verschlüsselung von einzelnen Daten und Ordnern ist dagegen durchaus auch von Durchschnittsbenutzern zu bewerkstelligen und besonders auf mobilen Computern empfehlenswert: nämlich dann, wenn die Gefahr besteht, dass bei Verlust des Computers jemand die Festplatte ausbaut und in einem anderen Rechner ausliest. Dabei ist der Weg zur Verschlüsselung so selbsterklärend: Einfach mit rechts den Ordner anklicken und unterm Registerreiter Allgemein > Erweitert > einen Haken setzen bei „Inhalt verschlüsseln, um Daten zu schützen". Ohne den Schlüssel und das Kennwort zu dem Schlüssel wird ein Dieb mit dem so gekennzeichneten Ordner nichts anfangen können. Zusätzlich müssen Sie sicherstellen, dass sämtliche Administratorzugänge zu Ihrem Rechner mit einem starken Kennwort gesichert sind – und andere Administratoren vertrauenswürdig sind.

> *Tipp: Mit Truecrypt gibt es außerdem ein kostenloses Programm aus der weltweiten Open-source-Szene, das die Verschlüsselung von Dateien bis hin zum Verstecken treibt. Damit lassen sich einzelne Laufwerke unsichtbar schalten und nur bei Einlegen einer CD oder Anschließen eines USB-Sticks sichtbar machen – James*

Bond wäre wohl zufrieden. Auch anderen Administratoren kann man damit den Zugriff verwehren. Die Internetadresse: http://www.truecrypt.org.

35. Die Systemsteuerung: In der Zentrale von Windows Vista

Einzelne Funktionen der Systemsteuerung stehen nur in bestimmten Vista-Editionen zur Verfügung (siehe Tabelle in Kapitel 1, Seite 13).

Die Systemsteuerung ist das Herz des Betriebssystems. In Windows Vista finden Sie sie im Startmenü > Systemsteuerung, also dort, wo Sie auch bei Windows XP schon nachschauen mussten. Und auch sonst wird Ihnen vieles bekannt vorkommen. Das neue Hauptfenster ist klar

strukturiert, jetzt in zehn Bereiche. Sie können aber mit einem Klick links oben im Fenster („Klassische Ansicht") auch zu einer von früheren Windows-Versionen bekannten Darstellung wechseln. Dann sehen Sie für jede einzustellende Funktion ein eigenes Symbol – knapp 50 dürften das bei den meisten

Installationen sein, was nicht gerade zum besseren Überblick beiträgt. Wir halten uns in diesem Kapitel deswegen an die Gliederung der neuen Vista-Ansicht in der Systemsteuerung, die auch Standardeinstellung ist.

System und Wartung

Unter diesem Punkt können Sie Grundeinstellungen an PC und Betriebssystem vornehmen.

- **Begrüßungscenter:** Die Rezeption von Windows Vista, die eine erste Orientierung geben soll nach der Installation (siehe Kapitel 3, Seite 24).

- **Sichern und Wiederherstellen:** Hier können Sie einzelne Dateien, Ordner oder den gesamten Festplatteninhalt auf einen externen Datenträger sichern

- **System:** Unter diesem Punkt sehen Sie Basisdaten Ihres PCs, wie den Prozessortyp, die Größe Ihres Arbeitsspeichers (RAM) oder den von Ihnen bei der Installation vergebenen Computernamen. Zudem wird hier der Product Key (die Seriennummer) Ihrer Vista-Version angezeigt.

- **Windows Update:** der automatische Updatedienst von Windows Vista und anderen Microsoft-Produkten. Dieses Fenster zeigt an, ob Ihr System auf dem neusten Stand ist. In der linken Menüleiste können Sie selbst nach neuen Updates suchen und die Einstellungen ändern. Dabei können Sie unter anderem festlegen, ob und wann das System nach Neuerungen suchen soll. Dabei muss eine Internetverbindung bestehen. In der Standardeinstellung wird täglich nach Updates gesucht. Sind solche vorhanden, lädt und installiert sie das System automatisch. Sie sollten diese Einstellung beibehalten, um immer gegen neu bekanntwerdende Sicherheitslücken gewappnet zu sein. Was wann installiert worden ist, sehen Sie unter dem Menüpunkt „Updateverlauf anzeigen".

- **Energieoptionen:** Ein Menü nicht nur für Umweltbewusste – hier können Sie auswählen, welche Leistung zu welchem Energieverbrauch Ihr PC bringen soll. Die Standardeinstellung ist „Ausbalanciert", für Nutzer eines Laptops bietet sich aber auch die Variante „Energiesparmodus" an. Dabei wird die Leistung des System herabgesetzt, was sich in der verlängerten Nutzungszeit des Akkus bemerkbar macht. In der linken Menüleiste können Sie zudem bestimmen, wie Ihr Rechner auf das Drücken des Netzschalters reagieren soll. Standardmäßig fährt der PC dann herunter, Sie können aber auch einstellen, dass nichts passieren soll oder er lediglich in den Ruhezustand wechselt. Festlegen lässt sich auch, ob und wann Ihr Rechner den Bildschirm ausschalten soll, falls Sie mal nicht daran arbeiten. Das spart eine Menge Strom.

- **Indizierungsoptionen:** Die Suchenfunktion von Windows Vista nutzt einen Index, ein Schlagwortverzeichnis, um Dateien und Dokumente schneller wiederfinden zu können. Welche Ord-

ner und Festplatteninhalte dabei durchsucht werden, zeigt Vista im Fenster „Indizierungsoptionen". Unter dem Knopf „Ändern" können Sie gegebenenfalls Ordner hinzufügen. Unter „Erweitert" haben Sie die Möglichkeit, festzulegen, welche Dateitypen indiziert werden sollen. Man kann jedoch recht gut mit der Standardeinstellung leben – Sie sollten hier also nur Veränderungen vornehmen, wenn Sie sich mit dem System wirklich auskennen.

- **Problemberichte und -lösungen:** Hier sehen Sie gegebenenfalls Probleme aufgelistet, die sich beispielsweise beim Installieren von Programmen ergeben haben oder beim Starten einer Software. Sollten die Komplikationen bekannt sein und eine Internetverbindung bestehen, sucht Vista online nach einem Lösungsvorschlag auf den Microsoft-Servern. Im Test war jedoch von Lösungen keine Spur.

- **Leistungsinformationen und -tools:** Eine recht abstrakte Bewertung Ihrer Hardwareausstattung. Vista bewertet unter anderem Prozessor, Grafikkarte, Festplatte und Arbeitsspeicher mit Zahlenwerten und erstellt daraus eine Gesamtwertung auf Basis des niedrigsten verteilten Wertes. Je höher diese Zahl, desto besser und schneller soll Ihr PC sein.

- **Geräte-Manager:** Eine Übersicht über eingebaute und angeschlossene Hardware Ihres Rechners. Mit einem Doppelklick auf die einzelnen Elemente in der Übersicht erhalten Sie weitere Informationen zu den entsprechenden Geräten und können beispielsweise deren Treiber aktualisieren. Das sollten Sie aber getreu dem Motto „Never change a running system" (verändere niemals ein funktionierendes System) nur tun, wenn Sie Probleme mit dem betreffenden Gerät haben.

- **Verwaltung:** Unter diesem Punkt können Sie unter anderem Speicher freigeben und Ihre Festplatte defragmentieren (Kapitel 33, Seite 229).

Sicherheit

Die wichtigsten Sicherheitseinstellungen, etwa zur Firewall oder dem Jugenschutz, lassen sich unter diesen Punkten vornehmen.

- **Sicherheitscenter:** eine Erweiterung der gleichnamigen Funktion von WindowsXP. Das Sicherheitscenter bei Vista gibt einen Überblick darüber, wie gut Ihr PC gegen Hacker und Schädlingsprogramme geschützt ist. Die Übersicht ist simpel gestaltet: Grün hinterlegt bedeutet „alles in Ordnung", bei Gelb sollten Sie die Einstellungen überprüfen, Rot steht für fehlende Sicherheit. Das meiste dürfte nach der Installation automatisch gesichert sein – in jedem Fall sollten Sie aber ein Virenprogramm installieren. Das ist im Auslieferungszustand von Windows Vista nicht enthalten – aber besonders wichtig, wenn Sie im Internet surfen oder E-Mails empfangen wollen. Empfehlenswert ist das kostenlose Programm Avira AntiVir (www.free-av.de), das jedoch zum Zeitpunkt der Drucklegung noch nicht ausdrücklich zu Windows Vista kompatibel war. Eine schon funktionierende Alternative beschreiben wir in Kapitel 17, Seite 119.
- **Windows-Firewall:** eine systemeigene Schutzmauer gegen bösartige Hacker und Angriffe aus dem Internet. Standardmäßig eingeschaltet – und das sollte auch immer so bleiben.
- **Windows Update:** der automatische Update-Dienst von Microsoft. Damit bringen Sie Ihr Betriebssystem regelmäßig auf den jüngsten Stand. Mehr in Kapitel 17, Seite 119.
- **Windows Defender:** ein Schutzprogramm vor Angriffen aus dem Internet. Microsoft will damit zusätzlich zum Virenschutz, der nicht mitgeliefert wird, und zusätzlich zur Firewall den Computer vor einer Installation von Schadsoftware schützen. Defender allein bietet nur rudimentären Schutz und sollte deswegen

auf jeden Fall durch eine richtigen Virenschutz und die Windows Firewall ergänzt werden.

- **Internetoptionen:** Das Einstellungsfenster für Inhalte und Zugangsgmöglichkeiten zum Netz für den Internet Explorer. Sie können es auch über „Extras" direkt im Browser öffnen (Kapitel 14, Seite 98).

- **Jugendschutz:** Hier besteht die Möglichkeit, Programme für bestimmte Nutzer Ihres PCs zu sperren, sodass Ihre Kinder beispielsweise nicht auf für sie ungeeignete Software zugreifen können (mehr in Kapitel 18, Seite 126).

- **BitLocker-Laufwerkverschlüsselung:** Mit dieser Funktion können Sie Ihre Festplatte schützen, damit sie nicht von Unbefugten ausgelesen werden kann – etwa nach einem Diebstahl. Dies kann vor allem bei Laptops sinnvoll sein (Kapitel 17, Seite 119).

Netzwerk und Internet

Hier finden Sie alle Einstellungen rund um das Internet und andere Netzwerke.

- **Netzwerk- und Freigabecenter:** Der Überblick über Ihre Netzwerk- und Interneteinstellungen (Kapitel 12, 13, Seite 76, 79).

- **Internetoptionen:** Ein auch im Internet Explorer zugängliches Menü für Browsereinstellungen (Kapitel 14, Seite 89).

- **Offlinedateien:** Offlinedateien sind auf dem eigenen PC gespeicherte Kopien von Daten aus einem Netzwerk. Sollte mal keine Verbindung zu einem externen Server bestehen, können Sie dennoch auf diese Daten zugreifen. Windows synchronisiert diese dann, sobald wieder eine Netzwerkverbindung besteht.

- **Windows-Firewall:** Siehe unter „Sicherheit".

- **Personen in meiner Umgebung:** Ein Dienst, um anderen Nutzern Zugriff auf den eigenen PC zu gewähren. Mehr in Kapitel 19, Seite 130.

- **Synchronisierungscenter:** Hier können Sie einstellen, welche Dateien und Ordner wann mit einem Server abgeglichen werden soll – sofern Sie in einem Netzwerk mit anderen PCs arbeiten.

Hardware und Sound

Externe Geräte wie Bildschirm, Maus und Drucker lassen sich mit diesem Menü einstellen.

- **Drucker:** Wenn Sie einen neuen Drucker an Ihren PC anschließen oder einen bestehenden aus dem Netzwerk ansteuern wollen, können Sie dies unter diesem Punkt einstellen. Unter dem Link „Standarddrucker ändern" können Sie im Falle mehrerer Geräte bestimmen, welches standardmäßig gewählt werden soll. Zudem lässt sich über den Punkt „Fax senden" das Programm „Windows Fax und Scan" öffnen (siehe Kapitel 28, Seite 204).

- **Automatische Wiedergabe:** Ändert die Standardeinstellungen für CDs, DVDs und andere Geräte wie einen USB-Stick: Was soll nach dem Einlegen oder Anschließen dieser Medien passieren? So können Sie einstellen, mit welchem Programm etwa Datenträger geöffnet werden sollen, die Bilder enthalten oder Musik.

- **Sound:** Ein Fenster, in dem Sie Einzelheiten zu Lautsprechern und dem Mikrofon bestimmen können.

- **Maus:** Hier lassen sich Feinheiten zum Umgang mit der Maus einstellen, wie die Geschwindigkeit, mit der sich der Zeiger auf dem Bildschirm beziehungsweise die Zeilen beim Drehen des Mausrades bewegen sollen.

- **Energieoptionen:** Siehe oben unter System und Wartung.

- **Anpassung:** Ändert das Design Ihrer Bildschirmdarstellung. Unter den einzelnen Menüpunkten können Sie neben anderem den Desktop-Hintergrund, einen Bildschirmschoner und die Bildschirmauflösung („Anzeige") wählen.

- **Scanner und Kameras:** Haben Sie einen Scanner oder eine Webcam angeschlossen, werden Ihnen diese hier angezeigt. Mit einem Klick auf „Dokument oder Bild scannen" starten Sie „Windows Fax" (Kapitel 28, Seite 204).

- **Tastatur:** Einstellungen wie die „Cursorblinkrate", also die Geschwindigkeit, mit der in Textfenstern Ihr Cursor aufleuchtet, oder die Wiederholrate von Buchstaben, wenn Sie länger auf eine Taste drücken, werden hier vorgenommen.

- **Geräte-Manager:** Eine Übersicht über Ihre angeschlossene Hardware (siehe weiter oben unter „System und Wartung").

- **Telefon- und Modemoptionen:** Sollten Sie ein Modem angeschlossen haben, können Sie hier Feinheiten einstellen wie Ihre eigene Telefonnummer, die dann bei Anrufen angezeigt wird.

- **Gamecontroller:** Konfiguriert angeschlossene Spielehardware, zum Beispiel einen Joystick.

- **Windows SideShow:** Vista bietet in allen Editionen außer Home Basic die Möglichkeit, externe Geräte wie ein Mobiltelefon, einen drahtlos vernetzten zweiten Bildschirm oder zum Beispiel einen Minimonitor auf der Außenseite eines zugeklappten Laptops auf Daten Ihres PCs zugreifen zu lassen. So kann beispielsweise Ihr Kalender oder Ihr E-Mail-Postfach eingesehen werden, auch wenn sich Ihr Laptop im Ruhemodus befindet. Welche Programme auf diese Weise auf Ihrem Rechner genutzt werden können, sehen Sie unter diesem Teil der Systemsteuerung.

- **Stift und Eingabegeräte:** Sollten Sie einen Tablet-PC benutzen, können Sie hier Eingabeoptionen verändern. Für alle anderen PCs kann dieser Punkt außer Acht gelassen werden.

- **Farbverwaltung:** Hier lassen sich Farbeinstellungen für Drucker, Scanner und Bildschirm ändern. Das sollten Sie aber nur tun, wenn Sie sich wirklich damit auskennen. Die Standardeinstellung ist in der Regel ausreichend.

- **Tablet-PC-Einstellungen:** Auch dieser Punkt ist ausschließlich für Tablet-PCs gedacht. Nutzen Sie Vista auf einem solchen, können Sie hier unter anderem einstellen, ob Sie Links- oder Rechtshänder sind (Menüs werden dann auf der entsprechenden Seite angezeigt), oder in welcher Ausrichtung Sie Ihren Tablet-PC nutzen: hoch oder quer.

Programme

Alles rund um Ihre Software:

- **Programme und Funktionen:** Unter diesem Menüpunkt können Programme deinstalliert werden. Das kann hilfreich sein, wenn Software etwa nicht richtig funktioniert und Sie lieber eine Alternative nutzen wollen. Oder auch, wenn Sie Ihre Festplatte entrümpeln möchten, weil Sie beispielsweise an einem Spiel die Lust verloren haben. Beim Öffnen des Fensters erhalten Sie eine Übersicht über alle auf Ihrer Festplatte installierten Programme. Klicken Sie jenes doppelt an, das Sie loswerden möchten, bestätigen Sie die kurze Sicherheitswarnung von Windows Vista, und nun dürfte sich die Deinstallationsfunktion Ihres ausgewählten Programmes öffnen und sich das Programm nach einer weiteren Bestätigungsaufforderung selbst löschen.

- **Windows-Defender:** Siehe unter „Sicherheit".

- **Standardprogramme:** Hier können Sie festlegen, welche Art von Dateien oder Protokollen (unter anderem das Internetprotokoll http) standardmäßig mit welchen Programmen geöffnet werden sollen. Windows Vista öffnet eine Internetseite üblicherweise mit dem Internet Explorer. Sie können aber an dieser Stelle auch beispielsweise Firefox oder Opera einstellen – falls es eines dieser Programme bei seiner nachträglichen Installation nicht ohnehin selbstständig eingestellt hat. Viele Programme fragen Sie bei der Installation, ob Sie sie als Standard für bestimmte Dateien verwenden möchten. Zudem haben Sie auch Zugriff auf Einstellungen für CDs und DVDs. Dieses Fenster können Sie auch einfach über Startmenü > Standardprogramme öffnen.

- **Windows SideShow:** Siehe unter „Hardware und Sound".

- **Windows-Sidebar-Eigenschaften:** Unter diesem Punkt haben Sie die Möglichkeit, die sogenannte Sidebar, also die Leiste mit Zusatzfunktionen auf dem Desktop, zu konfigurieren. Mehr in Kapitel 7, Seite 53.

- **Programme online beziehen:** Ein Link auf den Microsoft-Online-Shop für diverse Software. Öffnet Ihren Browser.

Benutzerkonten und Jugendschutz

Ändert Konfigurationen an einzelnen Benutzerkonten und den Jugendschutzeinstellungen.

- **Benutzerkonten:** Hier können Sie Einstellungen an Ihrem eigenen Benutzerkonto vornehmen und – sofern Sie Administrator sind – auch an anderen. Ändern lassen sich beispielsweise Kontoname, Kennwort und auch das Bild, das in Verbindung mit dem entsprechenden Konto stets angezeigt wird. Dort können Sie beispielsweise auch ein Foto von sich selbst auswählen. Über den Punkt „Anderes Konto verwalten" haben Sie die Möglichkeit, ein neues Konto einzurichten, wenn beispielsweise ein Familienmitglied einen eigenen Zugang erhalten soll (Kapitel 5, Seite 36).

- **Jugendschutz:** Siehe unter „Sicherheit".

- **Windows CardSpace:** Dieser neue Dienst von Microsoft erlaubt die Verwaltung digitaler Identitäten, mit denen man sich bei Internetseiten authentifizieren kann – und mit denen Sie die Echtheit von solchen Seiten überprüfen können. Es ersetzt langfristig die Eingabe von Benutzernamen und Kennwort. Sie können sogenannte Karten von Anbietern installieren oder selbst eigene erstellen, auf denen Daten zusammengefasst werden, die ein Anbieter von Ihnen erhalten soll. Über „Karte hinzufügen" können Sie entweder selbst eine Identität erstellen oder eine von einem anderen Anbieter erhaltene Karte zu Ihrer Kartei hinzufügen. Der Dienst ist eine Neuheit in Windows Vista und deswegen noch nicht sehr verbreitet. Zudem steht er in Konkurrenz zu anderen Angeboten wie OpenID und Liberty Alliance.

Darstellung und Anpassung

Alles rund um das Erscheinungsbild von Windows Vista.

- **Anpassung:** Siehe unter „Hardware und Sound".
- **Taskleiste und Startmenü:** Ändert Einstellung an der Taskleiste und am Startmenü. Mehr in Kapitel 6, Seite 40.
- **Center für erleichterte Bedienung:** Hier können Einstellungen unter anderem für behinderte Menschen vorgenommen werden. Vista bietet die Möglichkeit der Eingabe per Sprachsteuerung oder die Ausgabe ohne Bildschirm für Sehbehinderte. Mehr in Kapitel 41, Seite 260.
- **Ordneroptionen:** Unter diesem Punkt haben Sie die Möglichkeit, die Darstellung von Ordnern zu verändern.
- **Schriftarten:** Ein Fenster, in dem Sie Ihre Zeichensätze verwalten und neue hinzufügen können.
- **Windows-Sidebar-Eigenschaften:** siehe unter „Programme".

Zeit, Sprache und Region

Hier können Sie unter anderem festlegen, in welcher Sprache Sie Vista nutzen möchten und wo auf der Welt Sie sich befinden. Das kann unter anderem nützlich sein für den Wetterbericht in der Sidebar, die Uhrzeit und andere ortsspezifische Einstellungen.

- **Datum und Uhrzeit:** Hier können Sie Datum, Uhrzeit und Ihre Zeitzone einstellen sowie zusätzliche Uhren mit anderen Zeitzonen einrichten.

- **Regions- und Sprachoptionen:** An dieser Stelle lassen sich länderspezifische Einstelungen vornehmen. Standardmäßig sollte hierzulande „Deutschland" eingestellt sein, Sie können aber auch die Sprache von Vista verändern und auch die Tastatureinstellungen – auf britischen Tastaturen sind beispielsweise unter anderem X und Y vertauscht. Seien Sie vorsichtig bei den Spracheinstellungen: Wenn Sie das System – warum auch immer – in eine Ihnen nicht bekannte Sprache ändern, könnte es schwierig werden, das Ganze wieder zurückzustellen. Sie können dann möglicherweise die entsprechenden Optionen nicht mehr lesen.

Erleichterte Bedienung

Einstellungen, die Windows Vista für körperlich behinderte Menschen besser nutzbar machen:

- **Center für erleichterte Bedienung:** Siehe „Darstellung und Anpassung".

- **Spracherkennungsoptionen:** An dieser Stelle lassen sich Einzelheiten zur Sprachsteuerung einstellen. Dazu muss in jedem Fall ein Mikrofon oder Headset angeschlossen sein. Mehr in Kapitel 41, Seite 260.

Weitere Optionen

In diesem Feld bieten separate Programme Einstellungsmöglichkeiten. Was hier auftaucht, hängt davon ab, welche Software Sie installiert haben. Beispielsweise kann hier die Programmiersprache Java auftauchen, wenn Sie sie auf Ihrem Vista-Computer installiert haben.

36. Für Fachleute: In der Verwaltungszentrale von Windows Vista

Die Systemsteuerung von Windows kann man gut mit dem Herz des Betriebssystems vergleichen. Und wo ist das Gehirn? Es sitzt in der Ver-

waltung, die Sie über Start > Systemsteuerung > System und Wartung > Verwaltung aufrufen können. Hier laufen alle Drähte eine Ebene tiefer als in der Systemsteuerung zusammen, und wenn etwas nicht

funktioniert, finden die Experten hier Schaltknöpfe und Ablaufprotokolle, mit denen man den technischen Dingen auf den Grund gehen kann. Der Otto Normalcomputernutzer wird sich hierhin eher aus Versehen verirren – und sollte

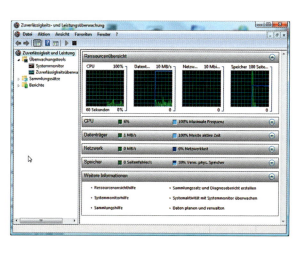

auch besser die Finger davon lassen. Manchmal möchte man aber auch einfach nur erkunden, warum etwas nicht funktioniert; man muss ja nichts anfassen.

Die neue ReadyBoost-Technik von Windows-Vista ist ein Kandidat für solch eine Erkundungstour ins Ge-

hirn von Windows. ReadyBoost bedeutet, dass man einen USB-Stick als Arbeitsspeicher benutzen kann. Einfach eingesteckt, ein paar Einstellungen vorgenommen, schon sollte der PC nicht mehr nur ein Gigabyte Speicher haben, sondern vielleicht zwei. So können Sie ohne Öffnen des Computers mehr Speicher nutzen – zumindest in der Theorie. In unserem Praxistest gelang es auch mit mehreren hochwertigen USB-Sticks nicht, sie als erweiterten Arbeitsspeicher zu nutzen. Normalerweise steckt man den USB-Stick an, klickt ihn im Windows Explorer mit rechts an und stellt dann über das Menü „Eigenschaften" im Registerreiter „ReadyBoost" ein, wie viel Megabyte vom USB-Stick verwendet werden

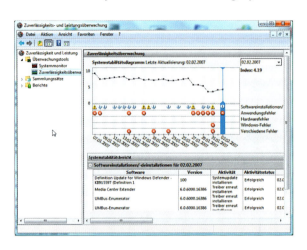

sollen. „Das Gerät ist an eine nicht unterstützte Schnittstelle angeschlossen", meldete Vista allerdings zunächst, später „Dieses Gerät verfügt nicht über die erforderlichen Leistungsmerkmale".

Der Ursache kamen wir schließlich in der „Verwaltung" über das Programm „Ereignisanzeige" etwas genauer auf die Schliche. Hier führt Windows penibel Protokoll über sämtliche internen Meldungen des Systems. Fündig wurden wir in der Ereignisanzeige links unter „Anwendungs- und Dienstprotokolle" > Microsoft > Windows > ReadyBoost > Operational. Dort fanden wir eine Fehlermeldung „Schreibleistung des Geräts unzureichend" – 987 KB/s, die unser bester USB-Stick als Datengeschwindigkeit bietet, reichen offenbar nicht aus. Somit muss wohl ein besserer USB-Stick her.

Diese Verwaltung bietet noch wesentlich mehr, unter anderem:

- Mit der **Zuverlässigkeits- und Leistungsüberwachung** können Sie sich anzeigen lassen, wie Ihr Computer ausgelastet ist – und wo es hakt. Die Zuverlässigkeitsüberwachung gibt dabei Aufschluss über gravierende Veränderungen am Betriebssystem, welche Installationen zuletzt fehlgeschlagen sind und in welchen Programmen es Abbrüche gab.

- Ein **Speicherdiagnosetool** können Sie starten, wenn Sie den Verdacht haben, dass ständige Abstürze möglicherweise mit fehlerhaftem Arbeitsspeicher, also einem Hardwarefehler, zusammenhängen. Vista leitet Sie dann an, alle Programme zu beenden, den Rechner neuzustarten und eine ausführliche Diagnose Ihrer Speicherriegel durchzuführen.

- Ein **Systemkonfigurationsprogramm** zeigt Ihnen, welche Programme nach dem Hochfahren des Rechners automatisch gestartet werden. Falls es gerade beim Hochfahren hakt, unendlich lange dauert, bis Sie loslegen können, lässt sich hier gezielt einstellen, dass bestimmte Systemstartelemente nicht gestartet werden sollen.

- Die **Computerverwaltung** verschafft Ihnen über die Menüführung Datenspeicher > Datenträgerverwaltung einen Überblick über die eingebauten Festplatten und Laufwerke. Hier können Sie beispielsweise Festplatten neu formatieren oder zu einem sogenannten Raid-System zusammenführen. Wenn in einem Raid-System eine Festplatte kaputtgeht, haben Sie automatisch eine Sicherheitskopie auf der zweiten Festplatte. Nachteil: Ihnen steht nur die Hälfte des zur Verfügung stehenden Speicherplatzes bereit – die andere Hälfte wird als ständige Sicherheitskopie verwendet. Für beschleunigtes Arbeiten vor allem im Zusammenspiel mit hochauflösenden Videos und deren Bearbeitung ist an dieser Stelle auch das Zusammenfügen von zwei Festplatten zu einem großen Laufwerk möglich. Windows verteilt die Daten dann beim Speichern großer Dateien wechselweise auf die Platten, was deutliche Geschwindigkeitsverbesserungen bringt. Nachteil: Fällt nur eine Festplatte aus, sind sämtliche Daten beider Platten weg.

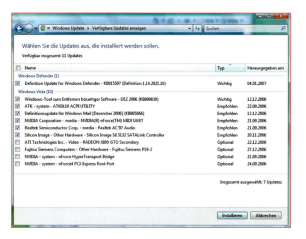

- In der **Aufgabenplanung** können Sie selbst wiederkehrende zu erledigende Dinge festlegen – zum Beispiel, dass regelmäßig um Mitternacht eine Meldung „Ab ins Bett jetzt" erscheint. Windows verwaltet an dieser Stelle sämtliche Zeitpläne, etwa auch fürs automatische Anlegen von Sicherheitskopien und fürs Nachschauen, ob es von der Microsoft-Zentrale über Internet ein neues Update gibt.

37. Der Ton macht die Musik: Systemklänge von Windows Vista

„Pa-Dada-Dam-Pam-Pam" – nach großer Kunst klingt es nicht unbedingt, wenn Vista hochgefahren wird. Aber Microsoft ist auf diesen Systemklang offenbar sehr stolz. Denn während sich alle anderen Klänge, mit denen Vista irgendein Ereignis ankündigt, ändern lassen, so ist

das bei der Startmelodie leider nicht möglich. Immerhin stammt die aber auch nicht von irgendwem: Die Redmonder Softwareschmiede hat den Musiker Robert Fripp gewinnen können, diese kleine Melodie und weitere Systemklänge zu komponieren. Fripp ist Chef der Progressive-Rock-Band King Crimson. Und auch wenn man es dem viersekündigen Soundschnipsel nicht anhört: In ihm sollen ganze 18 Monate Arbeit stecken. Fripp ist übrigens nicht der erste namhafte Musiker, der sich an den Systemklängen von Windows geübt

hat. Die Melodien für Windows 95 stammen aus der Feder von Brian Eno, dem Mitbegründer der Band Roxy Music. Er soll die Klänge übrigens ausgerechnet an einem Rechner des Microsoft-Konkurrenten Apple komponiert haben. So steht es zumindest in der Online-Enzyklopädie Wikipedia.

Wirklich wichtig sind die Systemklänge eigentlich nicht. Aber es ist schon ganz praktisch, wenn der Rechner Laut gibt, sobald etwa eine neue E-Mail eingetroffen ist oder Vista eine Fehlermeldung ausgibt. Sie müssen sich dabei nicht mit den von Microsoft voreingestellten Systemklängen zufriedengeben, sondern können Signale nach Ihren Vorlieben ändern.

Eigene Systemklänge einrichten

Um die Klangeinstellungen zu ändern, führen Sie einfach in einem freien Bereich des Desktops einen Rechtsklick mit der Maus aus und wählen dann „Anpassen". In dem Fenster, das sich daraufhin öffnet, wählen Sie den Eintrag „Sounds". Es öffnet sich ein weiteres Fenster, in der alle Programmereignisse aufgelistet sind.

Wenn Sie eines dieser Ereignisse markieren, wird in der darunterliegenden Schaltfläche angezeigt, welcher Sound ihm zugeordnet ist. Um sich das akustische Signal anzuhören, klicken Sie einfach direkt daneben auf „Testen". Wenn Sie etwa das Minimieren eines jeden Programmfensters von einem Klang begleiten lassen wollen, wählen Sie den entsprechenden Eintrag, und suchen Sie sich einen Klang aus. In diesem Fall passt der Sound „Windows Sprechblase" ganz gut, der ein sanftes Ploppen aus den Lautsprechern erklingen lässt. Haben Sie allen Ereig-

nissen die gewünschten Signale zugeordnet, können Sie Ihr eigenes Schema auch noch sichern. Klicken Sie dazu auf „Speichern unter" und geben Sie dem neuen Schema einen aussagekräftigen Namen.

Ihrer Fantasie sind bei der Klangauswahl kaum Grenzen gesetzt. So bringt Vista zwar nur ein paar Systemklänge mit. Sie können aber jede beliebige Musikdatei benutzen, die Sie allerdings im Wave-Format vorliegen haben müssen. Diese Dateien erkennen Sie an der Endung .wav. Entsprechende Dateien finden Sie zuhauf im Internet, zum Beispiel unter http://www.langeoognews.de/images/sounds/cont.php?d=sounds.shtml. Mit den Systemklängen auf dieser Webseite bringen Sie Ihrem Rechner Plattdeutsch bei. Anstatt mit einem simplen „Pling" weist Vista Sie dann zum Beispiel mit einem klaren „So geiht dat nich!" auf einen Fehler hin oder kommentiert Hinweise des Systems mit einem „Överlegg di dat genau!" (überleg' Dir das genau).

Um eigene Klangdateien zu benutzen, müssen Sie die Sounds erst einmal auf Ihrer Festplatte speichern. Als Nächstes öffnen Sie wie oben beschrieben das Fenster zur Einstellung der Klänge. Wählen Sie ein Programmereignis, dem Sie ein neues Signal zuordnen wollen. Klicken Sie dann darunter auf „Durchsuchen", und durchstöbern Sie Ihre Ordner nach der gewünschten Datei. Haben Sie den Ton gefunden, klicken Sie

auf „Auswählen". Haben Sie mehrere Klangdateien in einem Ordner und sind sich nicht mehr sicher, welche die richtige war, führen Sie einfach einen Rechtsklick darauf aus, und wählen Sie dann „Abspielen". Der Sound wird dann im Media Player wiedergegeben.

So nett die Systemklänge anfangs auch sind: Nach einiger Zeit beginnen sie zu nerven. Ist dieser Zeitpunkt gekommen, können Sie sie aber auch ganz einfach ausschalten. Öffnen Sie wie beschrieben die Soundeinstellungen, und wählen Sie als Schema „Keine Sounds". Sofern Sie mit einem Kollegen zusammen im selben Zimmer arbeiten, könnte es zu einer entspannteren Arbeitsatmosphäre führen, wenn Sie die Töne gleich ausschalten. Um auch die Startmelodie abzuschalten, die Vista beim Hochfahren abspielt, entfernen Sie in den Einstellungen noch das Häkchen vor der Option „Play Windows Startup Sound".

38. Eine Frage des Dateityps: So öffnet sich immer das „richtige" Programm

Die Dateiendung mit einem Punkt und drei Buchstaben (also etwa „ICH.JPG" für ein Bild von Ihnen im Format JPEG oder TEXT.DOC beispielsweise für ein Textdokument) gehörte zu früheren Windows- und generell DOS-Systemen und wurde vor allem von Mac-Nutzern oft und gern belächelt. Bei denen gab es so etwas nämlich schon damals nicht.

Bei den neueren Windows-Sytemen wie nun auch Vista fehlen diese Endungen der Übersichtlichkeit halber. Doch sie sind streng genommen immer noch vorhanden – unsichtbar. Sie bestimmen nach wie vor, mit welchem Programm die entsprechende Datei geöffnet werden soll. Um sie anzuzeigen, gehen Sie wie folgt vor:

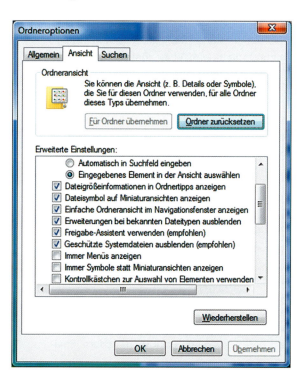

Wählen Sie in der Systemsteuerung > Darstellung und Anpassung > Ordneroptionen. In der Registerkarte „Ansicht" suchen Sie im unteren Feld „Erweiterte Einstellungen" den Eintrag „Erweiterungen bei bekannten Dateitypen ausblenden". Dieser sollte standardmäßig aktiviert sein. Wenn Sie die Dateiendungen künftig ansehen wollen, dann löschen Sie das Häkchen. Klicken Sie dann auf „OK". Fertig.

Im Grunde können Sie aber auch bei deaktivierten Erweiterungen im Explorer stets sehen, welchen Typs eine Datei ist. Dazu klicken Sie (einmal!) die gewünschte Datei an, und am unteren Fensterrand erscheinen alle Einzelheiten dazu, wie Größe und Typ.

Programme für bestimmte Dateitypen ändern

Sie können auch im Nachhinein ändern, mit welchem Programm bestimmte Dateien geöffnet werden sollen. Öffnen Sie dazu den Ordner mit dem entsprechenden Dokument, dessen Einstellungen Sie anpassen wollen. Klicken Sie mit der rechten Maustaste auf die Datei. Im sich nun öffnenden Menü wählen Sie die Zeile „Öffnen mit" und dann eines der vorgeschlagenen Programme, mit dem die Datei künftig geöffnet werden soll. Ist kein passendes dabei, nehmen Sie die letzte Zeile „Standardprogramm auswählen". Im nun folgenden Fenster zeigt Vista empfohlene Programme für diese Art von Dateien an. Sie können aber auch mit einem Klick auf „Durchsuchen" (am rechten unteren Fensterrand) selbst ein Programm auf Ihrer Festplatte auswählen. Lassen Sie links unten das Feld „Dateityp immer mit dem ausgewählten Programm öffnen" angeklickt (Standardeinstellung), dann wird Vista künftig alle Dateien auf diese Weise öffnen, die dasselbe Format haben.

Dateityp ändern

Wenn Sie beispielsweise bei Bildern oder Texten das Format nachträglich verändern wollen, also aus einem Worddokument ein OpenOffice-Dokument machen wollen oder aus einem TIFF-Bild ein JPEG-Bild (je nach Verwendung bieten sich bei Fotos unterschiedliche Formate an), dann müssen Sie dies auch unter Vista mit einem passenden Programm machen. Die einfache Variante: Öffnen Sie das Programm, dann die Datei und speichern Sie mit „Speichern unter" (sofern Sie das Original behalten wollen) im neuen Format. Vista bietet aber auch eine andere, vermeintlich einfachere Methode:
Wählen Sie die entsprechende Datei, rechter Mausklick, dann im sich öffnenden Menü „ein Programm auswählen" (bei den meisten Bildern beispielsweise „Paint", das sehr klein ist und sich deshalb sehr schnell öffnen lässt). Dann gehen Sie im nun geöffneten Programm wie eben beschrieben vor: „Speichern unter", Dateityp nach Wahl ändern, Speichern.

39. Die kleine Eingabehilfe für Tablet-PCs: Windows Journal

Die Unterstützung für Tablet-PCs steht nicht in Vista Home Basic zur Verfügung.

Was sich wie eine Mitarbeiterzeitschrift von Microsoft anhört, ist in Wirklichkeit ein nützliches Zubehör von Windows Vista für Tablet-PCs – also solche Kleincomputer, die im Prinzip wie eine kleine Tafel (Englisch: tablet) aussehen und äußerlich nur aus einem Bildschirm zu bestehen scheinen. Die Texteingabe erfolgt bei diesen Geräten mittels Stift oder Finger. Eine Tastatur gibt es bei ihnen nicht. Und eben für diese Texteingabe kann Windows-Journal eine Hilfe sein. Das Programm ist eine Art Notizzettel: Gleich nach dem Start können Sie auf der karierten

Oberfläche munter drauf losschreiben – per Finger, Stift oder bei einem normalen PC auch mit der Maus. Letzteres führt jedoch zu äußerst eckigen Buchstaben, die mitunter sehr schwer lesbar sind. Wobei Sie ja in der Regel auch über eine Tastatur verfügen sollten, wenn Sie eine Maus im Einsatz haben, und somit ein Programm wie Windows-Journal ohnehin nicht brauchen.

Windows Journal ist noch etwas mehr: Das Programm eignet sich auch für die schnelle Skizze am PC. Wenn Sie etwa auf die Schnelle ein Diagramm zeichnen wollen, gelingt das mit Hilfe von Windows Journal auch am normalen PC. Das Ergebnis ist nicht unbedingt präsentationstauglich (also nicht zu vergleichen mit einer Powerpoint-Darstellung), sollte aber ausreichen, um einem Kollegen einen Entwurf für eine „richtige" Grafik zukommen zu lassen.

Text eingeben

Bei der Eingabe können Sie in den Symbolen der Menüleiste unter einem Stift (in unterschiedlichen Stärken) oder einem Textmarker (in unterschiedlichen Farben und Stärken) wählen. Auch einen Radiergummi gibt

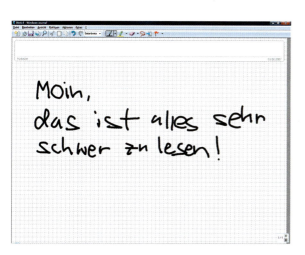

es, mit dem Sie Überflüssiges wieder entfernen können. Der jeweils zuletzt geschriebene Buchstabe lässt sich aber auch bequem über Bearbeiten > Rückgängig löschen – oder eben wie stets über die Tastenkombination Strg + Z.

Sie haben auch die Möglichkeit, ein Textfeld einzufügen, in das Sie dann per Tastatur etwas eingeben. Wählen Sie dazu in der Menüleiste Einfügen > Textbereich, und ziehen Sie mit dem dann erscheinenden Cursor ein Feld in der gewünschten Größe auf. Darin können Sie dann nach Lust und Laune etwas per Tastatur eingeben.

Wollen Sie nachträglich mal etwas in einen bestehenden Text oder bestehende handschriftliche Notizen einfügen, können Sie über den Menüpunkt „Abstand einfügen/entfernen" (der blaue Pfeil, der auf eine Seite zeigt, oben in den Symbolen der Menüleiste) Platz freischlagen. Windows-Journal rückt dann alles unterhalb der entsprechenden Stelle einfach noch weiter nach unten. Wie weit, das können Sie bestimmen.

Eine Internetverknüpfung hinzufügen

Um einen Internetlink in Ihren Text einzufügen, ziehen Sie ein neues Textfeld auf (Einfügen > Textbereich) und wählen anschließend im Menü Extras > Optionen die Registerkarte „Notizformat". Dort setzen Sie unter Textfeldeinstellungen ein Häkchen vor dem Punkt „Internet- und Netzwerkpfade durch Links ersetzen". Nun können Sie die gewünschte Adresse in das zuvor aufgezogene Textfeld eingeben.

Handschriftliche Eingaben in Text konvertieren

Erfahrungsgemäß sind handschriftliche Eingaben bei einem PC wenig komfortabel und sehr speicheraufwendig. Während normaler Text nur wenig Platz auf der Festplatte beansprucht, werden die handschriftlichen Notizen in Windows-Journal als Bilddateien gespeichert. Und die

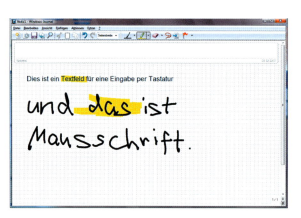

sind eben etwas unfangreicher. Zudem lässt sich normaler Text besser in andere Programme einfügen oder als E-Mail verschicken. Deswegen bietet das Programm die Möglichkeit, Notizen in Computerschrift zu konvertieren.

- Klicken Sie das Auswahltool (das Lasso) in den Symbolen der Menüleiste an, und kreisen Sie den zur Konvertierung bestimmten handschriftlichen Bereich damit ein. Soll der gesamte Bildschirminhalt umgewandelt werden, klicken Sie einfach Strg + A – damit markieren Sie alles.

- Wählen Sie im Menü Aktionen > Handschrift in Text konvertieren. Es öffnet sich das Fenster „Textkorrektur", in dem Ihr Text bereits umgewandelt sein sollte.

- Über einen Klick auf das Feld „Optionen" können Sie nun einstellen, ob die Zeilenumbrüche beibehalten werden sollen. Sie können sich hier den Text auch in einer etwas größeren Ansicht anzeigen lassen. Gehen Sie Ihren Text sorgsam durch: Sollte ein Wort falsch erkannt worden sein, klicken Sie es an und wählen Sie rechts im Feld „Vorschläge" das korrekte Wort aus. Ist ein Wort mit einem grünen Hintergrund markiert, müssen Sie es sehr wahrscheinlich korrigieren. In unserem Test wurden jedoch nahezu alle Wörter fehlerfrei erkannt.

Im Menüpunkt Extras > Optionen können Sie unter der Registerkarte „Andere" einstellen, ob Handschrift erkannt werden soll oder nicht. Sie haben zudem die Möglichkeit, zwischen unterschiedlichen Sprachen und Dialekten zu wählen, die bei der Erkennung berücksichtigt werden sollen.

Text in eine E-Mail einbinden

Sie können handgeschriebenen Text auch bequem in eine E-Mail umwandeln. Gehen Sie für die Markierung des gewünschten Textes wie oben beschrieben vor. Wählen Sie jedoch in diesem Fall im Menü Aktionen > „Auswahl in E-Mail konvertieren" statt „Handschrift in Text konvertieren". Auch hierbei können Sie einzelne Worte wieder auf Wunsch korrigieren. Nach der Bestätigung öffnet sich ein neues Fenster in Ihrem E-Mail-Programm, in dem der entsprechende Text dann eingefügt ist. Alles weitere funktioniert wie bei einer normalen E-Mail (Kapitel 16, Seite 104).

Bilder einfügen

Um ein Bild oder eine Grafik einzufügen, wählen Sie in der Menüleiste den Punkt Einfügen > Bild. Es öffnet sich ein Fenster, in dem Sie das entsprechende Motiv auf Ihrer Festplatte suchen können. Wenn Sie es gefunden und ausgewählt haben, erscheint es auf der Seite. Sie können es dann nach Belieben hin- und herschieben. Die Größe verändern Sie, indem Sie einen der Eckpunkte des Bildfeldes greifen und nach innen (für eine Verkleinerung) oder außen (für eine Vergrößerung) ziehen.

40. Zeit für eine Pause: der Bildschirmschoner

Halten Sie die Pixel in Bewegung

Die schönsten Bilder vom vergangenen Sommerurlaub, mystische Nebelgebilde oder bunte Seifenblasen – bei Vista gibt es ganz schön was

zu sehen, wenn der Monitor in die Kaffeepause geschickt wird. Denn das Betriebssystem bringt ein paar schicke Bildschirmschoner mit. Mehr als schick sind diese Programme inzwischen allerdings nicht, denn Bildschirmschoner braucht heutzutage eigentlich kein Mensch. Ursprünglich sollten sie verhindern, dass sich Objekte, die über längere Zeit auf dem Monitor angezeigt werden, in den Bildschirm einbrennen. Herrschte Stillstand auf dem Monitor, brachte der Bildschirmschoner Bewegung in die Pixel. Das macht er auch heute noch – obwohl es bei modernen Monitoren gar nicht mehr notwendig ist. Aber ein Bildschirmschoner ist halt so hübsch anzuschauen.

So ändern Sie den Bildschirmschoner

Vista bringt eine Auswahl von bis zu neun unterschiedlichen Schonpro-

grammen mit. Welches davon genutzt wird, können Sie in den Bildschirmschonereinstellungen festlegen. Die erreichen Sie am einfachsten, wenn Sie auf einer freien Fläche des Desktops einen Rechtsklick ausführen und dann aus dem Popup-Menü die Option „Anpassen" wählen. Sie landen dann in einem Unterbereich der Systemsteuerung, in der Sie noch die Auswahl „Bildschirmschoner" anklicken müssen (alternativ können Sie auch eine andere Route wählen, und zwar über Start > Systemsteuerung > Anpassung > Bildschirmschoner – das ist allerdings ein Umweg).

In den Einstellungen bekommen Sie eine kleine Vorschau des gerade ausgewählten Bildschirmschoners angezeigt. Um sich das Ganze einmal in Groß anzuschauen, klicken sie einfach auf „Vorschau", dann wird der Bildschirmscho-

ner im Vollbildmodus gestartet. Sie unterbrechen die Anzeige, indem Sie irgendeine Taste drücken oder die Maus bewegen. Außerdem können Sie auch festlegen, nach wie viel Minuten der Bildschirmschoner anspringen soll. Bei einigen haben Sie darüber hinaus noch weitere Einstellungsmöglichkeiten. So können Sie bei dem Schoner „3D-Text" zum Beispiel festlegen, welche Botschaft in der Arbeitspause über den Bildschirm flattern soll – in der Standardeinstellung ist es ein tristes „Windows Vista TM".

So richtig prickelnd ist dieser Bildschirmschoner aber nicht, da ist die als „Aurora" benannte Alternative schon deutlich ansehnlicher – ein grün-

blauer Nebelschleier belebt den Monitor mit einem mystischen Farbenspiel. Auf Dauer ist auch das aber nicht gerade aufregend. Richtig Spaß macht die Fotoshow, die mit dem Bildschirmschoner auf den Monitor gezaubert werden kann. Während der Anzeigepause werden dann etwa die schönsten Aufnahmen des vergangenen Sommerurlaubs gezeigt. Damit das auch klappt, müssen Sie einfach festlegen, aus welchem Ordner die Bilder für die Fotoshow abgerufen werden sollen. Dort können Sie auch unter einigen Präsentationsformen auswählen und festlegen, nach wie viel Sekunden die Bilder wechseln. Besonders hübsch ist die Anzeigeform „Schwenken und zoomen", die richtig Bewegung in die Aufnahmen bringt – die Fotos gleiten über den Bildschirm. Benutzern des Betriebssystems Mac OS X dürfte dieser Effekt sehr vertraut vorkommen.

Verhindern Sie neugierige Blicke auf Ihren Monitor

Auch wenn der Bildschirmschoner heute technisch nicht mehr unbedingt notwendig ist, hat er dennoch eine gewisse Funktion: Lässt der Benutzer

seinen Rechner kurz einmal allein, kann nicht jeder gleich sehen, woran er denn zuletzt gearbeitet hat. Zu diesem Zweck kann der Bildschirmschoner auch so eingestellt werden, dass sich der Benutzer neu anmelden muss, wenn er nach einer Pause an seinen Computer zurückkehrt. Um diese Funktion einzuschalten, setzen Sie einfach in den Bildschirmschonereinstellungen ein Häkchen vor „Anmeldeseite bei Reaktivierung". Dann werden Sie jedes Mal, nachdem der Bildschirmschoner angesprungen ist und Sie die Arbeit fortsetzen wollen, zur Eingabe ihres Kennworts aufgefordert.

Umweltschützer, die es sehr genau nehmen, sind dem Bildschirmschoner übrigens nicht ganz so gut gesinnt. Schließlich, so argumentieren sie, ließe sich reichlich Energie sparen, wenn der

Monitor oder besser noch der gesamte Computer in der Arbeitspause in den Standbymodus geschaltet würde, anstatt bunte Bildchen zu zeigen. Wer Energie sparen möchte, sollte den Bildschirmschoner daher deaktivieren. In den Energieeinstellungen, die über eine Verknüpfung auch direkt von den Bildschirmeinstellungen aus zu erreichen sind, kann stattdessen festgelegt werden, dass der Monitor bei längeren Pausen ganz einfach ausgeschaltet wird. Herunterfahren des Rechners wäre aus Energiespargründen wohl die noch bessere Alternative.

41. Erleichterte Bedienung: Spracheingabe und visuelle Hilfen

Microsoft will es den Nutzern von Windows leichter machen, das System zu bedienen. Einen besonderen Teil nimmt dabei die Spracherkennung ein. Mit einem Headset, zu Deutsch Kopfgeschirr, lässt sich

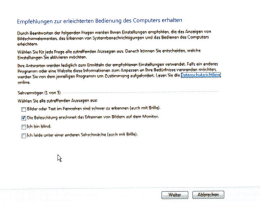

Windows steuern und vor allem Text diktieren. Die Spracherkennung funktionierte in unseren Tests allerdings nicht mit jedem Headset oder Mikrofon. Erst mit einem Gerät von Labtec, das zusätzlich zu einen Kopfhörer und dem Mikrofon eine kleine Steuereinheit mit drei Knöpfen enthält, ließ sich das Lernprogramm starten. Lernen muss dabei nicht nur der Mensch, wie der Computer per Sprache zu bedienen ist; lernen muss mehr noch der Computer, wie die Person vor dem Gerät bestimmte Befehle ausspricht.

Wenn Sie Ihr Sprechgeschirr aufgesetzt und angeschlossen haben, finden Sie das Lernprogramm in der Systemsteuerung unter „Erleichterte Bedienung". Zunächst ist das Mikrofon einzurichten, was darin besteht, einen Satz zu sprechen: „Peter diktiert seinen Computer. Er mag dies lieber als tippen und schreibt auch nicht gerne mit Stift und Papier." Danach startet Windows ein Lernprogramm, in dem Sie für etwa 20 Minu-

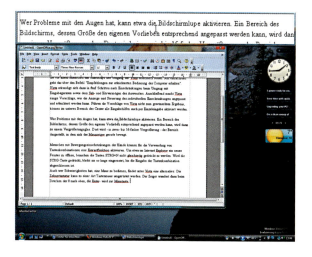

ten durch besondere Sprechbefehle und die Bedienung geführt werden. Es ist eigentlich ganz einfach: Mit „Zuhören starten" geht's los, „Zu WordPad wechseln" oder „WordPad starten" öffnet das entsprechende Textprogramm, und dann schreiben Sie Ihren Text. Wird ein Wort falsch erkannt, sagen Sie das Wort noch einmal und „korrigieren", Windows bietet im Verlauf des Diktats Vorschläge für solche falschen Umsetzungen an.

Das funktioniert nicht nur in Wordpad, sondern auch in anderer Software wie dem E-Mail-Programm. Und man kann mit Sprachbefehlen Menüs steuern: „Datei" > „Öffnen" navigiert durch das entsprechende Menü, „Nummern zeigen" überlagert die anklickbaren Schaltflächen im aktuellen Fenster oder sogar auf dem gesamten Desktop mit Nummern. Die gesprochene Nummer gefolgt von „Okay" simuliert dann den Mausklick. Eine lange Liste aller möglichen Befehle zum Korrigieren von Fehlern, Markieren von Texten, Eingeben und Buchstabieren von Sonderzeichen und Namen bringt der Sprachbefehl „Was kann ich sagen?" auf den Schirm.

Insgesamt versteht der Vista-Computer eine einigermaßen natürliche Ausdruckweise. Allerdings braucht die Software viel Training. Sonst kommt dabei so etwas heraus:

Hallo ihr zwei , neue Zeile Hallo ihr zwei,

Diesen Text die Tiere ich euch per Spracherkennung with funktioniert. Doch mal von Phone.

Was wollte uns der Autor damit sagen? „Diesen Text diktiere ich euch per Spracherkennung – es funktioniert. Noch mal von vorne." Nun ja.

Den Computer komplett ohne Tastatur und ohne Maus steuern zu können, erscheint dennoch nicht mehr in weiter Ferne. Fachleute bescheinigten der Windows-Spracherkennung eine gute Erkennungsrate nach längerem Training.

Den umgekehrten Weg, dass der Computer Texte verständlich vorliest, gab es unter Vista im Februar 2007 nur in englischer Sprache – dumm, wenn sich dann „Microsoft Anna" im amerikanischen Englisch an deutschen Texten versucht. Ausprobieren können Sie das in der Systemsteuerung > Erleichterte Bedienung > Text-in-Sprache.

Visuelle Hilfen

Das über die Systemsteuerung zu erreichende Center für erleichterte Bedienung ist die zentrale Anlaufstelle, von der aus alle Eingabe-, Anzeige- und Steuerungshilfen aufgerufen werden können, die vor allem Menschen mit Behinderungen den Umgang mit Vista erleichtern sollen. Am einfachsten geht das in der Systemsteuerung > Erleichterte Bedienung > Einstellungen empfehlen lassen. Vista erkundigt sich dann in fünf Schritten nach Einschränkungen beim Umgang mit Eingabegeräten sowie dem Seh- und Hörvermögen des Anwenders. Anschließend macht das Betriebssystem einige Vorschläge, wie die Anzeige und Steuerung den individuellen Einschränkungen angepasst und erleichtert werden kann. Führen

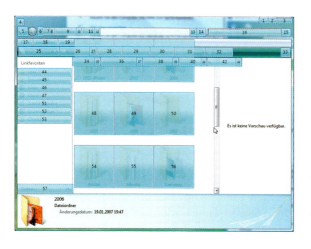

die Vorschläge von Vista nicht zum gewünschten Ergebnis, können im unteren Bereich des Centers alle Eingabehilfen auch per Einzeleingabe aktiviert werden.

Wer Probleme mit den Augen hat, kann etwa die Bildschirmlupe aktivieren. Ein Bereich des Bildschirms, dessen Größe den eigenen Vorlieben entsprechend angepasst werden kann, wird dann zu einem Vergrößerungsglas. Dort wird – in zwei- bis 16-facher Vergrößerung – der Bereich dargestellt, in dem sich der Mauszeiger gerade bewegt.

Menschen mit Bewegungseinschränkungen der Hände können für die

Verwendung von Tastenkombinationen eine Einrastfunktion aktivieren. Um etwa im Internet Explorer ein neues Fenster zu öffnen, brauchen die Tasten Strg + N nicht gleichzeitg gedrückt zu werden. Wird die Strg-Taste gedrückt, bleibt sie so lange eingerastet, bis die Eingabe der Tastenkombination abgeschlossen ist. Auch wer Schwierigkeiten hat, eine Maus zu bedienen, findet unter Vista eine Alternative: Die Zehnertastatur kann zu einer Art Tastenmaus umgerüstet werden. Der Zeiger wandert dann beim Drücken der 8 nach oben, die Enter- wird zur Maustaste.

42. Weiterführende Links: Nicht-Microsoft-Software, die man dringend braucht

OpenOffice

Die kleine Revolution in Sachen Büro-software: OpenOffice ist ein Pendant zur Office-Reihe von Microsoft – und erfreut sich dank wachsenden Komforts immer größerer Beliebtheit. Das

Schönste: OpenOffice kann im Internet legal und kostenlos geladen werden. Das Programm ist Open-Source-Software, verfügt also über einen öffentlich zugänglichen Quellcode. Es wird laufend weiterentwickelt. Entstanden ist OpenOffice aus dem Programmpaket StarOffice, das 1999 von der Softwarefirma Sun Microsystems erworben wurde. Aufgebaut ist es aus Modulen – die einzelnen Funktionen sind in separaten Programmen untergebracht:

- Writer (Textverarbeitung)
- Calc (Tabellenkalkulation)
- Impress (Präsentationsprogramm)
- Draw (Grafikprogramm)
- Base (Datenbankprogramm, ab Version 2.0)
- Math (Formel-Editor)

Diese Module können auch Dateien des Mitbewerbers Microsoft Office lesen und eigene Dokumente unter dessen Formaten speichern. Die Funktionen gleichen in Art und Umfang immer mehr der Office-Reihe. Zudem ist OpenOffice inzwischen in deutscher Sprache erhältlich. Auch eine deutsche Rechtschreibhilfe gibt es nun.

http://de.openoffice.org

Thunderbird

Hinter Thunderbird (Englisch für Donnervogel) verbirgt sich ein kostenloses E-Mail-Programm der Mozilla-Stiftung, die eine Reihe von Open-Source-Programmen entwickelt. Entstanden ist es 2003 aus dem

Browserpaket Mozilla, einer Weiterentwicklung von Netscape. Um sich gegen die Marktmacht von Microsoft besser durchsetzen zu können, trennte man Browser und E-Mail-Programm aus der Mozilla-Suite heraus und entwickelte sie separat weiter. Entstanden ist eine kostenlose Software, die viele neue Funktionen etablierte – unter anderem den bereits aus Mozilla bekannten Spam-Filter, der unerwünschte Werbung aus dem E-Mail-Eingangskorb aussortiert. Auch ein Newsreader ist enthalten, mit dem sich Newsgroups im Internet recht bequem lesen lassen. Thunderbird können Sie im Internet kostenlos herunterladen. Mehr zum Programm in Kapitel 16, Seite 104.

http://www.mozilla-europe.org/de/products/thunderbird/

Firefox

Firefox ist der Zweite im Bunde unter den Mozilla-Ablegern: Der Tiername (Kleiner Panda, nicht, wie immer wieder gerne behauptet, Rotfuchs) steht für den Webbrowser, der aus der früheren Mozilla-Suite (heute SeaMonkey) entstanden ist und dem Internet Explorer vom Microsoft Marktanteile streitig machen soll. Für viele Internetnutzer ist es eine Art Glaubensfrage, welchen der beiden sie nutzen. Obwohl Firefox bei den Funktionen im Duell zwischen beiden stets die Nase vorn hatte, haben sich die aktuellen Versionen in dieser Hinsicht angeglichen. Bis vor Kurzem galt Firefox als der sicherere Browser. Doch zahlreiche Mängel hat Microsoft beim neuen Internet Explorer ebenfalls gestopft. Firefox können Sie sich ebenfalls im Internet ganz legal kostenlos laden. Mehr in Kapitel 14, Seite 89.

http://www.mozilla-europe.org/de/products/firefox/

http://www.mozilla.com

Sunbird

Auch Sunbird gehört zur Mozilla-Familie: Unter diesem Namen entwickelt das Projekt ein Kalenderprogramm, das zwar noch nicht in der endgültigen ersten Version vorliegt, jedoch bereits sehr stabil läuft und sehr komfortabel ist. Es ist ähnlich aufgebaut wie der Windows-Kalender (siehe Kapitel 11, Seite 72), kann unterschiedliche Dateiformate lesen und schreiben, ist kostenlos unter anderem auf Deutsch erhältlich.

http://www.mozilla.org/projects/calendar/sunbird/

SeaMonkey

Der Tiername verrät es bereits: Auch SeaMonkey gehört zur Mozilla-Familie. Dahinter verbirgt sich eine Fortentwicklung der Mozilla-Suite, jenes kombinierten E-Mail-/Webbrowser-/HTML-Editor-Programm, mit dem das Projekt einst begann. Die Namensänderung erfolgte, als sich die Mozilla-Stiftung entschied, das Projekt zugunsten von Firefox und Thunderbird einzustellen. Einige Internetnutzer wollten sich damit nicht abfinden, und entwickelten es dennoch weiter. Heute ist SeaMonkey ein guter Kompromiss zu den bestehenden Browsern, jedoch durch seine zahlreichen Funktionen (von denen man mitunter nicht unbedingt jede benötigt) speicherintensiv. Auch SeaMonkey ist kostenlos im Internet erhältlich, auch in deutscher Sprache.

http://www.mozilla.org/projects/seamonkey/

Opera

Der unterschätzte Dritte unter den großen Browsern: Opera gilt allgemein als der Vorreiter aller wichtigen Entwicklungen bei den Internetprogrammen – und doch nutzen die Software nur wenige. Das liegt vermutlich daran, dass Opera bis Ende 2005 nicht kostenlos war, wie seine Mitstreiter. Als sich die norwegische Entwicklerfirma schließlich dazu durchrang, ihre Software ebenfalls gratis im Netz anzubieten, war das Rennen um die Vorherr-schaft im Browsermarkt längst zugunsten von Microsoft entschieden. Dabei lohnt sich eine Installation von Opera auf der Festplatte: Heute selbstverständliche Funktionen wie das TabbedBrowsing (also die Mög-lichkeit, Registerkarten in einem einzigen Fenster zu öffnen), Popup-Blocker gegen unerwünschte Werbefenster oder einen Phishing-Filter, der vor gefälschten Internetseiten warnt, führte Opera lange vor seinen Mitbewerbern ein. Neue Versionen warten immer wieder mit netten Überraschungen bei Funktionen und Bedienung auf.

http://www.opera.com

Adobe Reader

Eines der Basisprogramme auf jeder Festplatte: Mit dem kostenlosen AdobeReader lassen sich PDF-Da-teien (Portable Document Format) ansehen. Dieses plattformübergreifende Dateiformat hat sich interna-tional für den Austausch von Dokumenten durchge-setzt. PDF-Dateien lassen sich mit einem entspre-chenden Programm wie dem AdobeReader auf nahe-zu jedem Betriebssystem betrachten und aus-drucken. Erstellen kann man PDF-Dateien mit die-
sem Programm jedoch nicht. Dazu vertreibt Adobe das kostenpflichtige „Acrobat". Zahlreiche Software wie OpenOffice bietet jedoch die Mög-lichkeit, Dateien direkt im PDF-Format zu speichern.

http://www.adobe.com/de/

43. Energie! Den Rechner aus- und einschalten

Wie viele Möglichkeiten gibt es, einen Computer auszuschalten? Bei Windows Vista sind die nicht an einer Hand abzuzählen. Da gibt es zumeist an der Vorderseite des PCs einen oder zwei Schalter, an der Rückseite einen weiteren, in der Startleiste auf dem Schirm gibt es einen Ausschaltknopf sowie ein Schloss und rechts daneben noch ein Menü mit den Optionen

- Benutzer wechseln
- Abmelden
- Sperren
- Neu starten
- Energie sparen
- Herunterfahren.

Zusätzlich verfügt dann noch mancher Computer über eine Energiespar-

taste auf der Tastatur oder einen Standby-Knopf. Ein Laptop lässt sich zuklappen und ist dann auch „irgendwie aus". Und wer eine Stromsteckdosenleiste mit Schalter unter dem Arbeitsplatz stehen hat, bekommt eine weitere Ausschaltmöglichkeit, die das Gerät hart vom Stromnetz trennt (und möglicherweise Daten-verluste verursacht, weil der Computer nicht „or-dentlich" ausgeschaltet worden ist).

Sortieren wir. Im Grunde gibt es zwei verschiede-ne Ausschaltzustände:

- den Standbymodus, von Microsoft auch als „Energie sparen" bezeichnet, und
- den heruntergefahrenen Zustand.

In früheren Windows-Versionen gab es auch noch den „Ruhezustand", den Microsoft in Vista jetzt aber ebenfalls als Standbymodus bezeichnet.

Der Standbymodus ist der Idealmodus für Vielarbeiter, die das Gerät immer mal wieder am Tage nutzen. Das Gerät ist fast sofort, binnen weniger Sekunden wieder an, wenn man eine Taste drückt. Der Computer

muss nicht mehr langwierig hochfahren, und alle Fenster und früher gestarteten Programme finden sich so wieder, wie man den Computer verlassen hat. Microsoft vergleicht das mit dem Drücken der Pause-Taste auf einem DVD-Player. Im Gegensatz dazu steht der heruntergefahrene Zustand, bei dem alle Programme beendet wurden. Nach dem erneuten Hochfahren wird erst das sogenannte BIOS geladen (ein Miniprogramm, das fest auf der Hauptplatine des Computers gespeichert ist und zunächst nichts mit Windows zu tun) und dann das Betriebssystem Windows von Grund auf.

„Standby" bedeutet dabei, dass der Computer den aktuellen Zustand aller laufenden Programme einfriert und energieintensive Vorgänge auf ein Minimum reduziert oder ganz unterbindet – wie den laufenden Prozessor, die rotierende Festplatte, einen angeschlossenen USB-Stick, die Gehäuselüfter und das Anzeigen eines Bildes auf dem Monitor. Je nach Einstellung speichert der Rechner diesen Zustand im Arbeitsspeicher (was das erneute Einschalten enorm beschleunigt) oder auf der Festplatte (was etwas länger dauert und früher als Ruhezustand galt). Es gibt auch noch den Hybriden Energiesparmodus, bei dem Windows erst seinen aktuellen Zustand in den Arbeitsspeicher ablegt und dann zusätzlich auf der Festplatte speichert. Zudem unterscheidet Vista zwischen unterschiedlichen Energiesparplänen für den Laptop und für den Standard-PC.

Leider kommen nicht alle Geräte automatisch mit dem Standbymodus klar. Vor allem die Hauptplatine im PC muss darauf ausgelegt sein, Stromsparen zu unterstützen. Und wenn von den weiteren Geräten nur ein einziges, zum Beispiel eine WLAN-Antenne oder ein USB-Stick, mit dem Stromsparmodus Probleme haben, kann es passieren, dass der Rechner zwar alles Wesentliche herunterfährt, die lästigen Gehäuselüfter aber weiterlaufen.

Der Ausschaltknopf im Start-Menü kann die Farbe Rot oder Gelb-Braun annehmen: Ist er rot, beendet der Computer bei Klick auf den Schalter

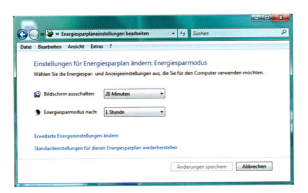

alle Programme und fährt sich herunter. Ist er gelb-braun, so friert der Computer bei Klick darauf seinen aktuellen Zustand ein. Welches Verhalten Sie bevorzugen, können Sie einstellen: Die Auswahl finden Sie unter Systemsteuerung > System und Wartung > Energieoptionen > Energiesparmodus ändern (im Menü links) > Erweiterte Energieeinstellungen ändern > Netzschalter und Laptopdeckel > Netzschalter im Startmenü > Einstellung: Herunterfahren/Ruhezustand/Energiesparen.

Ebenso können Sie festlegen, was beim Drücken des Netzschalters am Computergehäuse geschehen soll: Unter Systemsteuerung > System und Wartung > Energieoptionen > „Auswählen, was beim Drücken des Netzschalters geschehen soll" (im Menü links) legen Sie fest, ob „Energie sparen", „Ruhezustand" oder „Herunterfahren" gewünscht ist. Hier sollten Sie auch festlegen, ob die Eingabe eines Kennworts erforderlich sein soll, sobald der Computer wieder angeschaltet wird.

„Energie sparen" und „Ruhezustand" unterscheiden sich dahingehend, dass beim „Ruhezustand sofort ein Speicherabbild auf der Festplatte angelegt wird und im Modus „Energie sparen" möglicherweise erst später. Wie genau dieser Energiesparmodus eingerichtet sein soll, obliegt Ihnen; Sie haben die Wahl zwischen „Ausbalanciert", „Energiesparmodus" und „Höchstleistung" sowie sogar einem eigenen Energiesparplan. Beispielsweise lässt sich festlegen, dass der Bildschirm nach 20 Minuten Inaktivität ausgeschaltet werden soll und nach einer Stunde erweiterte Energieeinstellungen für einzelne Geräte im PC greifen sollen.

Die vielfältigen Einstellmöglichkeiten sind freilich nicht jedermanns Sache. Schließlich geht es am Ende „nur" um die paar Sekunden Zeitgewinn, die der Computer zum Einschalten braucht, und den Komfort, alle Fenster so wiederzufinden, wie sie vorher platziert waren. Wenn es nicht so sehr auf die Sekunden ankommt, Sie aber einen Dienst an der Umwelt tun wollen, dürfte das „Herunterfahren" immer noch die beste Wahl sein.

44. Schneller zum Ziel: Wie Tastenkürzel Mauswege abkürzen

Bedienen Sie Vista ganz ohne Maus

Früher führten Schmerzen in Handgelenk und Armmuskulatur meist zu der Diagnose „Tennisarm". Das Computerzeitalter hat aber auch hier zu einschneidenden Veränderungen geführt – und gleich eine neue Volks-

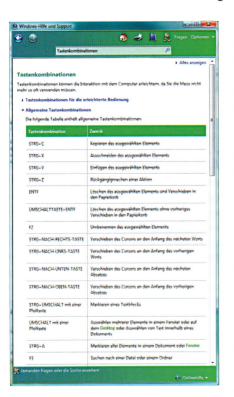

krankheit geschaffen: den Mausarm, der sich mit Schmerzen im Hand-, Arm-, Schulter- und Nackenbereich bemerkbar macht und eine Folge der monotonen Bewegungen am Computer ist. Wer seinen Mausarm schonen möchte, kann an seinem Rechner Tastaturkürzel benutzen. Mit denen sind viele Arbeiten nicht nur bewegungssparender, sondern auch schneller auszuführen als mit der Maus.

Um zum Beispiel einen Text vom Anfang an das Ende eines Briefes zu bewegen, markieren Sie die gewünschte Textstelle wie folgt: Halten Sie die Umschalttaste gedrückt – das ist die Taste für die Großbuchstaben –, und bewegen Sie den Cursor mit den Pfeiltasten; drücken Sie dann die Steuerungstaste (Strg) sowie gleichzeitig X (Strg + X). Das ist der Kurzbefehl für Ausschneiden. Bewegen Sie dann den Cursor an die Stelle, an der Sie den Text einfügen wollen und drücken die

Steuerung und V (Strg + V). Das geht deutlich schneller, als wenn Sie erst mit der Maus auf „Bearbeiten" und „Ausschneiden" sowie anschließend auf „Bearbeiten" und „Einfügen" klicken.

Die Standard-Tastenkürzel

Wohl kaum ein Anwender wird alle Tastenkürzel im Kopf behalten können. Es gibt allerdings einige Standards, die sich eigentlich jeder merken kann. Sie sind einfach zu behalten und können die Arbeit am Computer deutlich erleichtern:

- **Strg + A:** Mit diesem Kürzel markieren Sie alles – den kompletten Text im jeweiligen Fenster, sei es eine Office-Anwendung, der Browser oder alle Dateien eines Ordners im Explorer.
- **Strg + C:** Mit dieser Kombination kopieren Sie markierte Texte oder Dateien in den Zwischenspeicher.
- **Strg + V:** Damit fügen Sie den Inhalt des Zwischenspeichers an die Stelle wieder ein, an der sich der Cursor gerade befindet.
- **Strg + Z:** ein ganz wichtiges Tastenkürzel: Damit können Sie Ihren vorherigen Arbeitsschritt rückgängig machen. Das funktioniert leider nur am Computer.
- **Strg + P:** Drucken Sie Ihre Dokumente mit diesem Befehl aus.
- **Strg + N:** Öffnet ein neues Fenster.
- **Entf:** Die Entfernen-Taste befördert ein markiertes Dokument in den Papierkorb oder löscht einen markierten Text.
- **Alt + F4:** Schließt das aktive Programm.
- **F5:** Aktualisiert die Anzeige eines Fensterinhalts.
- **Strg + Umschalten + Entf:** Diese Kombination hat sogar einen Spitznamen: Klammergriff. Früher diente das Kürzel dazu, einen abgestürzten Rechner neu zu starten, heute öffnen Sie damit den Taskmanager.

Spezielle Windows-Tastenkombinationen

Falls Sie sich schon immer gefragt haben, wofür denn die Windows-Taste auf Ihrer Tastatur zu gebrauchen sein mag: Sie ermöglicht zahlreiche nützliche Tastenkombinationen.

- **Windows-Taste:** Öffnet das Startmenü.
- **Windows + E:** Öffnet den unter Vista „Computer" genannten Arbeitsplatz, über den Sie auf alle Laufwerke zugreifen können.
- **Windows + D:** Zeigt den Desktop an.
- **Windows + F:** Öffnet den Dialog zum Suchen nach Dateien.
- **Windows + Tab:** Die TAB-Taste (Tabulator) befindet sich direkt über der Feststelltaste, mit der Sie bei der Texteingabe auf dauerhafte Großschreibung umschalten können. In der Kombination mit der Windows-Taste bekommen Sie unter Vista einen dreidi-

mensionalen Überblick über alle geöffneten Fenster angezeigt. Mit den Pfeiltasten oder durch erneutes Drücken der Tab-Taste können Sie die Fenster durchblättern. Sobald Sie die Windows-Taste loslassen, wird das vorderste Fenster vergrößert. Halten Sie Windows + Strg + Tab gedrückt, bleibt die dreidimensionale Übersicht auch nach dem Loslassen der Windows-Taste erhalten. Um eines der Fenster wieder vergrößert im Vordergrund gezeigt zu bekommen, blättern Sie es nach vorn, und drücken Sie Enter. Alternativ können Sie auch die Kombination Alt + Tab drücken: Dann wird Ihnen in einer Kleinbildvorschau eine Übersicht über alle geöffneten Fenster angezeigt.

Diese Tastenkombinationen sind nur eine kleine Auswahl – viele Programme bringen noch eigene Tastaturbefehle mit. Informationen dazu finden Sie im Handbuch des jeweiligen Programms oder in der Hilfe. Zusätzliche Tastaturbefehle für Vista finden Sie, wenn Sie auf einen leeren Bereich des Desktops klicken und mit der Taste F1 die Windows-Hilfe aufrufen – und dort nach „Tastenkombination" suchen.

VI. ANHANG

Die Autoren

Marcus Schwarze (msc), Jahrgang 1969, arbeitet seit 1996 als Redakteur bei der Hannoverschen Allgemeinen Zeitung. Er bearbeitet vorrangig Internet- und Computerthemen auf einer meist donnerstags erscheinenden Zeitungsseite sowie redaktionelle Bereiche des Online-Auftritts der Zeitung unter www.haz.de. HAZ-Leser kennen ihn durch Serien und Bücher „Windows ganz leicht", „Schritt für Schritt ins Internet" und „Tipps und Tricks für Windows XP". Gemeinsam mit HAZ-Kollegen gewann er 2004 den dritten Platz beim „Preis für Verbraucherjournalismus" der Stiftung Warentest. Gegenwärtig berät er seinen Verlag bei der Einführung eines neuen Redaktionssystems, das für alle Zeitungen genutzt werden soll – und stellt dabei immer wieder fest, dass Computer und Programme störrische Arbeitshilfen sind, die nur mühsam gezähmt werden können. Privat ergötzt er sich immer wieder gerne an der unglaublichen Lerngeschwindigkeit seiner Kinder Oscar (4) und Lilly (2). Seine Frau Verena Groß, Redakteurin in Teilzeit bei der konkurrierenden „Neuen Presse", hält ihm dafür den Rücken frei – was er viel zu selten sagt.

Sascha Aust (st), Jahrgang 1974, ist Volontär mit dem Schwerpunkt Neue Medien bei der Hannoverschen Allgemeinen Zeitung und tummelt sich als solcher auch auf der Seite „Internet & Computer" und im redaktionellen Bereich von www.haz.de. Zuvor war er seit 1998 als freier Journalist tätig, vor allem für die Leine-Nachrichten, eine Regionalausgabe der Hannoverschen Allgemeinen Zeitung. Anfangs faszinierte ihn in erster Linie die Onlinewelt mit ihren unendlichen Weiten, die für ihn zu einer zweiten Heimat wurden. Für die Leine-Nachrichten betreute er bis 2006 sechs Jahre lang eine Serie zum Thema Internet. Die mannigfaltigen Macken von Windows 95 weckten aber auch sein Interesse für den Computer an sich: Er wollte zu gern wissen, warum die Kiste denn nun wieder abgestürzt war. Mit der Zeit – und vor allem mit Windows XP – reduzierten sich die Bluescreens, das Interesse aber blieb.

Michael Pohl (mp) ist Redakteur der Hannover-
schen Allgemeinen Zeitung. Im Arbeitsalltag be-
fasst er sich mit den Nachrichtenseiten des Blat-
tes und zudem jeder Menge Layoutfragen, kümmert sich in unregelmäßigen Abständen aber
auch um Computer- und Internetthemen. Deswegen war er auch mehrere Jahre an den CeBIT-
Seiten der HAZ beteiligt. Einst ein eingefleischter
Mac-Nutzer, hat er sich – zumindest privat – vor

Jahren von den Vor(?)teilen der Windows-Welt überzeugen lassen. Findet nach wie vor, dass ein PC zuallererst funktionieren muss, bevor man
sich um Aspekte wie Design oder Systemklänge Gedanken macht.
Zweitwohnsitz: Internet. Ansonsten aber auch gern ohne Computer unterwegs, dafür mit dem Fahrrad.

Die Hannoversche Allgemeine Zeitung (HAZ), für die unsere Autoren regelmäßig arbeiten, ist Niedersachsens größte Tageszeitung. Computer-
und im weiteren Sinne Internet- sowie Medienthemen genießen in der
HAZ nicht nur wegen der jährlichen CeBIT in Hannover einen großen
Stellenwert. Drei Viertel der Bevölkerung in Deutschland nutzen den
Computer mittlerweile regelmäßig. Die Mediennutzung verändert sich.
Die HAZ trägt dieser Entwicklung mit einer erweiterten Berichterstat-
tung über die elektronischen Medien Rechnung – mit einer wöchentli-
chen Seite „Internet & Computer", einer vor Kurzem eingeführten neuen
Seite „Medien" und mit erweiterten Angeboten im Internet und fürs
Handy.
Was fehlt in unserer Handreichung zum Thema Windows Vista? Das
wissen Sie am besten nach der Lektüre dieses Buchs. Sie erreichen uns
im HAZ-Leserforum im Internet unter www.haz.de/forum sowie per E-
Mail an online@haz.de.

INDEX

I

J

K

M

T

Z

NOTIZEN